国家语言资源监测与研究中心招标课题《中国媒体关注度年度报告的研制》

项目编号：YZYS15-02

中国传媒大学科研培育项目《基于文本计算的中国媒体关注度研究》

项目编号：CUC17B26

中国媒体关注度报告2017

组委会

主　任：侯　敏

副主任：邹　煜

委　员：（按音序排列）

程南昌　傅爱平　何　伟　裴　鸣　隋　岩　孙　杰　滕永林

王四新　张春蔚　张政法　赵　军　周洪波　宗成庆

编委会

主　编：何　伟

副主编：邹　煜

编　者：（按音序排列）

程南昌　何　伟　侯　敏　陆　叶　牟彦霏　苏　姗　滕永林

王海燕　王玉玲　赵　洁　赵婧婧　朱洪涛　朱晓琳　邹　煜

策　划　国家语言资源监测与研究有声媒体中心

中国媒体关注度报告2017

国家语言资源监测与研究有声媒体中心　组编

中国传媒大学出版社
·北京·

前言 Preface

2016年的中国媒体关注了哪些人？哪些事？哪些话题最劲爆？哪个潮语最流行？哪部电影最“吸睛”？……《中国媒体关注度报告2017》将为您揭晓答案。

《中国媒体关注度报告2017》通过对中国媒体在2016年全年报道内容的梳理，得到了20个2016年中国媒体最关注的十大榜单，包括8个事件类榜单：十大新闻热点、十大精神、十大中国骄傲、十大新经济、十大亮科技、十大“网事”、十大围观事件、十大案；7个人物类榜单：十大永别、十大女性人物、十大国际人物、十大经济人物、十大文化人物、十大体育人物、十大娱乐人物；1个语言类榜单：十大潮语；3个影视类榜单：十大电影、十大电视剧、十大网综；1个《新闻联播》和《人民日报》对比类榜单：十大话题。

媒体关注的首先是人和事，8个事件类榜单中既有汇聚年度标志性事件的十大新闻热点，也有彰显中华民族精神、力量和成就的十大精神、十大中国骄傲；既有聚焦经济、科技领域的十大新经济、十大亮科技，也有关心社会民生的十大“网事”、十大围观事件、十大案。7个人物类榜单中，十大永别记录了2016年告别我们的知名人物，十大女性人物展示了2016年中国媒体最关注的女性公众人物，十大国际人物列举了2016年中国媒体最关注的国际人士，十大经济人物、十大文化人物、十大体育人物、十大娱乐人物则是对经济、文化、体育、娱乐这些专业细分领域拔尖人物的关注。

此外，十大电影、十大电视剧、十大网综是对电影、电视、网络综艺节目传播力和影响力的衡量和排序。十大潮语则是媒体对公众意愿和情绪的关注，是对活跃的语言生活的关注。而《新闻联播》和《人民日报》最关注的话题对比，可以揭示电视媒体和报纸媒体的传播差异。

20个榜单中难免会有交叉之处，比如郎平既是媒体最关注的十大女性人物又是媒体最关注的十大体育人物，为了避免重复，仅在最先出现的十大女性人物中单独解读媒体对郎平的关注，而在十大体育人物中不再给出单独解读。

这20个榜单会告诉我们哪些人、哪些事、哪些语言、哪些力量塑造了我们的2016，同时也反映出中国媒体的眼光和胸襟。因此，客观性和准确性就成为榜单的生命力。

《中国媒体关注度报告2017》采用了媒体关注度这个客观的度量指标和自动文本计算方法，从海量的媒体文本数据中提取出有效的信息，经过人工筛查确定最终榜单，保证了榜单的客观性和准确性。

媒体关注度就是受到媒体关注的程度，通俗地说就是在媒体上的出镜率，使用概念频次表示。举例来说，词条“梅西”通常指的就是球星梅西，但也包括梅西百货和梅西大学。因此，要想得到球星梅西的媒体关注度就必须做减法，从“梅西”的总频次里排除“梅西百货”和“梅西大学”的频次，这样得到的就是球星“梅西”的概念频次，也是球星“梅西”的媒体关注度。

自动文本计算方法包括海量新闻文本的采集，自动分词与标注，词条的概念频次统计与排序，这些步骤都是由计算机来完成的，最后由人工分门别类挑选词条组成榜单。

在十大电影、十大电视剧、十大网综三个榜单中增加了媒体褒贬度指标，进一步洞悉媒体报道中所蕴含的微妙态度与潜在立场。

《中国媒体关注度报告2017》由中国传媒大学国家语言资源监测与研究有声媒体中心组织撰写。中国传媒大学是传媒领域的高等学府，国家语言资源监测与研究有声媒体中心是中国传媒大学和国家语言工作委员会共同建立的媒体语言研究机构，本着客观中立的学术立场，在连续多年发布“中国媒体关注度榜单”的基础上，对全年的中国媒体报道内容进行大数据分析，并对数据加以解读，最终撰写成文，既是将科研成果的具体转化和应用，也是我们为中国传媒事业的发展所贡献的一份绵薄之力。

何　伟

2017年7月19日

目录 Contents

2016 年中国媒体关注度十大榜单总榜 …… 001

2016 年中国媒体关注度十大榜单解读 …… 005

2016 年中国媒体关注度最高的十大新闻热点 …… 006
2016 年中国媒体关注度最高的十大精神 …… 017
2016 年中国媒体关注度最高的十大中国骄傲 …… 028
2016 年中国媒体关注度最高的十大新经济 …… 038
2016 年中国媒体关注度最高的十大亮科技 …… 049
2016 年中国媒体关注度最高的十大“网事” …… 060
2016 年中国媒体使用最多的十大潮语 …… 071
2016 年中国媒体关注度最高的十大围观事件 …… 082
2016 年中国媒体关注度最高的十大案 …… 093
2016 年中国媒体关注度最高的十大电影 …… 104
2016 年中国媒体关注度最高的十大电视剧 …… 115
2016 年中国媒体关注度最高的十大网综 …… 126
2016 年中国媒体关注度最高的十大永别 …… 137
2016 年中国媒体关注度最高的十大女性人物 …… 148
2016 年中国媒体关注度最高的十大国际人物 …… 159
2016 年中国媒体关注度最高的十大经济人物 …… 166
2016 年中国媒体关注度最高的十大文化人物 …… 176
2016 年中国媒体关注度最高的十大体育人物 …… 187
2016 年中国媒体关注度最高的十大娱乐人物 …… 197
2016 年《新闻联播》《人民日报》最关注的十大话题 …… 208

附录一　2016 年中国媒体关注度十大榜单发布会嘉宾现场点评 …… 219

附录二　2015 年中国媒体关注度十大榜单 …… 228

中国媒体关注度
十大榜单总榜
2016年

总榜

1. 十大新闻热点

特朗普、供给侧、G20杭州峰会、人工智能、里约奥运会、欧洲杯、南海仲裁案、“脱欧”、天宫二号、“萨德”

2. 十大精神

工匠精神、长征精神、企业家精神、女排精神、奥运精神、伙伴精神、钉钉子精神、丝路精神、井冈山精神、航天精神

3. 十大中国骄傲

G20杭州峰会、天宫二号、神舟十一号、女排奥运夺冠、人民币正式“入篮”、歼-20、长征七号、长征五号、“中国天眼”、“墨子号”量子卫星

4. 十大新经济

共享经济、循环经济、数字经济、网红经济、粉丝经济、虚拟经济、低碳经济、知识经济、创新经济、平台经济

5. 十大亮科技

虚拟现实、无人驾驶、区块链、石墨烯、引力波、阿尔法围棋、深度学习、摩拜单车、基因编辑、120帧/4K/3D

6. 十大“网事”

网约车、网贷、网红、跨境电商、网络诈骗、网络直播、网剧、网络大电影、打赏、竞价排名

7. 十大潮语

套路、撩、迷妹、洪荒之力、老司机、小目标、一言不合就 ××、吃瓜群众、友谊的小船、蓝瘦香菇

8. 十大围观事件

Note7 爆炸、魏则西事件、王宝强离婚、乔任梁去世、裸条事件、曹云金郭德纲“互撕”、哈尔滨天价鱼、和颐酒店女生遇袭、万宝之争、八达岭老虎伤人

9. 十大案

问题疫苗案、聂树斌案、快播案、徐玉玉案、陈满案、白银连环杀人案、雷洋案、徐翔案、辽宁拉票贿选案、白恩培案

10.十大电影

《美人鱼》《盗墓笔记》《魔兽》《我不是潘金莲》《叶问 3》《百鸟朝凤》《爵迹》《疯狂动物城》《荒野猎人》《湄公河行动》

11.十大电视剧

《青云志》《欢乐颂》《九州天空城》《小别离》《麻雀》《微微一笑很倾城》《老九门》《女医明妃传》《亲爱的翻译官》《锦绣未央》

12.十大网综

《奇葩说 3》《爸爸去哪儿 4》《拜托了冰箱 2》《作战吧偶像》《饭局的诱惑 1》《火星情报局 1》《Hello! 女神》《你正常吗 3》《偶滴歌神啊 3》《国民美少女》

13.十大永别

菲德尔·卡斯特罗、杨绛、陈忠实、乔任梁、梅葆玖、阎肃、申亮亮、普密蓬、葛存壮、余旭

14.十大女性人物

希拉里、朴槿惠、蔡英文、郎平、耶伦、董明珠、默克尔、罗塞夫、洪秀柱、昂山素季

15.十大国际人物

特朗普、奥巴马、希拉里、朴槿惠、普京、杜特尔特、卡梅伦、菲德尔·卡斯特罗、安倍晋三、埃尔多安

16.十大经济人物

马云、王石、王健林、董明珠、巴菲特、雷军、刘士余、马斯克、周小川、贾跃亭

17.十大文化人物

郭敬明、金庸、六小龄童、曹文轩、刘震云、韩寒、鲍勃·迪伦、贾樟柯、刘慈欣、莫言

18.十大体育人物

周琦、郎平、高洪波、姚明、丁俊晖、朱婷、孙杨、柯洁、林丹、张继科

19.十大娱乐人物

王宝强、范冰冰、林心如、李易峰、成龙、黄晓明、冯小刚、周杰伦、郭德纲、刘诗诗

20.《新闻联播》《人民日报》十大话题

《新闻联播》:"一带一路"、极端组织、伙伴关系、领域合作、从严治党、五大发展理念、世界经济、小康社会、脱贫攻坚、"两学一做"

《人民日报》:"一带一路"、世界经济、供给侧、五大发展理念、从严治党、小康社会、绿色发展、精准扶贫、党的建设、"两学一做"

中国媒体关注度十大榜单解读

2016年

2016年中国媒体关注度最高的十大新闻热点

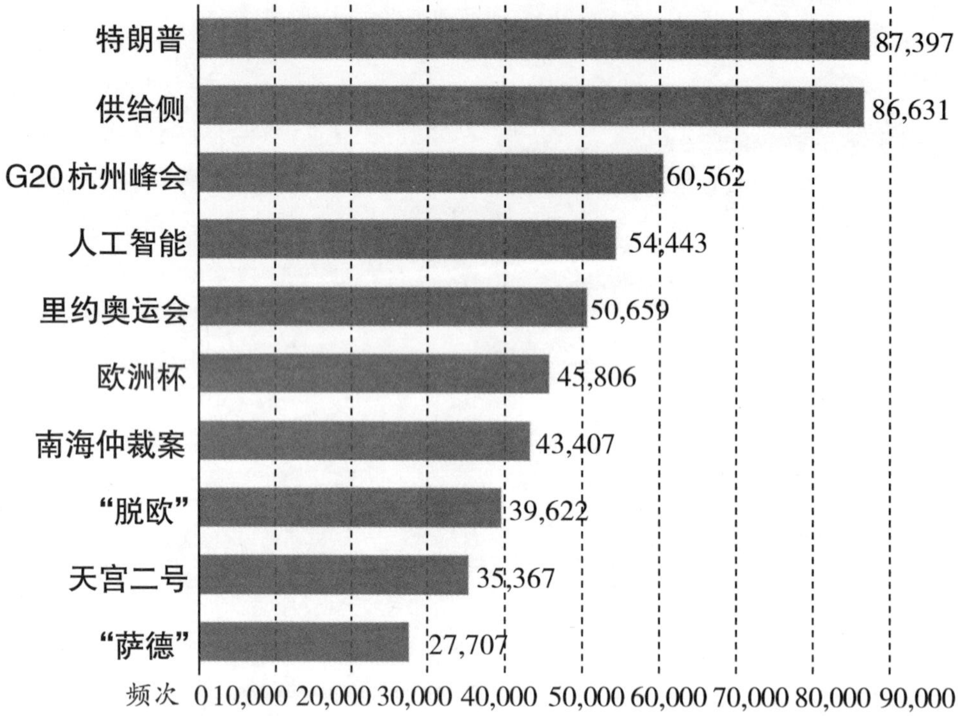

2016年中国媒体关注度最高的十大新闻热点是指在2016年的中国媒体上出现次数最多的新闻事件关键词。

2016年，中国媒体放眼世界，关注我们生活的方方面面。上榜的时政类新闻热点占六席。谁说政治没有戏剧性？特朗普猝不及防地当选美国总统，一举一动吸引了世人目光。英国出人意料地“脱欧”，挥挥手向欧洲说再见。谁说政治离我们很远？供给侧改革给我们带来更好的生活，G20杭州峰会就在我们的家门口举办。谁说政治总是风平浪静？菲律宾政府自导自演“南海仲裁”闹剧，韩国执意部署“萨德”反导系统威胁中国战略安全。上榜的科技类新闻热点占两席，谁说科技不能当主角？人工智能打开了人类未来的无限可能，天宫二号标志着中国人在茫茫太空中又迈出了坚实的一步。上榜的体育类新闻热点占两席，谁说体育只能做花边？里约奥运会见证中国女排精神，欧洲杯为中国球迷带来了饕餮盛宴。

2016年，中国媒体的视野更加开阔，给我们呈现了一个缤纷的世界。

特朗普

“口无遮拦的美国新总统”

唐纳德·特朗普，第45任美国总统，1946年6月14日生于纽约，美国共和党籍政治家。

2016年11月9日，特朗普在美国大选中击败希拉里，当选美国第45任总统。身为地产大亨、亿万富翁，“大嘴”特朗普常常因其言论引发巨大争议。

2016年“特朗普”媒体关注度逐月分布

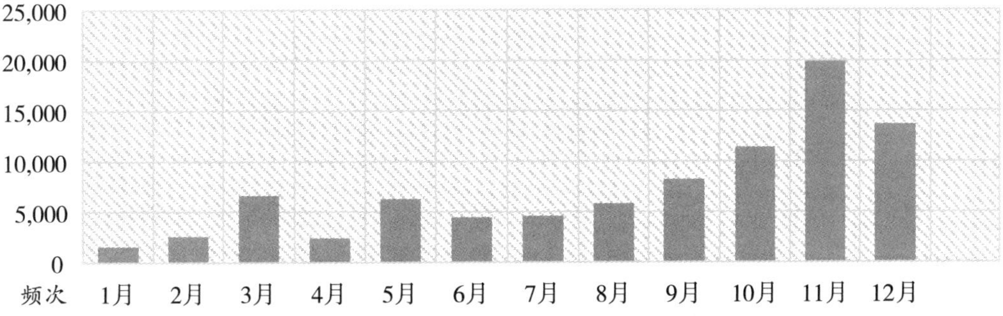

2016年最受媒体关注的“特朗普”相关新闻

- 3月，特朗普得票率在共和党内处于领先地位。
- 5月，特朗普于26日在共和党内的代表支持数达到1,238，正式锁定共和党总统候选人提名。
- 10月，希拉里“电邮门”影响选情，对特朗普的领先优势缩小至1%。
- 11月，美国大选计票结果显示：共和党候选人特朗普已获得276张选举人票，超过270张选举人票的获胜标准，锁定美国总统宝座。
- 12月，奥巴马制裁俄罗斯，特朗普左右为难。

供给侧

“去产能、去库存、去杠杆、降成本、补短板”

供给侧，即供给方面。国民经济的平稳发展取决于经济中需求和供给的平衡。供给侧结构性改革，就是从提高供给质量出发，用改革的办法推进结构调整，矫正要素配置扭曲，扩大有效供给，提高供给结构对需求变化的适应性和灵活性，提高全要素生产率，促进经济社会持续健康发展。去产能、去库存、去杠杆、降成本、补短板，是供给侧结构性改革的五大重点任务，要坚定地干、大胆地干、扎实地干、精准地干、决不回头地干。

2016年“供给侧”媒体关注度逐月分布

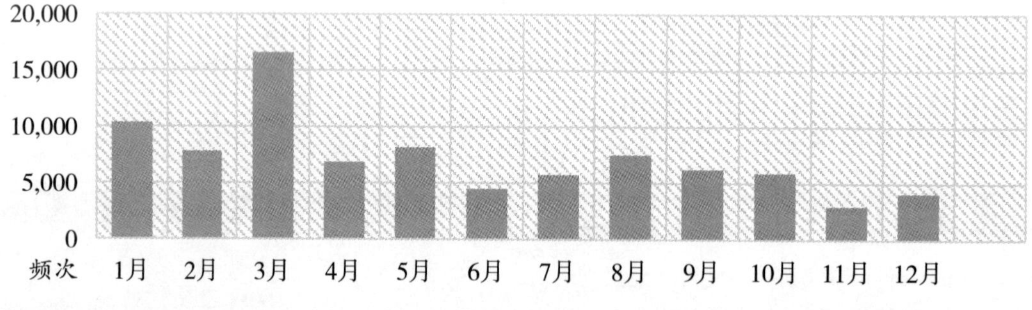

2016年最受媒体关注的“供给侧”相关新闻

- 1月，中央财经领导小组第十二次会议于26日举行，习近平总书记在会上强调，供给侧结构性改革的根本目的是提高社会生产力水平，落实好以人民为中心的发展思想。
- 3月，中国进入两会时间,供给侧结构性改革成为热点。国务院总理李克强5日作政府工作报告时说，今年要加强供给侧结构性改革，增强持续增长动力。
- 5月，习近平总书记和李克强总理亲赴地方督阵供给侧结构性改革。

G20杭州峰会

“构建创新、活力、联动、包容的世界经济”

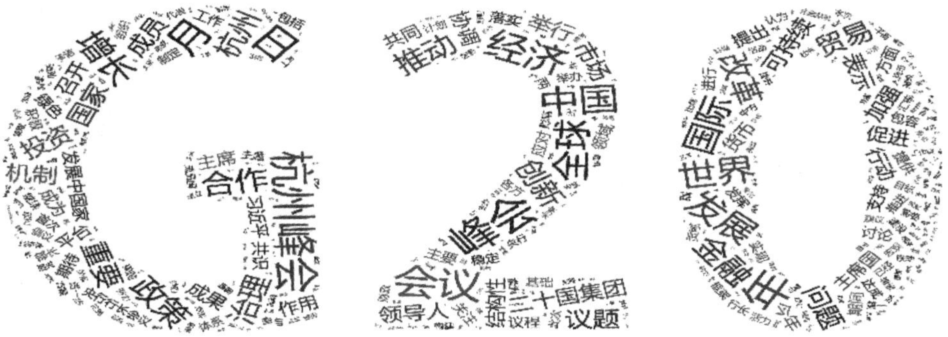

G20杭州峰会是指2016年9月4日至5日在中国杭州召开的20国集团领导人峰会。作为全球经济治理的主要平台，促进经济复苏和增长始终是G20峰会的主要命题。本次峰会围绕“构建创新、活力、联动、包容的世界经济”的主题，创纪录地达成了《20国集团领导人杭州峰会公报》《20国集团创新增长蓝图》等30项协议，取得了丰硕的成果，为G20平台和世界经济的发展开出了“药方”。同时，G20峰会也进一步验证了中国参与和主导国际事务的作用和能力，传播了中国经验，植入了中国的发展观和世界观，彰显了中国的软实力。

2016年“G20杭州峰会”媒体关注度逐月分布

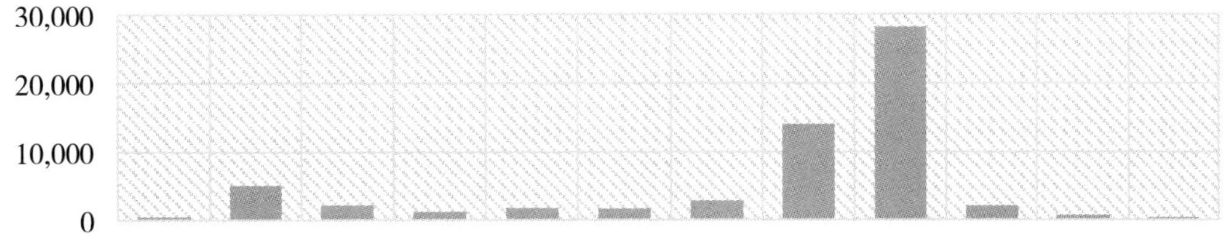

2016年最受媒体关注的“G20杭州峰会”相关新闻

- 2月，20国集团（G20）财长和央行行长会议27日在上海闭幕。本次会议围绕G20杭州峰会“构建创新、活力、联动、包容的世界经济”的主题，在财金领域为G20杭州峰会进行了必要的准备。
- 8月，G20杭州峰会即将拉开帷幕，中国再次成为全球焦点。
- 9月，G20杭州峰会于9月4日至5日在杭州召开。与前十届G20峰会相比，杭州峰会涉及议题之广、触及问题之深前所未有。

人工智能

“开启通往未来的时代”

人工智能（Artificial Intelligence，AI）是一门研究、开发用于模拟、延伸和扩展人的智能的理论、方法、技术及应用系统的新的技术科学。2016年谷歌AlphaGo以4比1的总比分战胜了韩国九段棋手李世石，将人们对人工智能的关注推到前所未有的高度。有人担忧，人工智能是否有一天会超过并掌控人类？其实，人工智能的核心是人，随着无人驾驶、智能搜索、自动问答等应用的发展，我们应该认识到人工智能的最终目的是让人们的生活变得更高效、更幸福。

2016年“人工智能”媒体关注度逐月分布

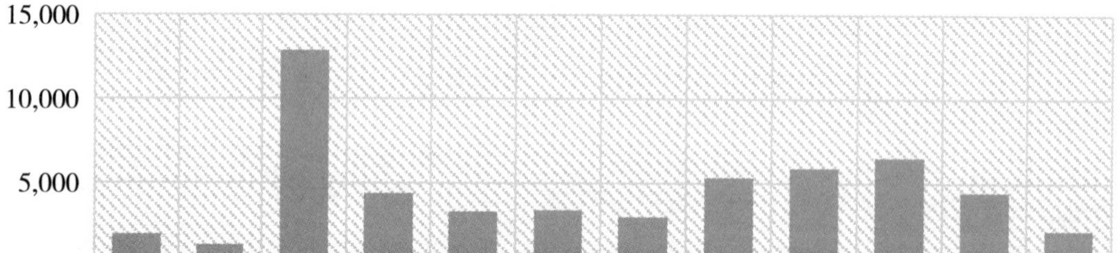

2016年最受媒体关注的“人工智能”相关新闻

- 3月，谷歌旗下的子公司DeepMind公司开发的围棋人工智能程序AlphaGo与韩国九段棋手李世石进行人机大战，并以4:1的总比分获胜。
- 8月，2016年中国人工智能大会（CCAI 2016）在北京召开。
- 9月，谷歌、Facebook、亚马逊、IBM、微软5家科技公司宣布将成立人工智能联盟。
- 10月，2016年中国计算机大会举行，共话人工智能60年。
- 11月，第三届世界互联网大会在乌镇召开，“人工智能”成大会焦点。

里约奥运会

“奥运圣火首次抵达南美洲”

第31届夏季奥林匹克运动会，又称2016年里约热内卢奥运会，2016年8月5日至8月21日在巴西里约热内卢举行，这是奥运圣火首次抵达南美洲。本届奥运会共有205个国家和地区的11,303名运动员参赛。里约奥运会共设28个大项、306个小项比赛。本届奥运会的口号是“一个新世界”，吉祥物是代表巴西动物的“维尼休斯”。本届奥运会上，中国健儿以26金、18银、26铜共计70枚奖牌位列奖牌榜第三位。

2016年“里约奥运会”媒体关注度逐月分布

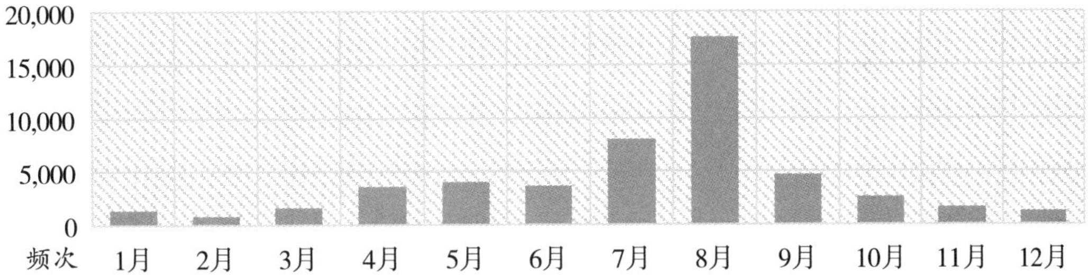

2016年最受媒体关注的“里约奥运会”相关新闻

- 7月，18日下午4时，国家体育总局在人民大会堂召开中国里约奥运代表团成立大会，参加里约奥运会的中国运动员名单正式对外公布，本次中国代表团共有711人，其中运动员416人。
- 8月，当地时间5日，里约奥运会开幕式在马拉卡纳体育场举行。
- 9月，里约奥运会结束了，但奥运健儿们卷起的风潮却从体育赛场转移到了电视荧屏。傅园慧、孙杨、张继科等凭借本届奥运会成为“新晋网红”的运动员备受综艺节目青睐。

欧洲杯

“格局犹在、韵味犹存的2016法国欧洲杯”

2016年法国欧洲杯的全称是第15届欧洲足球锦标赛。比赛于法国当地时间 2016年6月10日至7月10日在法国境内9座城市的12座球场内举行。这是继1960年和1984年后法国第三次举办这一赛事。本届比赛共有24支球队参赛，这也是欧洲足球协会联盟决定将参赛名额由16队扩充至24队之后的首届欧洲杯。决赛于北京时间7月11日3点开赛，葡萄牙队以1：0战胜东道主法国队，获得2016年欧洲杯冠军，这也是葡萄牙第一次夺得欧洲杯冠军。

2016年“欧洲杯”媒体关注度逐月分布

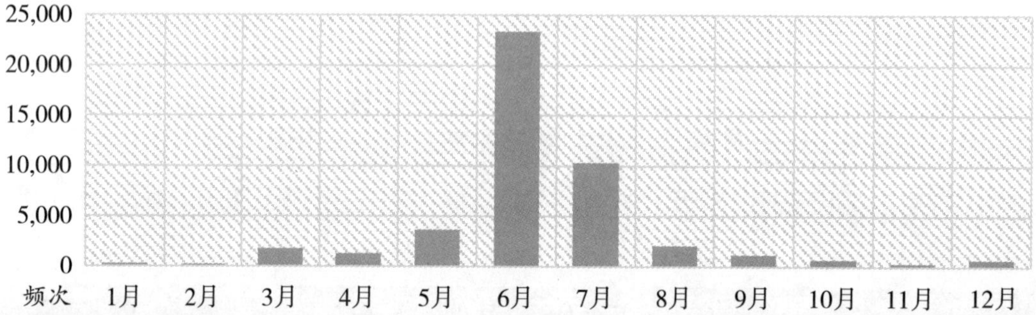

2016年最受媒体关注的“欧洲杯”相关新闻

- 5月，法国罢工潮愈演愈烈，欧洲杯或被无辜牵连。
- 6月，北京时间11日凌晨，2016年欧洲杯揭幕战在法兰西大球场举行。
- 7月，北京时间11日凌晨，C罗带领着葡萄牙国家队完成了前辈们未竟的事业，在欧洲杯决赛中以1：0的比分击败东道主法国队，捧起了葡萄牙历史上第一座国际足球大赛的冠军奖杯。

南海仲裁案

“披着法律外衣的政治闹剧”

南海仲裁案，即所谓的“菲律宾控告中国案”，是由一个临时组建的仲裁庭，就菲律宾阿基诺三世政府单方面提起的南海仲裁案进行的所谓“裁决”。2016年7月12日，菲律宾南海仲裁案仲裁庭罔顾基本事实，肆意践踏国际法和国际关系基本准则，公布了严重损害中国领土主权和海洋权益的所谓“裁决”。对于仲裁结果，中国政府的立场一直鲜明而坚定：不接受、不参与、不承认。

2016年“南海仲裁案”媒体关注度逐月分布

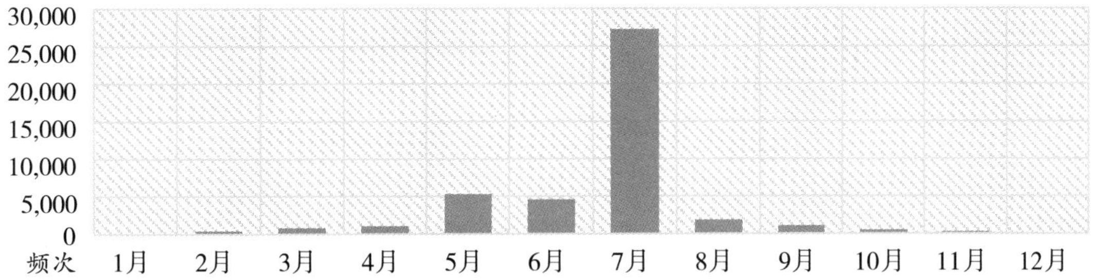

2016年最受媒体关注的“南海仲裁案”相关新闻

- 5月，菲律宾南海仲裁案在一些媒体和政客的炒作下成为国际社会的关注热点。
- 6月，针对菲律宾单方面提起南海仲裁案，多个外国政党和国际组织通过接受专访、发表声明或文章等方式发声，对中国在南海问题上的立场表示支持，呼吁由直接当事国通过谈判协商方式解决南海问题，维护地区和平稳定。
- 7月，菲律宾南海仲裁案仲裁庭12日作出非法无效的所谓“最终裁决”。

“脱欧”

“改变欧洲政治经济格局”

“脱欧”即英国脱离欧洲联盟。2016年6月23日，英国就是否脱离欧盟举行全民公投，多数投票者赞成脱离欧盟，随后英国首相卡梅伦宣布辞职。英国“脱欧”造成欧洲一体化进程的中断，伦敦作为全球顶级金融中心之一的地位或面临挑战，世界政治、经济格局也将被改变。

2016年“脱欧”媒体关注度逐月分布

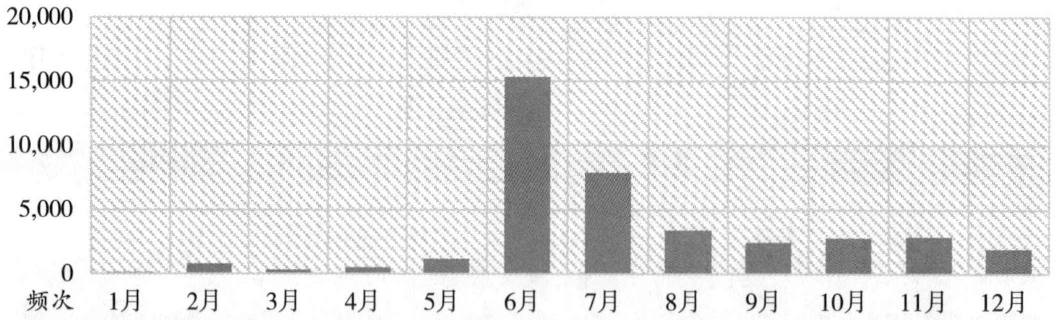

2016年最受媒体关注的“脱欧”相关新闻

- 6月，英国成功“脱欧”，首相卡梅伦辞职。
- 7月，英国“脱欧”负面影响远远大于正面影响，给英国经济复苏带来很大的不确定性。
- 8月，英国“脱欧”增加了G20国际协调的难度，也从另一个侧面凸显了G20的意义和价值。

天宫二号

“中秋夜完美升空，中国空间站不是梦”

天宫二号即天宫二号空间实验室，是继天宫一号后中国自主研发的第二个空间实验室，也是中国第一个真正意义上的空间实验室，将用于进一步验证空间交会对接技术及进行一系列空间试验。天宫二号于2016年9月15日22时04分09秒在酒泉卫星发射中心发射成功，并于10月19日3时31分与神舟十一号飞船成功自动交会对接。

2016年“天宫二号”媒体关注度逐月分布

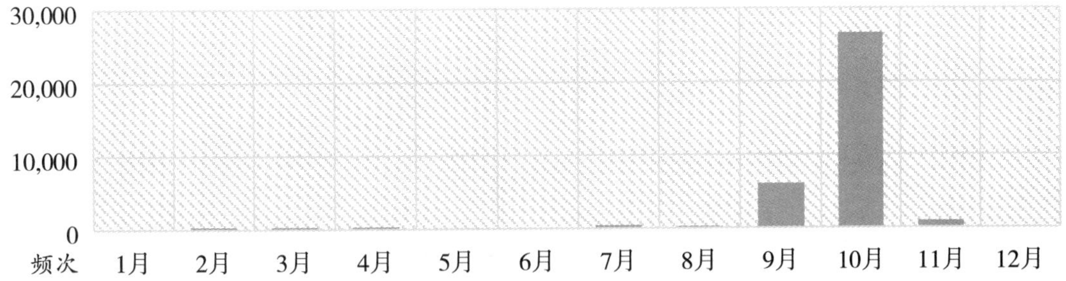

2016年最受媒体关注的“天宫二号”相关新闻

- 9月，15日22时04分09秒，天宫二号在酒泉卫星发射中心发射成功。
- 10月，19日3时31分，天宫二号与神舟十一号飞船自动交会对接成功。19日6时32分，航天员景海鹏、陈冬先后进入天宫二号空间实验室。

“萨德”

“末段高空区域防御系统”

末段高空区域防御系统（THAAD）是美国导弹防御局和美国陆军隶下的陆基战区反导系统，一般简称为“萨德”反导系统。2016年7月8日，美国和韩国正式宣布将在韩国部署“萨德”反导系统，引发韩国国内民众巨大争议以及本地区国家强烈不满。对此，中国外交部第一时间表示“强烈不满和坚决反对”，批评美韩此举不利于维护半岛和平稳定，将严重损害包括中国在内的本地区国家战略安全利益和地区战略平衡。中方强烈敦促美韩停止“萨德”反导系统部署。

2016年“萨德”媒体关注度逐月分布

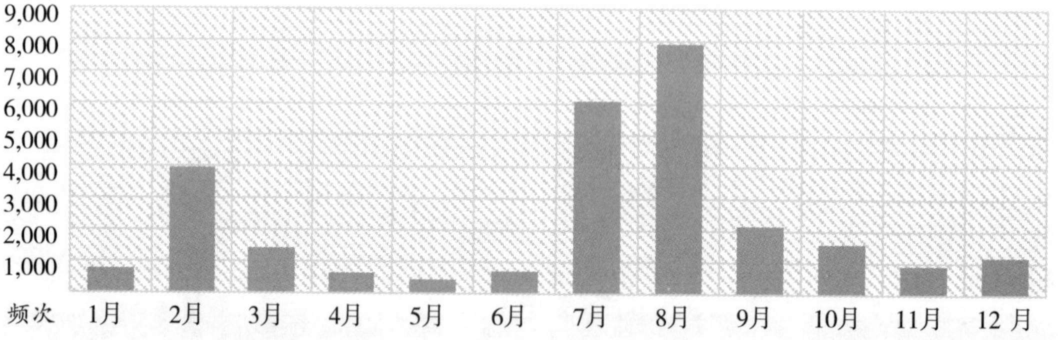

2016年最受媒体关注的“萨德”相关新闻

- 2月，美国和韩国商讨部署“萨德”反导系统的可能性，以应对朝鲜“导弹威胁”。
- 7月，美国和韩国正式宣布将在韩国部署“萨德”反导系统。
- 8月，中韩关系陷入危机，部署“萨德”让“韩流”在中国遭遇“寒流”。

2016年中国媒体关注度最高的十大精神

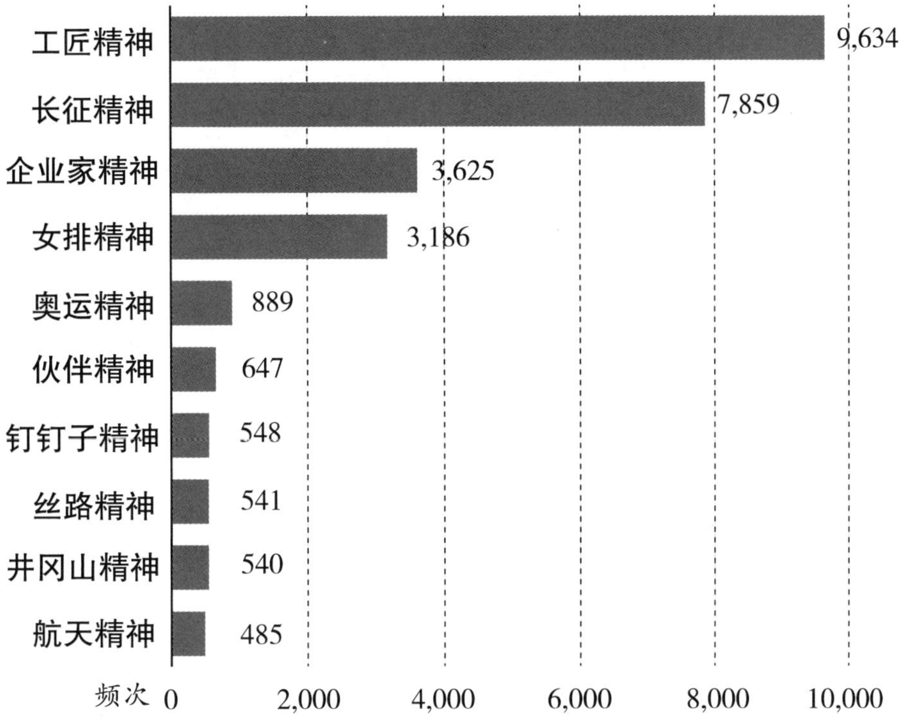

2016年中国媒体关注度最高的十大精神是指在2016年的中国媒体上出现次数最多的对某种精神的凝练和称呼。

2016年，“工匠精神”出现在《政府工作报告》中，意味着培养工匠精神的诉求已上升为国家意志和全民共识，意味着这个时代呼唤精益求精和卓越纯粹的工匠精神。工匠精神要和有创新、有担当、有社会观、有责任感的企业家精神有机结合，才能形成强大的发展合力。发展并非一朝一夕之功，需要沿着正确的目标久久为功、持之以恒，唯有发扬脚踏实地、不断突破的钉钉子精神，才能走得更远、更久。

这一年，在航天领域，神州十一号的成功发射又一次生动诠释了特别能吃苦、特别能战斗、特别能攻关、特别能奉献的航天精神。在体育领域，中国女排里约奥运夺冠，自强不息、刻苦奋斗、努力拼搏的女排精神再一次令世界刮目相看，为奥运精神作了完美的诠释。在对外交往方面，我们提出了伙伴精神来应对国际经济和地区形势的新变化、新挑战，提出了团结互信、平等互利、包容互鉴、合作共赢的丝路精神，与他国共谋发展。

从战争年代用生命和鲜血铸就的井冈山精神和长征精神到新时代的工匠精神和企业家精神，十大精神既一脉相承，又与时俱进，经过岁月沉淀，跨越千山万水，愈发耀眼。

工匠精神

“精雕细琢、精益求精”

工匠精神是指工匠对产品精雕细琢、精益求精、追求完美的精神理念。2016年3月5日，李克强总理在《政府工作报告》中指出，鼓励企业开展个性化定制、柔性化生产，培育精益求精的“工匠精神”。“工匠精神”一词迅速流行开来。当下，“中国制造”正在向“中国智造”强力迈进，工匠精神更是为其注入了新鲜血液。同时，这也意味着培养工匠精神的诉求已上升为国家意志和全民共识，意味着这个时代呼唤精益求精和卓越纯粹的工匠精神。

2016年“工匠精神”媒体关注度逐月分布

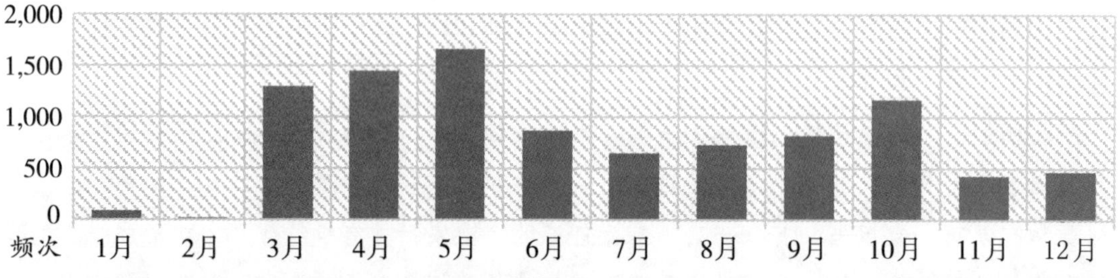

2016年最受媒体关注的“工匠精神”相关新闻

- 3月，李克强总理首次在《政府工作报告》中提出“工匠精神”，提出“鼓励企业开展个性化定制、柔性化生产，培育精益求精的‘工匠精神’，增品种、提品质、创品牌”。
- 4月，工匠精神的践行者——陆建新先进事迹报告会在深圳市举行。
- 5月，李克强总理说，“中国制造”的品质革命要靠精益求精的工匠精神和工艺创新，其中关键是以客户为中心。
- 10月，中国电影从井喷式发展到增速放缓，业界呼唤工匠精神促进市场转型。

长征精神

“永远不变的精神信念”

习近平总书记高度总结了长征精神的内涵，即“把全国人民和中华民族的根本利益看得高于一切，坚定革命的理想和信念，坚信正义事业必然胜利的精神；就是为了救国救民，不怕任何艰难险阻，不惜付出一切牺牲的精神；就是坚持独立自主、实事求是，一切从实际出发的精神；就是顾全大局、严守纪律、紧密团结的精神；就是紧紧依靠人民群众，同人民群众生死相依、患难与共、艰苦奋斗的精神”。这五个方面是辩证统一的整体。坚定的革命理想信念，既是长征精神的组成部分，也是长征精神的基础，更是长征精神的灵魂。今天我们进行的建设新时期中国特色社会主义的新的长征，仍然有许多“雪山”“草地”需要我们去跨越，还有许多“娄山关”“腊子口”需要我们去征服。

2016年“长征精神”媒体关注度逐月分布

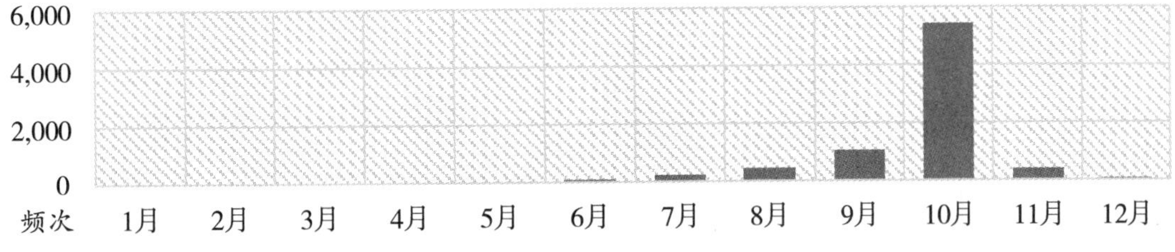

2016年最受媒体关注的“长征精神”相关新闻

- 8月，株洲一群老人用18天完成6,000公里旅程，重走长征路，弘扬长征精神。
- 9月，黎平结合新实际传承长征精神，保增收、促脱贫。
- 10月，弘扬长征精神，协调推进“四个全面”战略布局。

企业家精神

“创新、冒险、创业、宽容”

创新是企业家精神的灵魂；冒险是企业家精神的天性；合作是企业家精神的精华；敬业是企业家精神的动力；学习是企业家精神的关键；执着是企业家精神的本色；诚信是企业家精神的基石。企业家精神是企业家这个特殊群体所具有的共同特征，是他们独特的个人素质、价值取向以及思维模式的抽象表达，是对企业家理性和非理性逻辑结构的一种超越、升华。人们把企业家精神理解为成功的企业家个人内在的经营意识、理念、胆魄和魅力，并以此为标准来评价企业家。

2016年“企业家精神”媒体关注度逐月分布

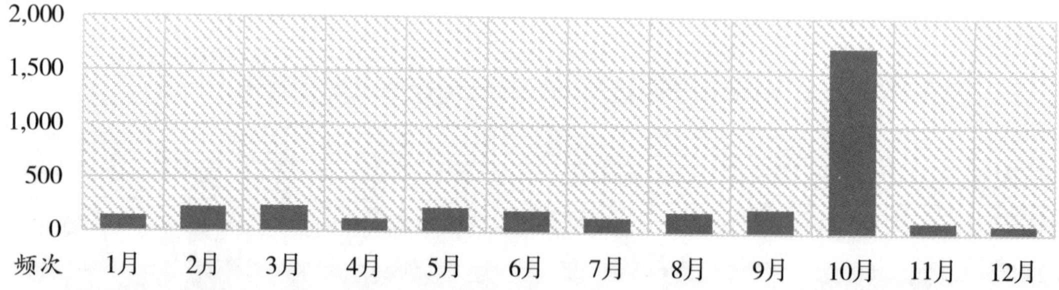

2016年最受媒体关注的“企业家精神”相关新闻

- 3月，供给侧改革的核心在于激发企业家精神，让企业家敢于配置资源。
- 10月，李克强总理在与科技公司的一次会议中表示，促进培养企业家精神和创新精神将为毕业生提供公平竞争的机会。

女排精神

“顽强拼搏，永不言弃，坚持不懈，自强不息”

女排精神的基本内涵可概括为无私奉献精神、团结协作精神、艰苦创业精神、自强不息精神。中国女排在里约奥运会夺冠，自强不息、刻苦奋斗、努力拼搏的女排精神再一次令世界刮目相看。女排精神是中国女排的历史遗产，是20世纪80年代中国女排夺得五连冠之后的经验总结。女排精神很好地诠释了“为国争光、无私奉献、团结友好、坚强拼搏”的中华体育精神。女排精神曾是时代的主旋律，是中华民族精神的象征，影响了几代人积极投身改革开放和社会主义现代化建设的伟大事业。女排精神不仅成为中国体育的一面旗帜，更成为整个中华民族锐意进取、昂首前进的精神动力。

2016年“女排精神”媒体关注度逐月分布

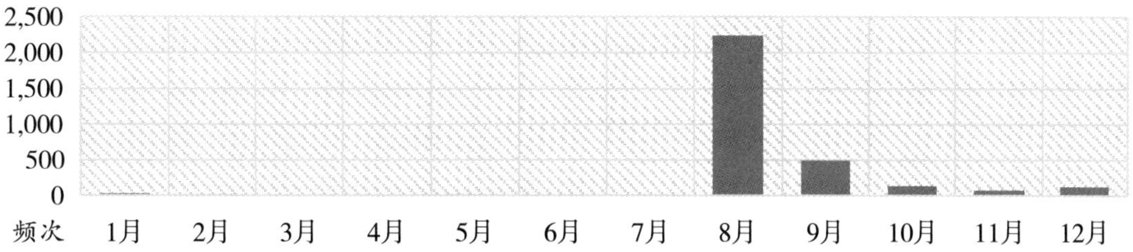

2016年最受媒体关注的“女排精神”相关新闻

- 8月，里约奥运会上女排夺冠，女排精神再一次令世界刮目相看。
- 9月，中国女排时隔12年重回世界之巅，年轻的女排姑娘们用行动再一次强有力地诠释了女排精神。

奥运精神

“世界的和平、友谊和团结”

奥运精神即奥林匹克运动会精神。《奥林匹克宪章》赋予奥林匹克精神的内涵是“相互理解，友谊长久，团结一致，公平竞争”。参与原则是奥林匹克精神的第一原则。2016年的里约奥运会，运动员的优秀表现为奥运精神作了完美的诠释。奥运会是弘扬体育精神、民族精神和国际主义精神的世界级运动盛会，象征着世界的和平、友谊和团结。

2016年“奥运精神”媒体关注度逐月分布

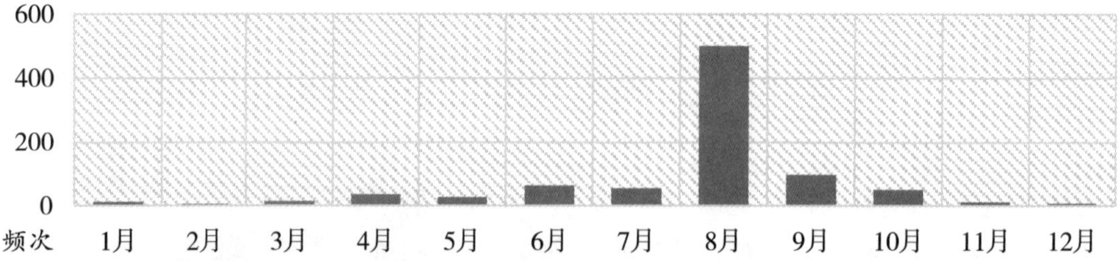

2016年最受媒体关注的“奥运精神”相关新闻
• 8月，各国体育健儿在赛场上全力拼搏，完美地诠释了奥运精神。 • 9月，邓亚萍直言，奥运精神就是“更高、更快、更强”，因此她踏入任何领域都会用尽全力。

伙伴精神

“20国集团最宝贵的财富”

9月，习近平主席在20国集团领导人第11次峰会期间的重要讲话中明确提出，“伙伴精神是20国集团最宝贵的财富，也是各国共同应对全球性挑战的选择”。伙伴精神是针对国际经济和地区形势深刻变化，以及全球面临的新形势、新挑战所提出的，目的是维护全球自由贸易体系和开放型经济体系，促进世界各国深化经济合作，谋求共同发展。在经济持续低迷、世界各国面临共同挑战之际，加强和巩固各国间的伙伴关系具有更加重要的意义。

2016年“伙伴精神”媒体关注度逐月分布

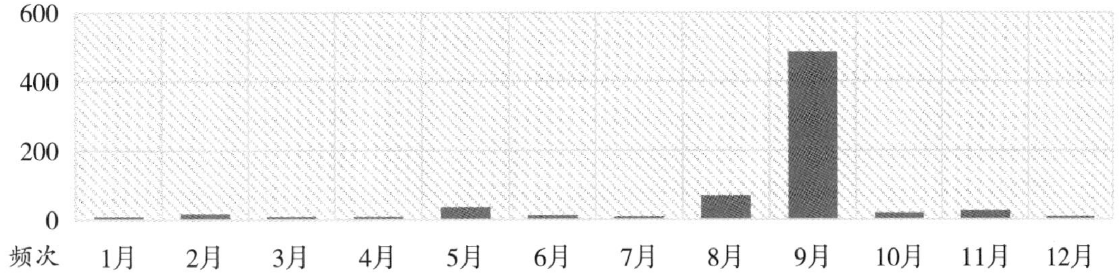

2016年最受媒体关注的“伙伴精神”相关新闻

- 8月，中国提出“人类命运共同体”“正确义利观”等治理理念，有利于推动G20在新的历史时期更好地发扬“同舟共济的伙伴精神”。
- 9月，习近平主席在20国集团领导人第11次峰会期间的重要讲话中明确提出，“伙伴精神是20国集团最宝贵的财富，也是各国共同应对全球性挑战的选择”。

钉钉子精神

“久久为功，持之以恒”

“发扬钉钉子精神”是习近平总书记以朴素的话语，提出的一个意蕴深远的命题。干事业好比钉钉子，钉钉子往往不是一锤子就能钉好的，而是要一锤一锤接着钉，才能把钉子钉实、钉牢。钉牢一颗再钉下一颗，不断钉下去，必然大有成效。一个单位、一个地区面貌的改变，并非一朝一夕之功，需要久久为功、持之以恒。唯有脚踏实地、坚持不懈，才能走得更远、更久，取得更大的成绩。

2016年“钉钉子精神”媒体关注度逐月分布

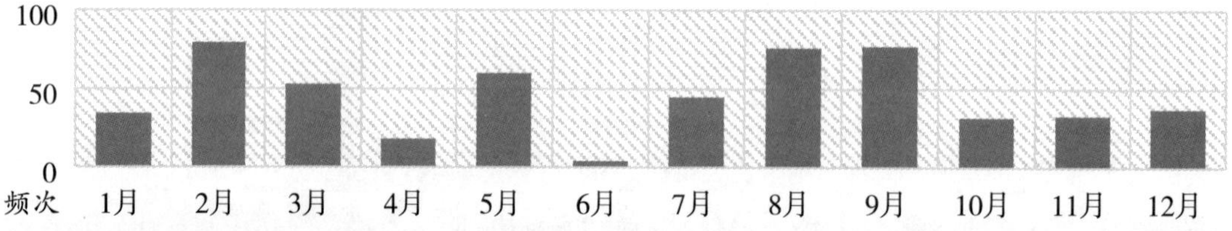

2016年最受媒体关注的“钉钉子精神”相关新闻

- 2月，习近平总书记强调，要“坚定改革决心和信心，增强推进改革的思想自觉和行动自觉，既当改革促进派，又当改革实干家，以钉钉子精神抓好改革落实，扭住关键、精准发力，敢于啃硬骨头，盯着抓、反复抓，直到抓出成效”。
- 8月，习近平总书记提出八项要求，并强调要以钉钉子精神抓下去，一步一步把“一带一路”建设推向前进，让“一带一路”建设造福沿线各国人民。
- 9月，习近平总书记强调，正是紧紧抓住经济建设这个中心不放松，与时俱进，开拓创新，靠着拼劲、闯劲、干劲，靠着钉钉子精神，中国才有了今天的成就。

丝路精神

“用魅力打动人，用理念感化人，用倡议吸引人”

丝路精神即丝绸之路精神的简称。丝绸之路作为文明交往平台，多民族、多种族、多宗教、多文化在此交汇融合。在长期交往过程中，各个国家之间形成了“团结互信、平等互利、包容互鉴、合作共赢，不同种族、不同信仰、不同文化背景的国家可以共享和平，共同发展”的丝路精神。新时期的丝路精神更是贯穿在世界各国的发展中，因为中国不仅追求自身发展，同时注重与他国共同发展，并欢迎各国搭乘中国这班列车。用魅力打动人，用理念感化人，用倡议吸引人，这是丝路精神的精髓所在。

2016年“丝路精神”媒体关注度逐月分布

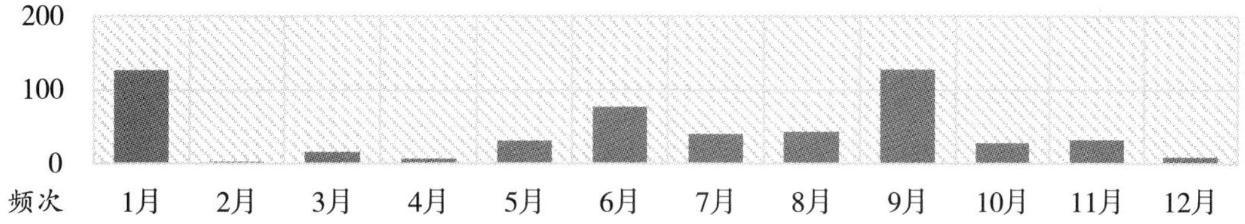

2016年最受媒体关注的“丝路精神”相关新闻

- 1月，媒体报道称，实现中华民族的伟大复兴，需要弘扬丝路精神，不断深化合作。
- 6月，在“一带一路”倡议引领下，在上海合作组织合作平台上，丝路精神、上海精神交相辉映，中国携手欧亚国家阔步走进开放、融合、和平、繁荣的新时代。
- 9月，随着首届丝绸之路(敦煌)国际文化博览会的举办，世界的目光聚集在丝路明珠敦煌，这是一场文化的盛宴，更是对丝路精神的弘扬。

井冈山精神

“坚定不移的革命信念”

井冈山精神诞生于土地革命战争时期的井冈山革命根据地。井冈山精神的内涵可以概括为“坚定不移的革命信念，坚持党的绝对领导，密切联系人民群众的思想作风，一切从实际出发的思想路线，艰苦奋斗的作风”。滔滔赣江，巍巍井冈，在这片红色土地上，以毛泽东为代表的中国共产党人点燃了革命的星星之火，为中国革命开辟出一条成功之路，培育出薪火相传的井冈山精神。“井冈山是革命的山、战斗的山，也是英雄的山、光荣的山”，不忘峥嵘岁月，铭记先烈功勋，就要弘扬跨越时空的井冈山精神，让这笔宝贵财富传承下去。

2016年“井冈山精神”媒体关注度逐月分布

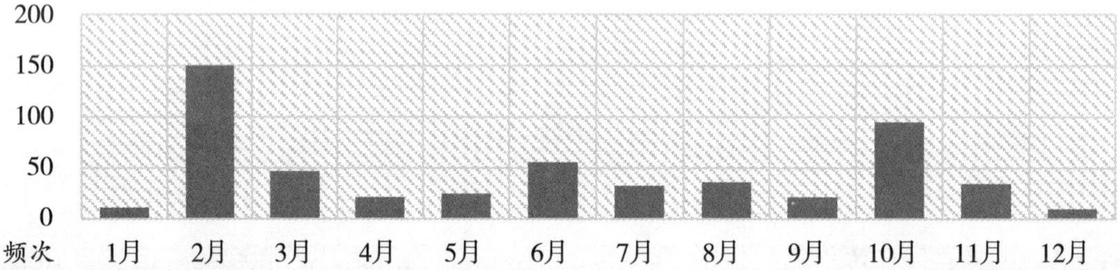

2016年最受媒体关注的“井冈山精神”相关新闻

- 2月，井冈山革命博物馆原馆长毛秉华坚持义务宣讲井冈山精神，常年捐款救灾、爱心助学，成为远近知名的井冈山“活雷锋”。
- 6月，井冈山时期留给我们最为宝贵的财富，就是跨越时空的井冈山精神。
- 10月，要深入开展革命文化宣传教育，传承、弘扬井冈山精神、长征精神，唱响爱党、爱国、爱社会主义的时代主旋律。

航天精神

“艰苦奋斗、开拓创新”

航天精神，是艰苦奋斗的精神，是勇于攻坚的精神，是开拓创新的精神，是无私奉献的精神。在实施载人航天工程的过程中，中国航天人牢记党和人民的重托，满怀为国争光的雄心壮志，自强不息、顽强拼搏、团结协作、开拓创新，取得了一个又一个辉煌的成绩，也铸就了特别能吃苦、特别能战斗、特别能攻关、特别能奉献的载人航天精神。航天精神是中国人民的骄傲，是世界的奇迹。

2016年“航天精神”媒体关注度逐月分布

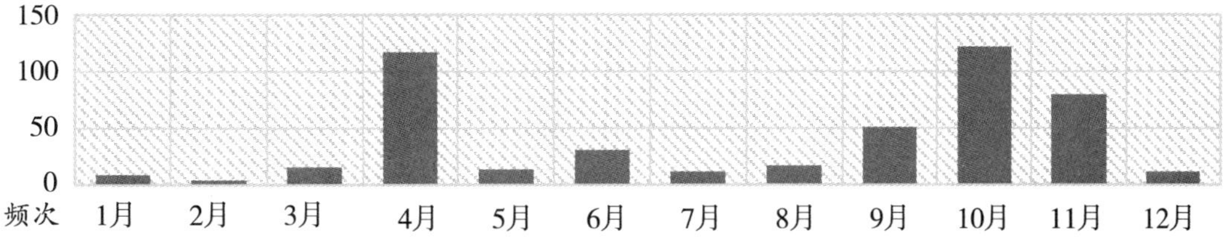

2016年最受媒体关注的“航天精神”相关新闻

- 4月，为回应伟大时代的呼唤，中国航天人自强不息、接续奋斗，走出了一条自力更生、自主创新的发展道路，积淀了深厚博大的航天精神。
- 10月，神舟十一号飞船的发射，更好地弘扬了航天精神。
- 11月，航天精神业已成为鼓舞亿万人民向着实现中华民族伟大复兴不断奋进的巨大精神动力。

2016年中国媒体关注度最高的十大中国骄傲

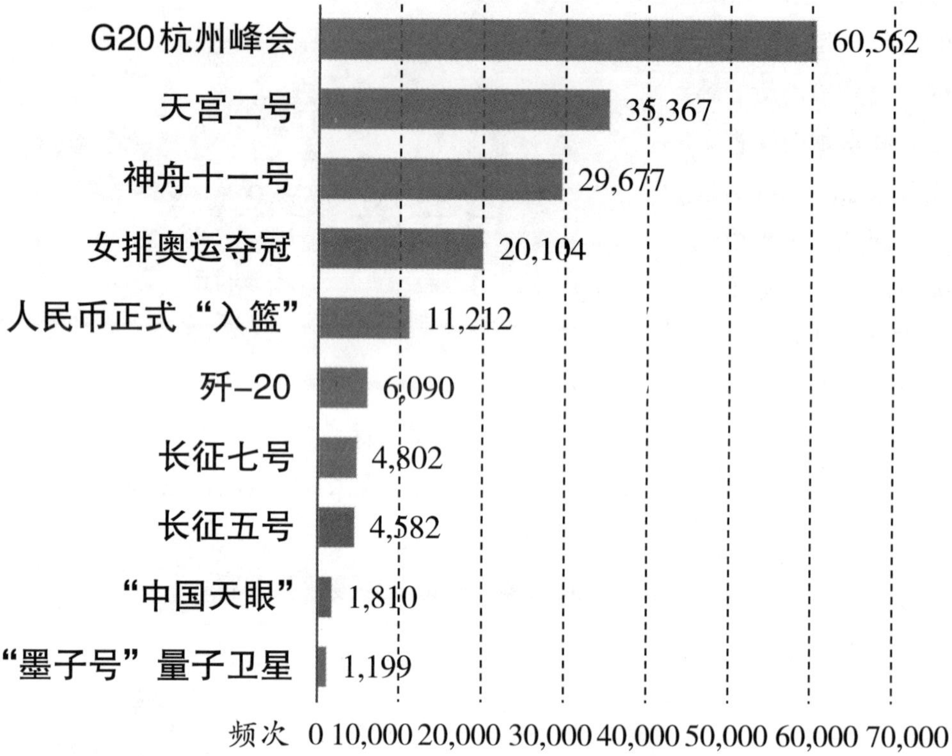

2016年中国媒体关注度最高的十大中国骄傲是指在2016年的中国媒体上出现次数最多的令中国人感到骄傲和自豪的新闻事件关键词。

十大骄傲中，政治领域的G20杭州峰会显示了中国作为世界经济的发动机、国际和平的维护者，在世界政治舞台上发挥着越来越重要的作用。经济领域，人民币正式“入篮”，中国终于获得了与其经济体量相适应的货币地位，这是一种结构性的认可和提升。军事领域，歼-20作为中国现代空中力量的代表，首次对外进行双飞展示，惊艳亮相，成为中国国防能力快速提升的一个象征。科技领域，中国取得了井喷式的发展，我们不再动辄落后世界几十年，而是与世界同步甚至领先，展现了中国科技整体力量的升级性成果。体育领域，女排奥运夺冠，让我们想起了当年五连冠的女排精神。然而，辉煌只属于过去，面对未来，中国不仅需要政治地位的提升、经济的发展、军事的强大、科技的进步、体育的胜利，也需要精神的回归、重建和新生。

天宫二号

“中秋夜完美升空，中国空间站不是梦”

天宫二号即天宫二号空间实验室，是继天宫一号后中国自主研发的第二个空间实验室，也是中国第一个真正意义上的空间实验室，将用于进一步验证空间交会对接技术及进行一系列空间试验。天宫二号于2016年9月15日22时04分09秒在酒泉卫星发射中心发射成功，并于10月19日3时31分与神舟十一号飞船成功自动交会对接。

2016年“天宫二号”媒体关注度逐月分布

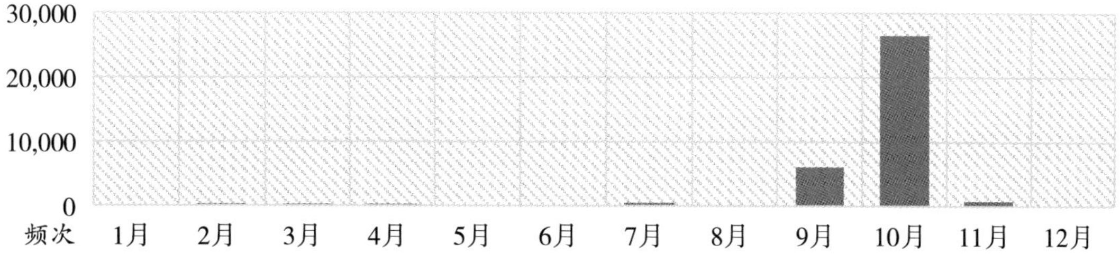

2016年最受媒体关注的“天宫二号”相关新闻

- 9月，15日22时04分09秒，天宫二号空间实验室在酒泉卫星发射中心发射成功。
- 10月，19日3时31分，神舟十一号飞船与天宫二号空间实验室自动交会对接成功。19日6时32分，航天员景海鹏、陈冬先后进入天宫二号空间实验室。

神舟十一号

“大国重器，中国航天的新突破”

神舟十一号是指中国于2016年10月17日7时30分在酒泉卫星发射中心由长征二号FY11运载火箭发射的载人飞船，发射目的是更好地掌握空间交会对接技术，开展地球观测和空间地球系统科学、空间应用新技术、空间技术和航天医学等领域的应用和试验。飞行乘组由两名男性航天员景海鹏和陈冬组成，景海鹏担任指令长。神舟十一号飞船由中国空间技术研究院总研制，飞船入轨后经过2天独立飞行完成与天宫二号空间实验室自动对接，形成组合体。

2016年“神舟十一号”媒体关注度逐月分布

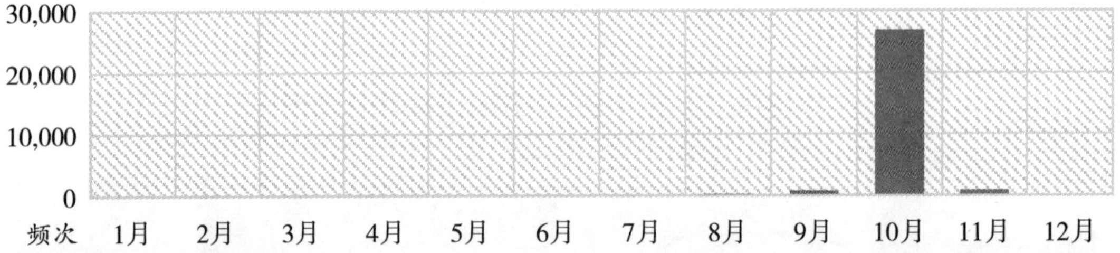

2016年最受媒体关注的“神舟十一号”相关新闻

- 10月，17日7时30分，中国在酒泉卫星发射中心使用长征二号FY11运载火箭将神舟十一号飞船送入太空。19日凌晨，神舟十一号飞船与天宫二号自动交会对接成功。航天员景海鹏、陈冬进入天宫二号。
- 11月， 17日12时41分，神舟十一号飞船与天宫二号空间实验室成功分离，航天员景海鹏、陈冬将踏上返回之旅。18日13时59分，神舟十一号飞船返回舱在内蒙古中部预定区域成功着陆。

女排奥运夺冠

“永不磨灭的斗志，女排精神熠熠生辉”

奖牌有三种颜色，传奇的写法却只有一种。回顾中国女排的里约征程，可谓跌宕起伏：开局不利，小组赛连续失利，跌跌撞撞晋级；淘汰赛越战越勇，一路突破，顶着巨大压力，中国女排最终站在奥运之巅，演绎了激动人心的逆袭传奇。重返奥运会女排四强，中国女排用了八年；重返奥运女排决赛的战场，中国女排用了十二年，年轻的女排姑娘在教练郎平的带领下向世界宣布王者归来。当执拗变成执着，曾经的信念也变成了信仰。中国女排的姑娘们用旺盛的斗志和对胜利的渴望诠释着顽强拼搏的体育真谛，这支中国女排是对天道酬勤四个字最好的注脚。

2016年“女排奥运夺冠”媒体关注度逐月分布

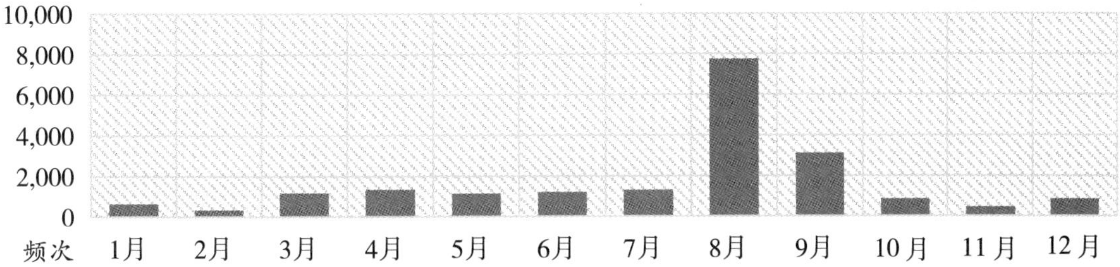

2016年最受媒体关注的“女排奥运夺冠”相关新闻

- 8月，北京时间21日，里约奥运会女排决赛，中国女排再次挑战塞尔维亚。第一局，中国女排以19：25负于塞尔维亚，塞尔维亚暂时以大比分1：0领先。之后中国队以25：17、25：22、25：23，连扳三局，以大比分3：1获得女排冠军，重回世界之巅！

人民币正式“入篮”

“迟到的认可，崭新的征程”

自2016年10月1日起，人民币正式被认定为可自由使用货币，并作为第五种货币，与美元、欧元、日元和英镑一起构成特别提款权货币篮子，这是自1990年欧元“入篮”以来国际货币基金组织特别提款权货币篮子首次发生变化。人民币正式“入篮”反映了中国货币、外汇和金融体系改革取得进展，意味着中国在放开和改善金融市场基础设施方面取得的成就获得了国际的认可。同时，人民币成为国际货币基金组织官方储备货币之一，也意味着国际上对人民币的更高期许和更严格要求。

2016年“人民币正式‘入篮’”媒体关注度逐月分布

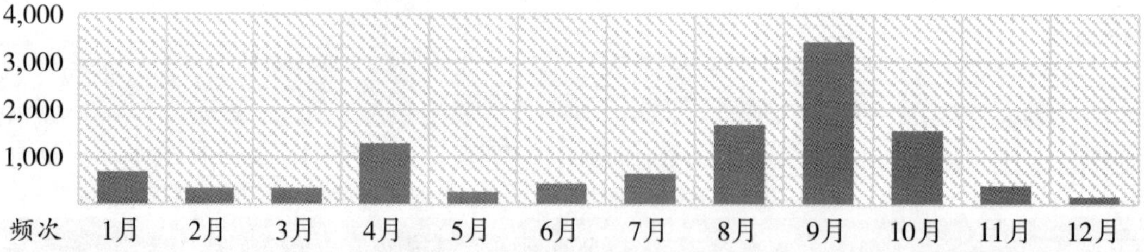

2016年最受媒体关注的“人民币正式‘入篮’”相关新闻

- 9月，媒体报道称，人民币将从10月起正式加入特别提款权货币篮子，开启国际化新征程。
- 10月，人民币国际化迈出重要一步。10月1日起，人民币纳入国际货币基金组织特别提款权货币篮子的决议正式生效，人民币成为继美元、欧元、日元和英镑之后的第五种“入篮”货币。

歼-20

“利刃出鞘，决胜长空”

歼-20是中航工业成都飞机工业集团公司为中国空军研制的一款第四代战斗机，融合了全球多种已经在使用的优秀战斗机的特点，具备较强的隐形性能、机动性能。2016年11月1日，歼-20身披割裂迷彩涂装参加珠海航展并首次对外进行双飞展示，惊艳亮相。作为中国现代空中力量的代表，歼-20必将进一步提升中国空军综合作战能力，有助于中国空军更好地肩负起维护国家主权、安全和领土完整的神圣使命。

2016年“歼-20”媒体关注度逐月分布

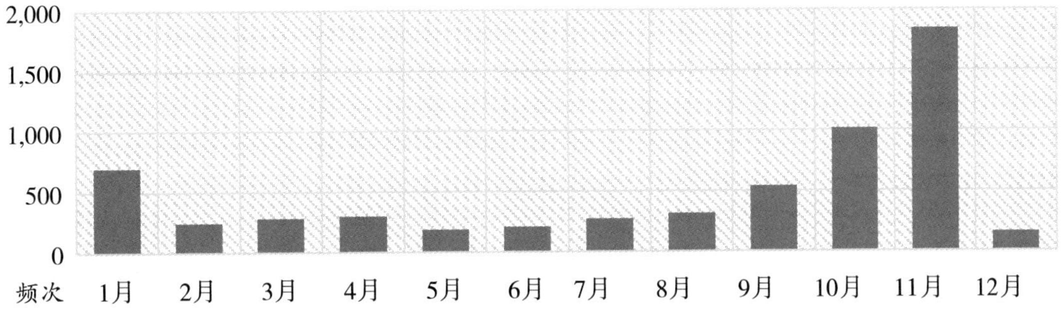

2016年最受媒体关注的“歼-20”相关新闻

- 1月，在2101、2102号量产型歼-20陆续曝光后，2017号歼-20作为最后1架原型机似乎已被证实。
- 10月，在“中国空军参加中国航展新闻发布会”上,申进科大校介绍，由中国自主研发的重型隐身战斗机歼-20将亮相即将开幕的珠海航展。
- 11月，歼-20身披割裂迷彩涂装参加珠海航展并首次对外进行双飞展示。

长征七号

“首飞成功，打响建造空间站的开幕战”

随着我国航天事业的不断发展，空间站的建设与大质量卫星的发射需求开始出现，为了运载这些大质量的舱段以及卫星，长征七号应运而生。长征七号运载火箭为两级结构，捆绑四枚助推器，采用了液氧煤油发动机等新技术，是绿色、无毒、无污染的新一代中型运载火箭。2016年6月25日20时00分，伴随着烈焰与轰鸣，为发射货运飞船而全新研制的长征七号运载火箭从海南文昌航天发射场点火升空，长征七号运载火箭首次发射圆满成功。此次发射也是中国载人空间实验室第四次飞行任务的开端，打响了中国建造空间站的开幕战。

2016年“长征七号”媒体关注度逐月分布

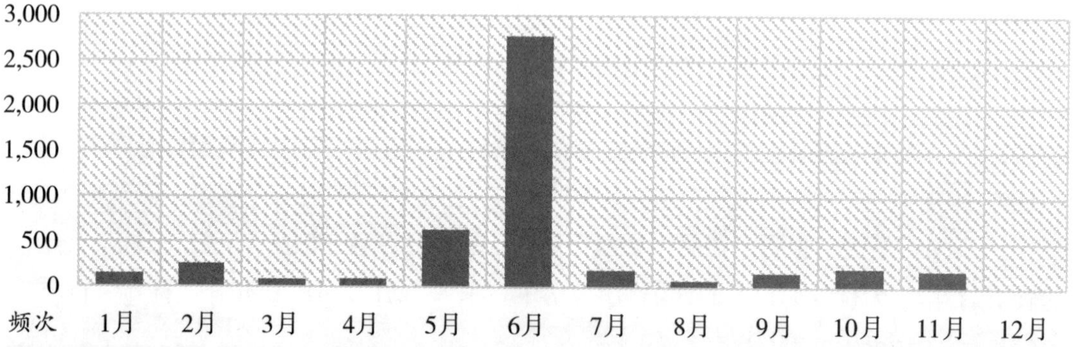

2016年最受媒体关注的“长征七号”相关新闻

- 6月，北京时间25日20时00分，我国载人航天工程为发射货运飞船而全新研制的长征七号运载火箭，在海南文昌航天发射场点火升空。这既是长征七号的首飞秀，也是海南文昌航天发射场建成后的首次实战检验。

长征五号

“运载火箭更新换代的里程碑”

2016年11月3日20时43分，我国新一代重型运载火箭长征五号在海南文昌航天发射场点火升空，并顺利进入预定轨道，首发任务取得圆满成功。长征五号火箭总长约57米，芯级直径5米，助推器直径3.35米，重量869吨，因为粗壮的外形而被形象地称为“胖五”“大火箭”。长征五号火箭是我国运载火箭更新换代的里程碑，它实现了我国火箭运载能力的大幅度跨越，为我国后续国家重大航天工程任务提供了可靠度高、成本低、无毒、无污染、适应性强、安全性好、运载能力强的先进运载工具。

2016年“长征五号”媒体关注度逐月分布

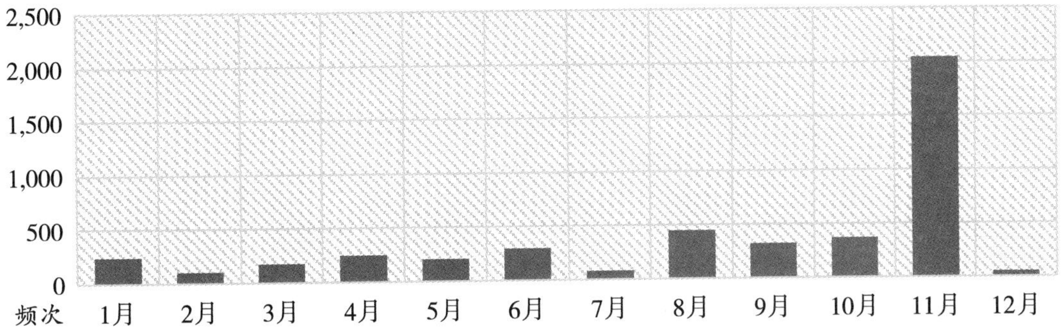

2016年最受媒体关注的“长征五号”相关新闻

- 11月，北京时间3日20时43分，我国新一代重型运载火箭长征五号在海南文昌发射场发射升空。

“中国天眼”

“天眼睁眼，望穿百亿光年”

世界最大的单口径球面射电望远镜（FAST），又被形象地称作“中国天眼”。它是由国家科教领导小组审议确定的国家九大科技基础设施之一，采用中国科学家独创设计，利用贵州南部喀斯特洼地的独特地形条件建设的500米口径巨型射电望远镜。2016年9月25日，“中国天眼”FAST在贵州省平塘县的喀斯特洼坑中落成并启用，把中国空间测控能力由地球同步轨道延伸至太阳系外缘，对我国在科学前沿实现重大原创突破、加快创新驱动发展具有重要意义。

2016年“中国天眼”媒体关注度逐月分布

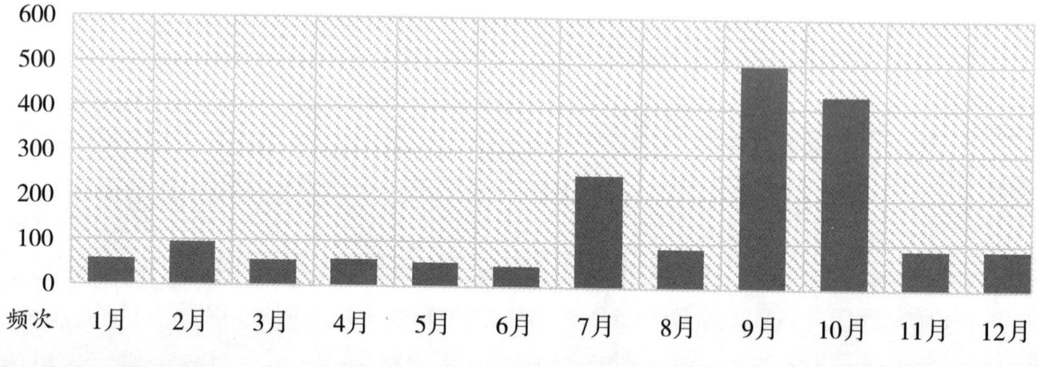

2016年最受媒体关注的“中国天眼”相关新闻

- 7月，“中国天眼”FAST主体工程完工，预计9月底投入使用。
- 9月，“中国天眼”FAST于25日在贵州省黔南布依族苗族自治州平塘县宣布落成并启用。
- 10月，“中国天眼”FAST景区成新宠，国庆连续6日门票售罄。

“墨子号”量子卫星

“划时代的量子通信，全方位的天地连接”

2016年8月16日凌晨1时40分，人类历史上第一颗用于量子通信研究的“墨子号”量子科学实验卫星在我国酒泉卫星发射中心发射升空，将配合多个地面站实施星地量子密钥分发、星地量子纠缠分发和地星量子远程传态等量子通信领域的实验。中国量子卫星首席科学家潘建伟院士介绍，如果说地面量子通信构建了一张连接每个城市、每个信息传输点的“网”，那么量子科学实验卫星就像一杆将这张“网”射向太空的“标枪”。当这张纵横寰宇的量子通信“天地网”织就，海量信息将在其中来去如影，并且“无条件”安全。

2016年“‘墨子号’量子卫星”媒体关注度逐月分布

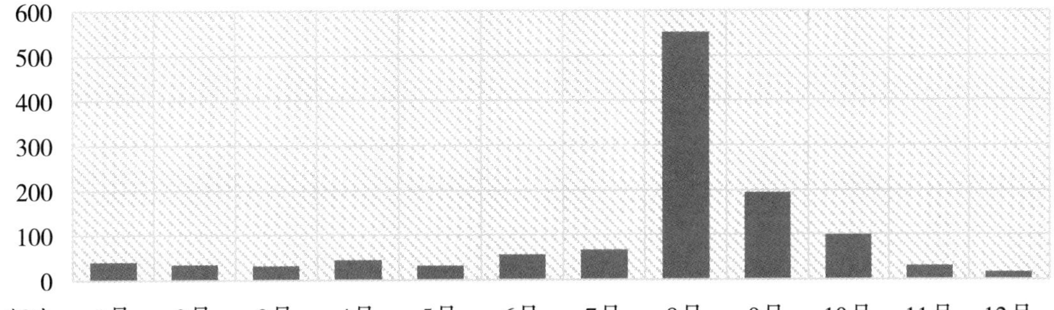

2016年最受媒体关注的“‘墨子号’量子卫星”相关新闻

- 8月，16日1时40分，世界上首颗量子科学实验卫星“墨子号”在我国酒泉卫星发射中心用长征二号运载火箭成功发射升空，它将在世界上首次实现卫星和地面之间的量子通信。

2016年中国媒体关注度最高的十大新经济

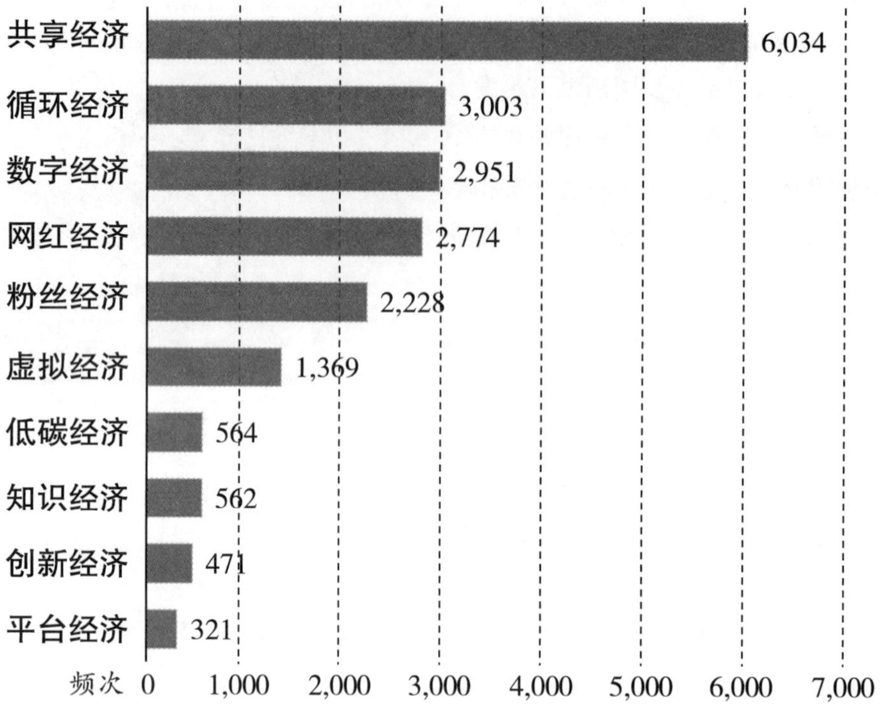

2016年中国媒体关注度最高的十大新经济是指在2016年的中国媒体上出现次数最多的新经济形态。

迈入21世纪的第四个五年，中国经济正在经历重大转型。要想摆脱窠臼、化茧成蝶，当务之急是寻找动力强劲的新引擎。李克强总理在2016年的《政府工作报告》中指出：必须培育壮大新动能，加快发展新经济。

2016年的榜单中，共享经济、循环经济、低碳经济、创新经济、平台经济与“十三五”规划中五大发展理念所提倡的创新、协调、绿色、共享完美对应；数字经济随着移动互联网、物联网、云计算、大数据等技术的蓬勃发展，已经渗透到了我们生活的方方面面，实体经济与虚拟经济渐趋平衡；网红经济、粉丝经济大爆发，离不开短视频平台的流行和直播平台的井喷式发展；知识经济再度崛起，则得益于“互联网+文化”的强力推动。

新经济若想解放老的生产力，创造新的生产力，成为支撑经济发展的新兴力量，需要探索，需要成长，需要我们走好迈向未来的每一步。

共享经济

“从住行到衣食，共享创造价值”

从狭义来讲，共享经济是指以获得一定报酬为主要目的，基于陌生人且存在物品使用权暂时转移的一种商业模式。如今越来越多的人出行乘坐网约车，骑乘共享单车，旅行住在当地人家，就餐选择私厨……可见共享经济已经渐渐融入我们的生活。共享经济借助移动互联网技术，让人们分享闲置资源，降低了交易成本，在交换价值之外，创造出了全新的共享价值。

2016年“共享经济”媒体关注度逐月分布

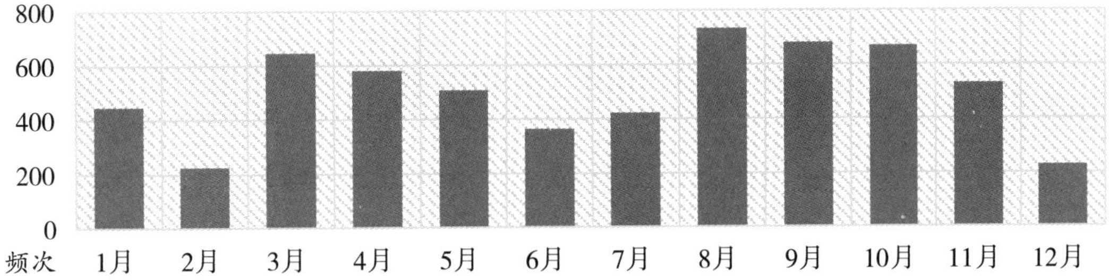

2016年最受媒体关注的“共享经济”相关新闻

- 3月，李克强总理在第十二届全国人大四次会议中作政府工作报告提出“共享经济”这个词，随后越来越多的出行平台都纷纷打出了共享经济的旗号。
- 8月，优步与滴滴合并的消息让人们将目光再次聚焦于共享经济。
- 9月，滴滴千万美元投资ofo，单车或成共享经济下个风口。
- 10月，中共十八届六中全会召开的次日（28日），以“创新引领产业，共享实现价值”为主题的共享经济高峰论坛在大连银帆宾馆隆重召开。

循环经济

“只有循环，才能经济”

自2003年进入国家层面的经济发展战略体系以来，循环经济对实现资源节约、环境保护以及经济增长有机统一的重要意义，已被人们广泛认可。近年来，国家在重点行业、重点领域开展了资源综合利用、园区循环化改造、再生资源回收体系建设等一系列试点工作，积极探索企业、园区、社会等多层面的发展模式，使我国循环经济取得了较快发展。2016年，党的十八届五中全会提出的“绿色”发展理念，体现了党对经济社会发展与自然规律认识的深化，指引着我们更好地实现人民富裕、国家富强，形成人与自然和谐发展的现代化建设新格局。

2016年“循环经济”媒体关注度逐月分布

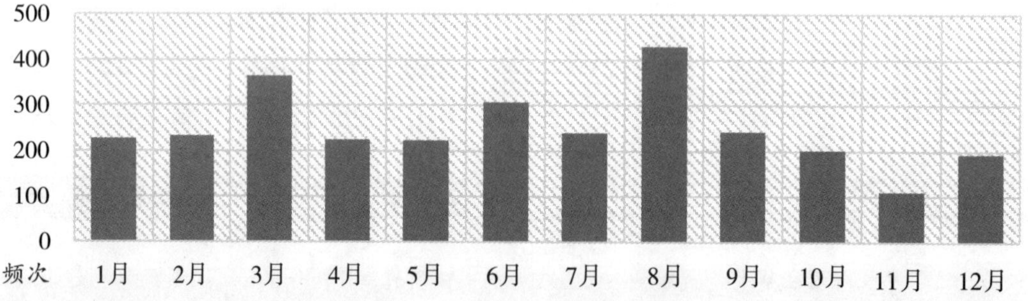

2016年最受媒体关注的“循环经济”相关新闻

- 3月，《国民经济和社会发展第十三个五年规划纲要（草案）》提出，要大力发展循环经济，倡导勤俭节约的生活方式，建立健全资源高效利用机制。
- 6月，中国循环经济发展论坛于25日在北京会议中心举行，本届论坛主题是“创新引领循环经济发展”。
- 8月，习近平总书记再谈循环经济：青海要发挥示范作用。

数字经济

“信息时代中国经济转型升级的新引擎”

数字经济是以信息和知识的数字化编码为基础，以数字化资源为核心生产要素，以互联网为主要载体，通过信息技术与其他领域紧密融合而形成的，以信息产业以及信息通信技术对传统产业提升为主要内容的新型经济形态。数字经济对于扩展新的经济发展空间、推动传统产业转型升级、促进经济可持续发展、提升社会管理和服务水平具有重要意义。G20杭州峰会上，数字经济首次被纳入会议主题，这对世界各国增进交流与合作，发挥数字经济潜力，推动数字经济创新发展具有里程碑式的历史意义。

2016年“数字经济”媒体关注度逐月分布

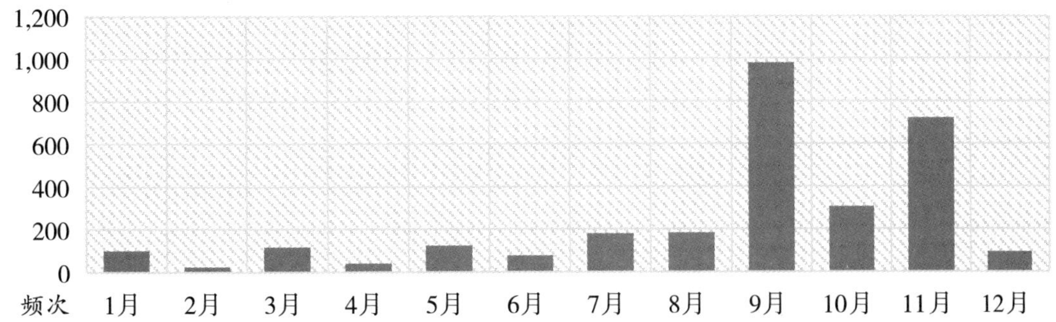

2016年最受媒体关注的“数字经济”相关新闻

- 9月，在G20杭州峰会上，中国作为主席国首次主持起草了《G20数字经济发展与合作倡议》，这是第一个具有全球意义的数字经济合作倡议。
- 11月，第三届世界互联网大会“数字经济论坛”在中国浙江乌镇举行。

网红经济

“是美丽泡沫还是未来走向？”

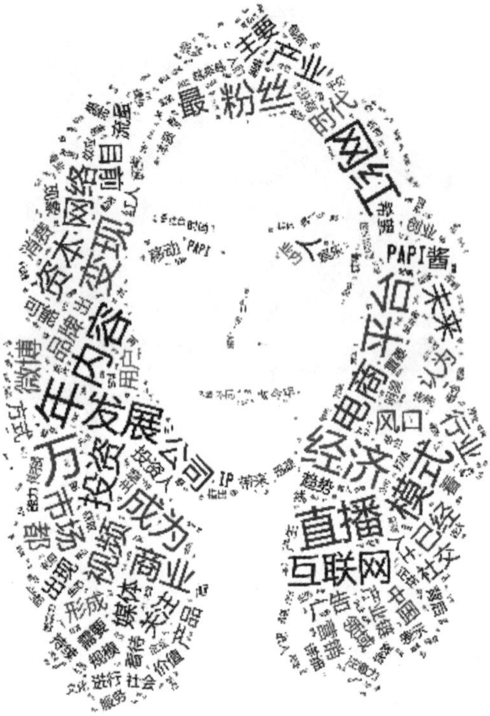

2016年作为网红经济爆发元年，网络红人正在创造新媒体经济的奇迹。其实，网红并非新生事物，早在十年前的网络论坛时代，芙蓉姐姐就在推手们的帮助下成名。此后，微博大V在自媒体时代迅速崛起。而如今，随着微信公众号、短视频、直播平台等更多自媒体平台的出现，越来越多的网红出现在公众面前，而围绕网红产生的商业链条和盈利模式也浮出水面，并被称为网红经济。大量的粉丝、强大的话题性、资本认可的商业变现能力、日益延伸的产业链……网红经济已经成为移动互联网时代一个重要的社会现象，但对于经济发展和社会文化生态而言，它究竟是一个美丽的泡沫还是代表着未来的走向，恐怕要等待时间的检验。

2016年“网红经济”媒体关注度逐月分布

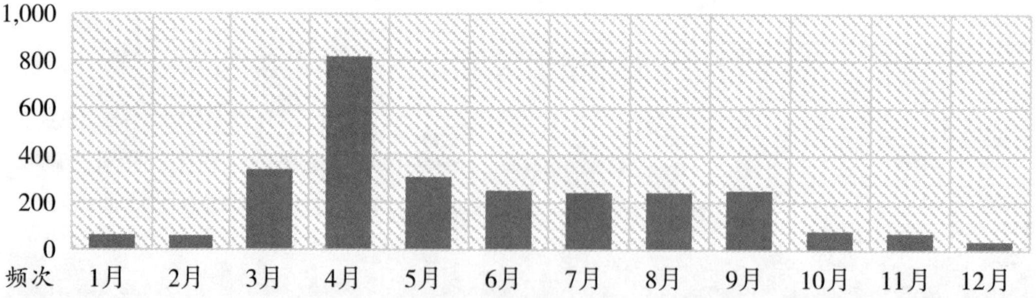

2016年最受媒体关注的“网红经济”相关新闻

- 3月，网络红人papi酱获1,200万元投资，进一步引发大众对网红经济的关注。
- 4月，papi酱一次广告拍出2,200万元，催生网红经济产业链。
- 5月，多路资本入场，网红经济来袭。

粉丝经济

“粉丝摇身一变成为消费者”

“粉丝”一词伴随着偶像产生，已风行多年，如今又有了新内涵：即使不追明星名人，只要关注一个微博、一家网店或者一个品牌，你就成了他们的粉丝。庞大的粉丝人群自然也蕴涵着巨大的经济能量。无论是自媒体、网红、IP（知识内容）或其他品牌，无论是卖娱乐、卖内容、卖商品或者卖服务，只要能通过吸引消费者注意力，将其变为忠诚的顾客，并使其参与到产品或服务的销售、推广过程中，就形成了粉丝经济，这与传统商业模式并无不同。但是，移动互联网带来的“吸粉”方式简便、粉丝增长迅速、涉及领域宽泛、推广成本低廉等优势却是传统商业环境难以企及的。

2016年“粉丝经济”媒体关注度逐月分布

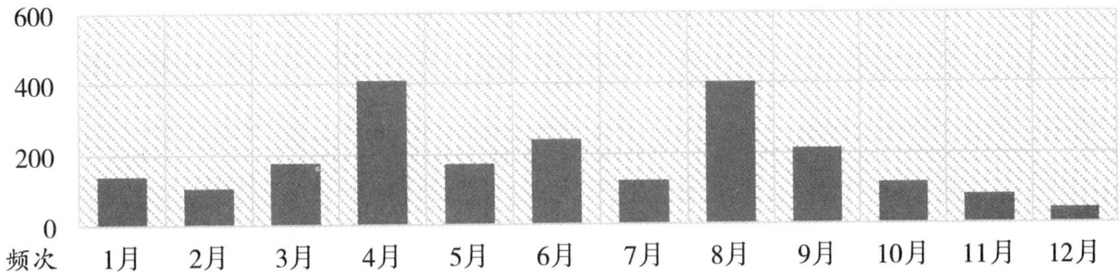

2016年最受媒体关注的“粉丝经济”相关新闻

- 4月，王思聪打赏女主播7万元，粉丝经济无孔不入。
- 6月，借助于庞大的粉丝群，月初上映的《魔兽世界》大电影不出意料地成了今年“最热”，掀起一场粉丝经济狂潮。
- 8月，鹿晗的《Reloaded》数字专辑销售首日十分钟卖出10万张。

虚拟经济

“扭转实体经济与虚拟经济的严重失衡”

在市场经济发展过程中衍生出的虚拟经济，以金融系统为依托，一方面可以优化资源配置，提高实体经济创造价值的能力，另一方面又容易因为其本身的虚拟性质而形成泡沫。近年来，我国虚拟经济市场得到了飞速发展，如何引导其向健康的方向发展，如何在抑制消极影响的同时发挥好其对经济增长的推动作用，成为人们关注的焦点。2016年12月召开的中央经济工作会议提出“着力振兴实体经济”，这就必须遵从虚拟经济服务实体经济的本质要求，防止资本过度流向虚拟经济，造成实体经济空心化。发展虚拟经济不能“脱实向虚”，放弃或削弱实体经济。

2016年“虚拟经济”媒体关注度逐月分布

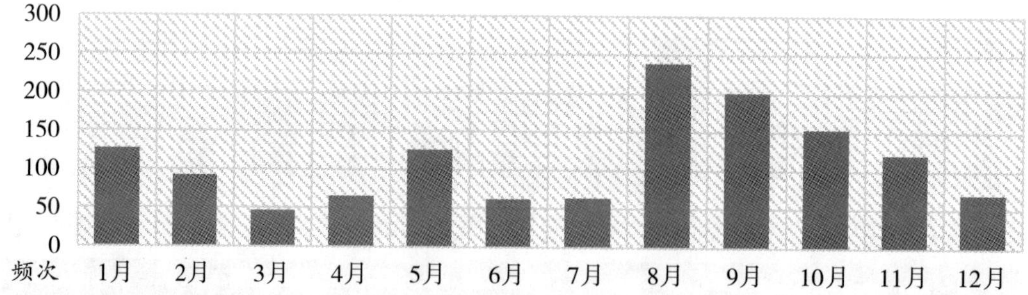

2016年最受媒体关注的“虚拟经济”相关新闻

- 8月，影视行业泡沫大，监管层严控跨界并购，严防虚拟经济过热。
- 9月，习近平总书记在杭州G20峰会上指出，虚拟经济与实体经济结合将带来革命性变化。
- 10月，娃哈哈集团董事长宗庆后表示制造业是立国之本，莫将虚拟经济搞过头。

低碳经济

“低耗能、低污染、低排放”

低碳经济是指在可持续发展理念指导下，通过技术创新、制度创新、产业转型、新能源开发等多种手段，尽可能地减少煤炭、石油等高碳能源消耗，减少温室气体排放，达到经济社会发展与生态环境保护双赢的一种经济发展形态。习近平总书记提出的“绿水青山就是金山银山”就是对低碳经济最形象的概括，也是最明确的指示。党的十八届五中全会提出我们要“推进绿色发展、循环发展、低碳发展”和“建设美丽中国”。绿色发展战略的提出，既是在新常态下对中国经济发展的科学选择和判断，同时又符合当今世界经济发展的主要特征和趋势。

2016年“低碳经济”媒体关注度逐月分布

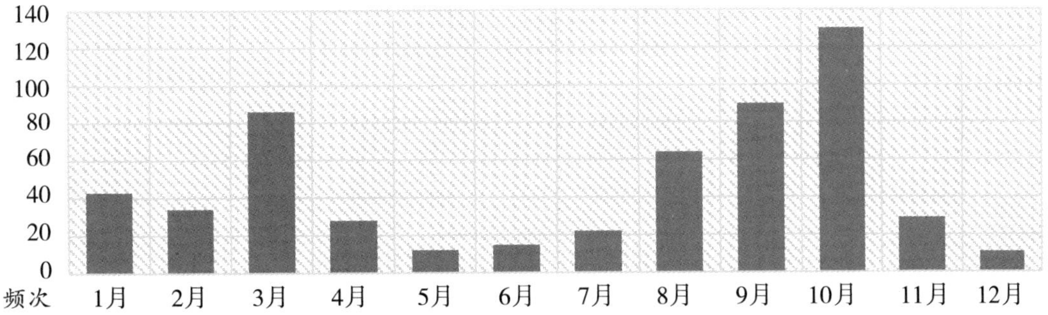

2016年最受媒体关注的“低碳经济”相关新闻

- 3月，低碳经济、新能源成为2016年两会焦点话题。
- 9月，银监会表示高度重视金融支持生态文明建设，将以绿色信贷为抓手，支持绿色、循环、低碳经济发展。
- 10月，湖南发力低碳经济，三家工业园区纳入国家试点。

知识经济

“知识就是力量，知识也是生产力”

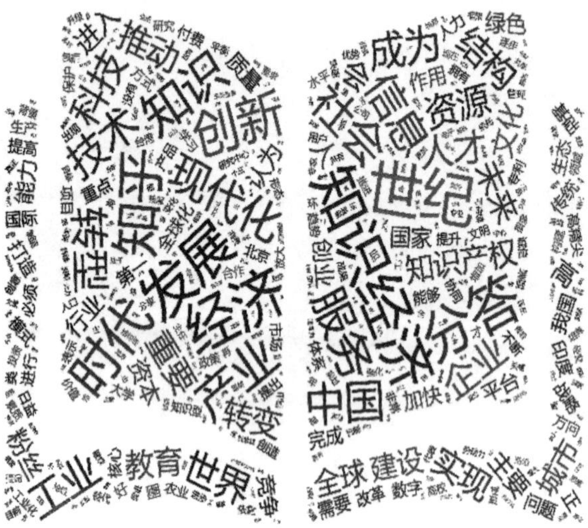

知识经济是知识在生产中占主导地位，知识产业成为龙头产业的经济形态。在工业化、信息化时代之后，人类进入知识化时代。传统经济的增长，取决于能源、原材料和劳动力；知识经济的增长，取决于知识生产和传播的效率。互联网的发展为知识的生产和传播创造了条件，让知识经济有了更丰富的内涵。近年来，知乎Live、分答、果壳、罗辑思维等平台纷纷崭露头角，这种将知识进行系统化梳理、提炼，再打包提供给用户的方式，在一定程度上也可以看作是知识经济的尝试。

2016年“知识经济”媒体关注度逐月分布

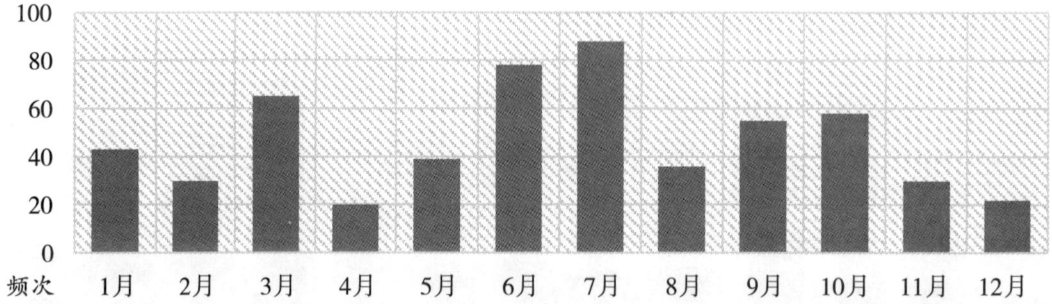

2016年最受媒体关注的“知识经济”相关新闻

- 3月，罗辑思维主讲人罗振宇演讲称，知识经济时代，饼子脸也有春天。
- 6月，《从分答、知乎Live看知识经济的困境》一文引发社会思考。
- 7月，知识经济时代到来，知乎内容将可付费转载。
- 10月，媒体发文《知乎这座城的发展，正让知识经济迸发出新活力》。

创新经济

“创新是引领发展的第一动力”

党的十八大以来，习近平总书记多次强调，创新始终是推动一个国家、一个民族向前发展的重要力量。抓创新就是抓发展，谋创新就是谋未来。不创新就要落后，创新慢了也要落后。谁牵住了科技创新这个牛鼻子，谁走好了科技创新这步先手棋，谁就能占领先机，赢得优势。党的十八届五中全会提出，坚持创新发展，必须把创新摆在国家发展全局的核心位置。在G20杭州峰会上，中国作为主席国提出了“构建创新、活力、联动、包容的世界经济”的峰会主题，推动各国深入探讨，

达成共识。其中，“创新”首次列入G20峰会议题，并成为峰会四大议题之首，体现了中国乃至全世界对创新经济的关注和重视。

2016年“创新经济”媒体关注度逐月分布

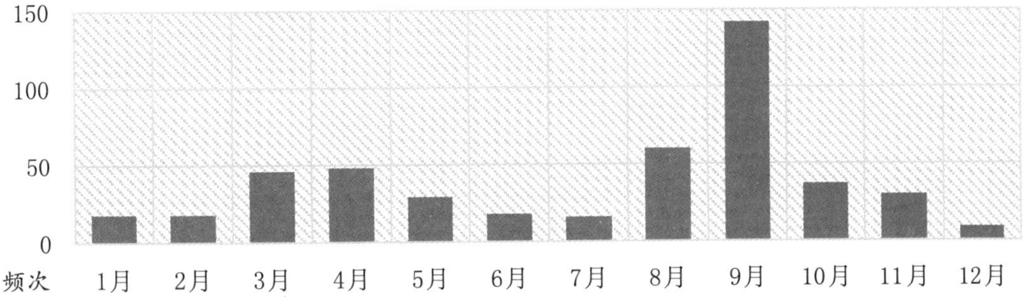

2016年最受媒体关注的“创新经济”相关新闻

- 8月，世界知识产权组织、美国康奈尔大学、英国国际商学院共同发布了全球创新指数排行榜，中国挤进榜单前25名，彰显我国创新经济动力十足。
- 9月，G20杭州峰会聚焦创新经济。

平台经济

“智慧连接，跨界融合”

互联网的迅猛发展，连接起了生产、消费、服务等各个环节，搭建起了一个新的发展平台，平台型企业大量涌现，成为经济发展的主角，国际上的谷歌、苹果，以及国内的阿里巴巴、百度、腾讯等，都是典型的平台型企业。平台经济为社会生产、生活等方方面面带来了巨变，在一些领域甚至产生了颠覆性影响，推动了生产和消费方式的重大变革，有力驱动了经济增长。

2016年“平台经济”媒体关注度逐月分布

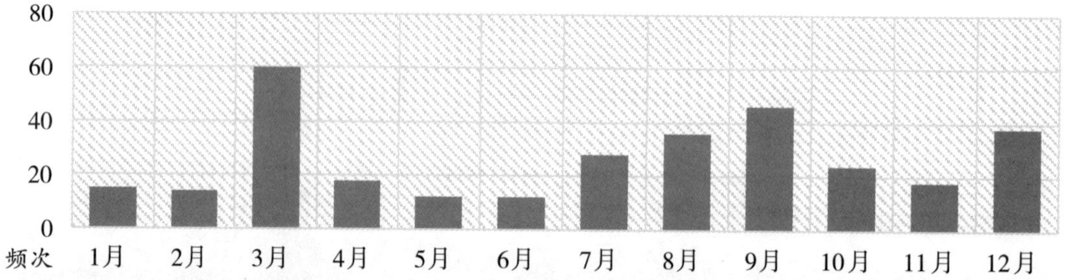

2016年最受媒体关注的“平台经济”相关新闻

- 3月，阿里巴巴集团2016财年电商交易额于21日突破3万亿元，这是平台经济快速发展的体现。
- 8月，上海市颁布《市场流通创新工程实施方案（2016-2020年）》，提出要发挥自贸试验区溢出效应，创新流通发展模式，大力发展平台经济。
- 9月，全球最大的管理资讯公司埃森哲发布报告称，美中印将成为全球平台经济主导力量。
- 12月，首汽也想开展网约车业务，但平台经济不是想做就能做的。

2016年中国媒体关注度最高的十大亮科技

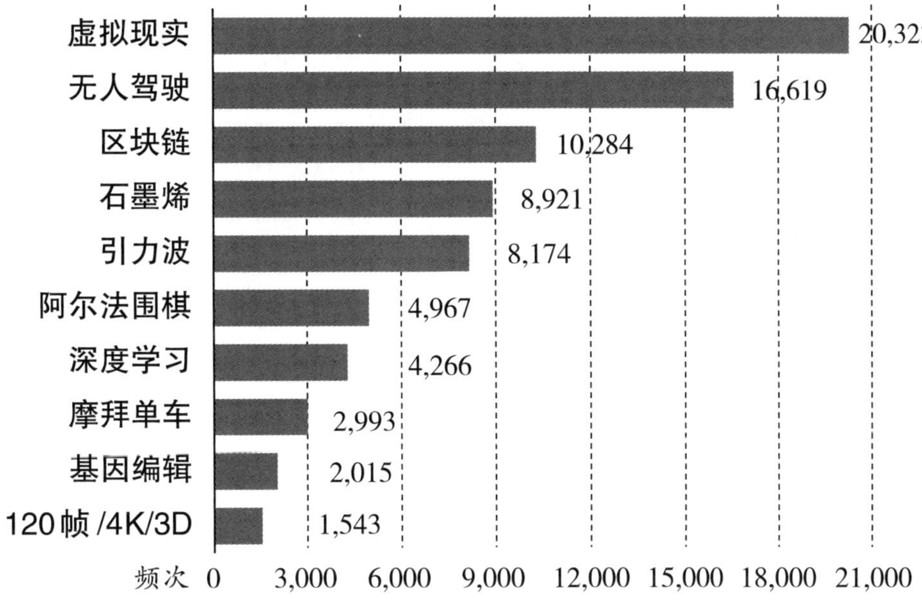

2016年中国媒体关注度最高的十大亮科技是指在2016年的中国媒体上出现次数最多的科技关键词。

2016年，许多新名词和新事物进入了大众的视野。在计算机领域，得益于深度学习的提出，人工智能快速发展，从科幻电影走进现实。2016年也是虚拟现实元年，虚拟现实、增强现实让人目不暇接。无人驾驶汽车纷纷开上了马路。阿尔法围棋横空出世，战胜了韩国棋手李世石。虽然人工智能发展火热，但距离成熟期还有很长的路要走。与之相比，“互联网+”已经在现实生活中大显身手。脱胎于比特币的区块链技术不仅应用于数字货币，还可以应用到物联网、保险、法律等众多行业；互联网与智能手机相结合的摩拜单车更是遍布街头巷尾，促进了共享经济的发展，为市民出行带来了便利，解决了城市出行“最后一公里”的问题。在自然科学领域，引力波和石墨烯两个新事物的发现，引起了科学界的巨大震动。在生物科学领域，人们一直在为延长生命而努力，基因编辑恰恰为此提供了无限的可能。在媒体科技领域，李安的新电影《比利·林恩的中场战事》采用120帧/4K/3D技术，为观众带来了绝佳的视觉体验。

2016年新事物、新科技层出不穷，各个领域快速发展。相信未来的世界会更加多元化，更加发达，更加精彩。

虚拟现实

“富有挑战性的交叉技术”

虚拟现实技术是一种可以创建和体验虚拟世界的计算机仿真系统，它是一种多源信息融合的、交互式的三维动态视景和实体行为的仿真系统，可以使用户沉浸到该环境中。虚拟现实是多种技术的综合，包括实时三维计算机图形技术，广角立体显示技术，对观察者头、眼和手的跟踪技术，以及触觉/力觉反馈、立体声、网络传输、语音输入输出技术等。

2016年“虚拟现实”媒体关注度逐月分布

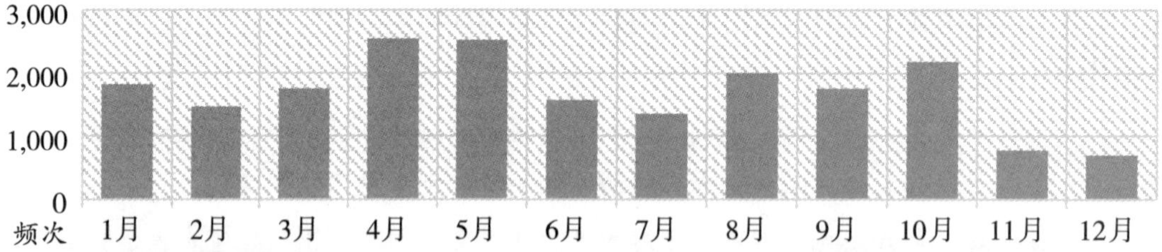

2016年最受媒体关注的“虚拟现实”相关新闻

- 4月，虚拟现实有望在游戏、视频等多个领域对传统模式进行颠覆，有广阔的发展空间，投资者可挖掘行业龙头个股。
- 5月，在试验、装配阶段，长征七号应用了时髦的虚拟现实技术，对火箭进行虚拟装配、虚拟试验，模拟火箭实际装配和试验环境，预见可能发生的问题，确保火箭试验、装配一次成功。
- 10月，美国导演斯皮尔伯格表示，虚拟现实将改变电影产业，但人们关于电影的灵感本身不会消亡，“电影把人们联系在一起，超越文化，超越语言，在这一点上，机器是做不到的”。

无人驾驶

“智能汽车”

无人驾驶通过车载传感系统感知道路环境，自动规划行车路线，并控制车辆到达预定目的地。无人驾驶集自动控制、体系结构、人工智能、视觉计算等众多技术于一体，是计算机科学、模式识别和智能控制技术高度发展的产物，也是衡量一个国家科研实力和工业水平的重要标准，在国防和国民经济领域具有广阔的应用前景。因此，无人驾驶逐渐成为科技热词，吸引了越来越多人的关注。

2016年“无人驾驶”媒体关注度逐月分布

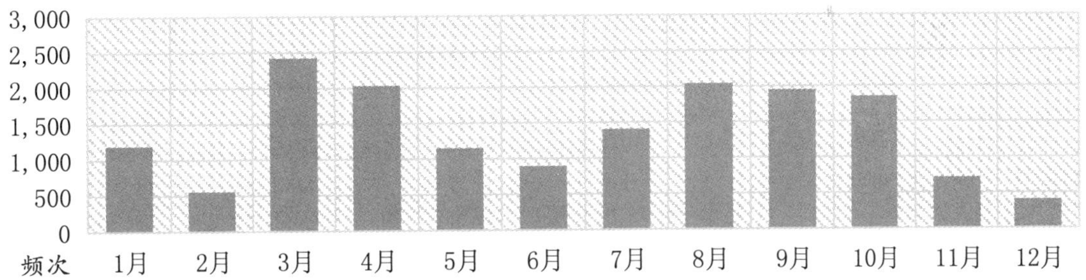

2016年最受媒体关注的“无人驾驶”相关新闻

- 3月，在全球无人驾驶技术研发的热潮中，长安、吉利等中国本土车企以及百度等互联网巨头纷纷投身其中，抢占这一汽车产业新的战略制高点。
- 4月，长安汽车成为了中国首个实现长距离无人驾驶的汽车企业。
- 8月，无人驾驶出租车在新加坡上路。

区块链

“最信任的机器”

区块链是源自比特币的一个概念，是一种去中心化的数据库，区块链技术通过将参与各方原本分散独立的信息串联起来，同时各自保存一份账本记录，实现了信息的可追踪溯源及不可篡改，因而也被称为“最信任的机器”。由于区块链实质上创造了一种数字信用，因此不仅能够应用于数字货币，也能广泛应用于电子商务、物联网、保险等多个领域。

2016年“区块链”媒体关注度逐月分布

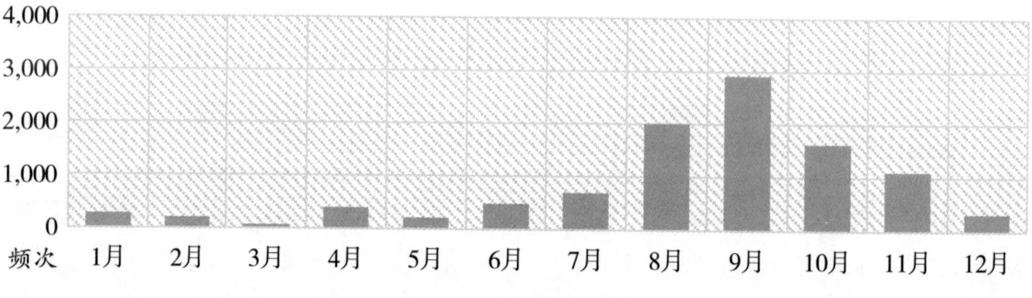

2016年最受媒体关注的“区块链”相关新闻

- 8月，全球四大银行联合研发数字货币，区块链概念有望爆发。
- 9月，区块链被称为颠覆性技术，将成为互联网金融乃至整个金融业的关键底层基础设施。
- 10月，区块链能够有效保证数据传输的安全性和高效性，因此得到了全球各国政府的重视。

石墨烯

“改变21世纪的‘新材料之王’”

石墨烯是一种由碳原子以杂化方式形成的蜂窝状平面薄膜，是一种只有一个原子层厚度的准二维材料，所以又叫单原子层石墨。两位英国物理学家凭借微机械剥离法从石墨中分离出石墨烯，获得了2010年诺贝尔物理学奖。石墨烯是目前发现的厚度最薄、强度最大、导电导热性能最强的一种新型纳米材料，有着广泛的应用前景，例如替代硅材料制造新一代电子芯片，将电池的充电时间缩短至以秒为单位。因此，石墨烯被称为“新材料之王”，甚至被预言将彻底改变21世纪，掀起一场席卷全球的颠覆性新技术、新产业革命。

2016年“石墨烯”媒体关注度逐月分布

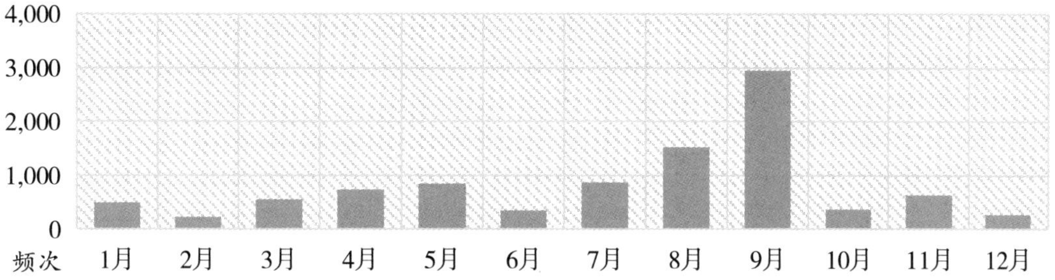

2016年最受媒体关注的“石墨烯”相关新闻

- 8月，股市石墨烯板块有涨有跌。
- 9月，股市石墨烯板块跌幅靠前。

引力波

“百年预言终被证实”

引力波是一种时空涟漪，通过波的形式从辐射源向外传播，如同石头被丢进水里产生的波纹。100年前，爱因斯坦的广义相对论预言了引力波的存在。此前，广义相对论的其他预言都已获证实，唯有引力波一直徘徊在科学家的“视线”之外。2016年2月11日，美国耗资几十亿美元、始建于1991年的激光干涉引力波天文台宣布首次探测到了引力波。物理学家霍金表示，引力波提供了看待宇宙的崭新方式，他相信这是科学史上重要的一刻。

2016年“引力波”媒体关注度逐月分布

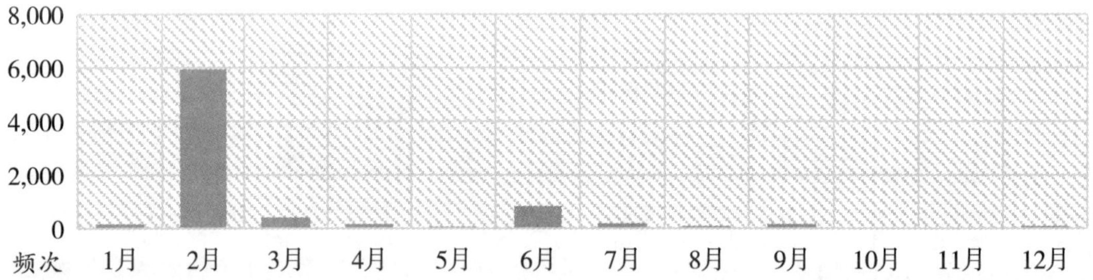

2016年最受媒体关注的“引力波”相关新闻

- 2月，美国科学家11日宣布探测到引力波的存在。引力波是爱因斯坦广义相对论实验验证中最后一块缺失的“拼图”。
- 6月，美国激光干涉引力波天文台再次发布重磅消息，宣布“又探测到了一个引力波事件”。

阿尔法围棋

“人工智能的胜利”

阿尔法围棋也称阿尔法狗，是一款人工智能围棋程序，译自英文“AlphaGo”。当阿尔法围棋最终以总比分4：1战胜韩国围棋大师、九段棋手李世石后，人工智能仿佛一下子从科幻电影走进现实，“人类最后的智力骄傲即将崩塌”成为街头巷尾热议的话题。其实，人们不必惊恐，人工智能无非是人类新的工具，说明人类的智慧又向前迈进了一步。这个世界上，能战胜人类的只有人类自己。

2016年"阿尔法围棋"媒体关注度逐月分布

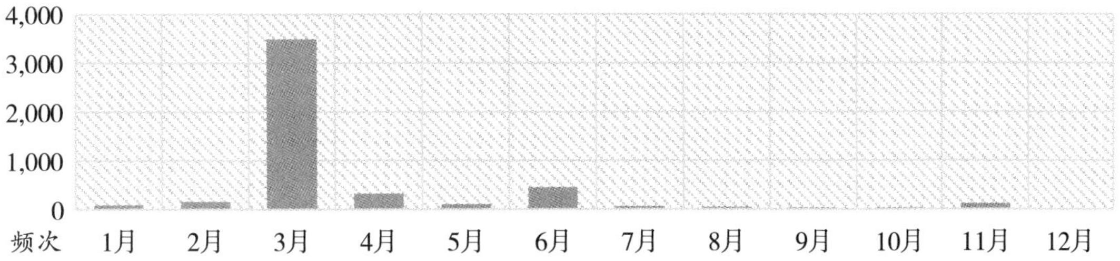

2016年最受媒体关注的“阿尔法围棋”相关新闻

- 3月，谷歌开发的计算机围棋程序“阿尔法围棋”击败韩国围棋大师李世石，引起轩然大波。
- 6月，围棋界传出“阿尔法围棋”将约战中国棋手柯洁，这场对决显然会获得不少关注。

深度学习

“人工智能的背后推手”

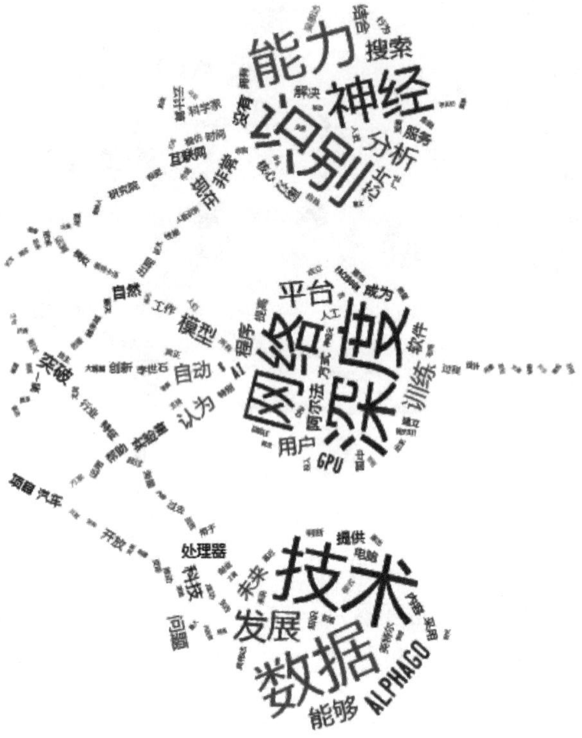

深度学习的概念源于人工神经网络的研究，含多隐层的多层感知器就是一种深度学习结构。深度学习通过组合低层特征形成更加抽象的高层表示（属性、类别或特征），以发现数据的分布式特征表示。深度学习是机器学习的一个新的研究领域，其动机在于建立能够模拟人脑进行分析学习的神经网络，模仿人脑的机制来解释数据，例如图像、声音和文本。2016年，深度学习高速发展，已经不再局限于实验室，在阿尔法围棋、无人驾驶、自动写作机器人的背后都有深度学习的身影。

2016年“深度学习”媒体关注度逐月分布

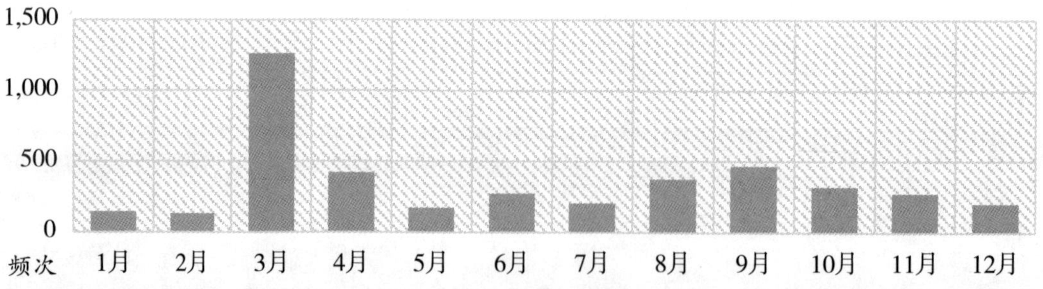

2016年最受媒体关注的“深度学习”相关新闻

- 3月，阿尔法围棋与以往下棋程序最大的不同，就是它具备了深度学习的能力。
- 9月，新一代机器人将采用纳米材料制造，重量更轻，也更为坚固；配置性能强大的神经学芯片，运行先进的深度学习算法，能够以自然的方式与人类互动。

摩拜单车

“共享经济的典范”

摩拜单车是无桩借还车模式的智能硬件。不用停车桩，不用办卡，二维码一扫就能开锁，不用的时候停在任意合法非机动车停车点即可。带有橙色标记的摩拜单车已成为“最后一公里”交通的有效补充，成为共享经济大潮中绿色出行的先行者。但是，人们在享受便捷的同时，也存在随意停放车辆、破坏二维码等不文明行为。

2016年“摩拜单车”媒体关注度逐月分布

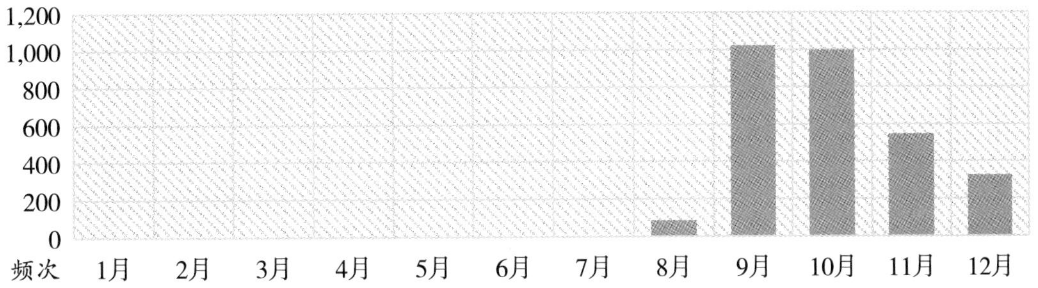

2016年最受媒体关注的“摩拜单车”相关新闻

- 9月，摩拜单车在北京和上海开始流行，与公共自行车相比，其随时随地还车的运营模式受到市民喜爱。
- 10月，小黄车ofo出现，与摩拜单车展开了正面较量。
- 11月，摩拜单车给市民带来了便利，但也产生了一系列不文明现象。

基因编辑

“定制人类？”

基因编辑技术能够让人类对目标基因进行“编辑”，实现对特定DNA片段的敲除、加入等。依靠基因编辑技术，人类也许能彻底攻克癌症、糖尿病等疑难杂症，培育出不会传播疟疾的蚊子、体型袖珍的迷你猪等。2016年，河北科技大学副教授韩春雨及其团队在国际顶级学术期刊《自然》发表论文，其提出的新基因编辑技术引发学界关注，并被一些媒体称为“诺奖级”发现。随后，由于多名学者声称未能成功重复韩春雨的实验，各界产生质疑和争议。

2016年“基因编辑”媒体关注度逐月分布

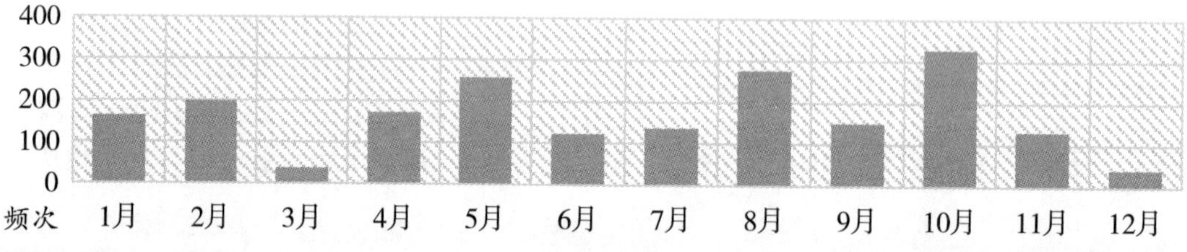

2016年最受媒体关注的“基因编辑”相关新闻

- 5月，由韩春雨带领的5人小组完成的基因编辑技术，突破了国际技术垄断。
- 8月，韩春雨震惊全球学术界的新基因编辑技术正遭遇越来越多的质疑。
- 10月，13位学者实名宣布无法重复韩春雨的基因编辑实验一事闹得沸沸扬扬。

120帧/4K/3D

“全新的电影格式”

120帧/4K/3D格式首次被李安导演用于电影《比利 · 林恩的中场战事》。120帧指拍摄和放映都达到每秒120帧，4K指图像分辨率达到4096×2160像素（880多万像素），3D指三维立体电影。120帧/4K/3D是对新的电影格式的探索，是对新的拍摄方式、观影体验的探索。电影是与科技结合最紧密的艺术，并不断推动科技进步，我们无从预料未来会以何种方式观看甚至是定义电影，但这条探索之路上的每一次尝试、每一次进步，都值得我们喝彩。

2016年“120帧/4K/3D”媒体关注度逐月分布

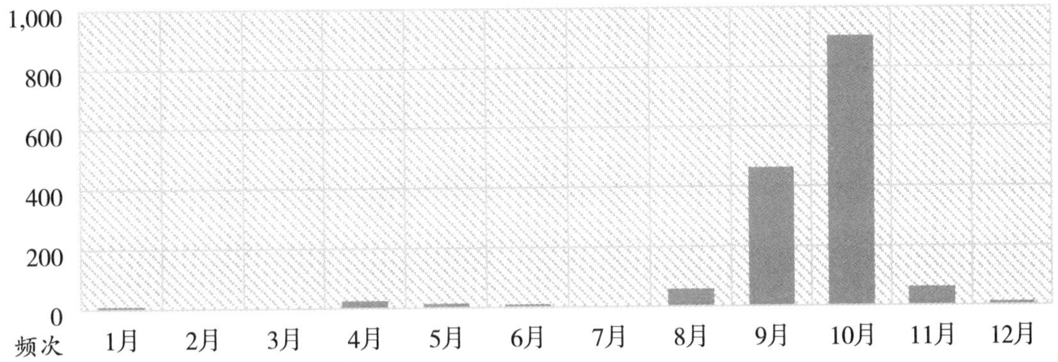

2016年最受媒体关注的“120帧/4K/3D”相关新闻

- 9月，李安导演的新片《比利•林恩的中场战事》因采用120帧/4K/3D的新规格，备受关注。
- 10月，以120帧/4K/3D技术拍摄的《比利•林恩的中场战事》在美国纽约举行了全球首映礼。

2016年中国媒体关注度最高的十大“网事”

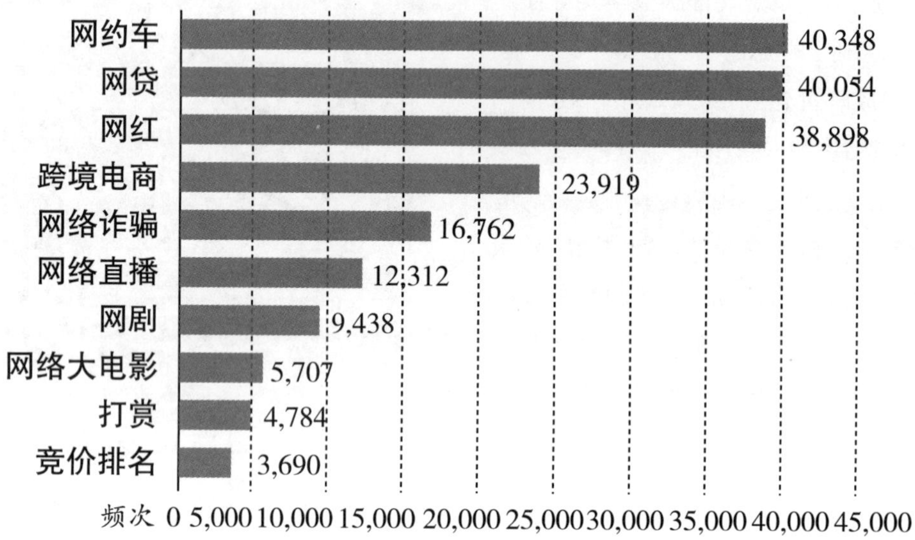

2016年中国媒体关注度最高的十大“网事”是指在2016年中国媒体上出现次数最多的互联网事物。

网约车高居榜首，原因是网约车终于众望所归地合法化了。这一场自下而上的改革，由民间力量延伸至顶层设计，是我国交通体系的创举，也是“互联网+”的成功案例。网约车合法化，标志着对网约车监管水平的提升，曾经的社会异类被纳入法制化轨道，我们敞开双臂拥抱这样的改革。同样一出生就争议不断的还有网贷，尤其是近来野蛮生长的校园网贷。针对当前校园网贷的乱象，有关部门应进行规范和监管，引导互联网金融健康发展。否则，只怕便利成为隐患。

网红因网络直播而红，网络直播因网红而火。围观网红直播，正在进入全民时代。近半数网民都观看过网络直播，网红通过摄像头与粉丝互动，获得粉丝的打赏。互联网的兴起打破了传统社会的成名壁垒，每个人都有可能凭借独特的才能引人关注，成为网红。网络直播随着技术的成熟变得轻而易举，直播内容五花八门，仿佛一场集体的狂欢。和所有新事物的成长历程一样，网红和网络直播也必然经历从渠道优胜到内容为王、从低俗无序到规范上道、从鱼龙混杂到优者生存的筛选过程。尤其是在互联网技术高速发展的大环境下，网红和网络直播不只是眼前的苟且，更健全的监管与更健康的网络环境才是诗和远方。

网约车

“网络预约出租汽车”

网约车是网络预约出租汽车的简称。2016年7月，为更好地满足群众多样化出行的需求，促进出租汽车行业和互联网融合发展，规范网络预约出租汽车经营服务行为，保障运营安全和乘客合法权益，国家交通运输部联合公安部等七部门公布《关于深化改革推进出租汽车行业健康发展的指导意见》和《网络预约出租汽车经营服务管理暂行办法》，这标志着网约车的合法化。此外，各方监管条例的出台，也为网约车的健康发展提供了保障，使其真正能够为百姓服务。

2016年“网约车”媒体关注度逐月分布

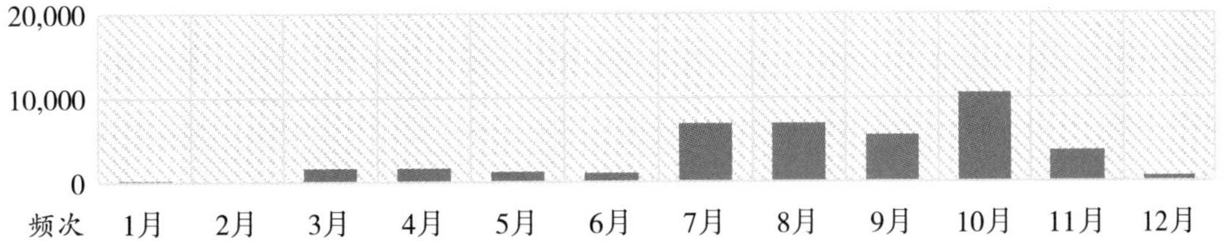

2016年最受媒体关注的“网约车”相关新闻

- 7月，《网络预约出租汽车经营服务管理暂行办法》明确了网约车的合法地位，将网约车辆登记为“预约出租客运”，既体现其出租汽车的性质，又反映其新兴业态的特征。
- 8月，一名网约车司机刻意深夜在机场附近接空姐订单，在未告知空姐的情况下诱导其暴露个人隐私，偷拍双方对话，并在直播平台上进行在线直播。
- 9月，滴滴向出租车开放网约车订单，且已有出租车公司加入。
- 10月，北上广深渝等五地都在征求意见稿中不同程度地对网约车驾驶员条件提出了更严格、更细化的要求，并对乘客关心的乘车保险、车辆安全以及约车人信息安全等发布了明确的约束性规定。

网贷

“足不出户的网络借贷”

网贷即网络借贷，就是在网上实现借贷，借入者和借出者均可利用网络平台实现借贷的在线交易。网贷平台数量近两年在国内迅速增长，但也一直争议不断。尤其是近来野蛮生长的校园网贷，由于起初行业门槛低、无行业准则、无监管机构，校园网贷无序扩张，陷阱重重。针对校园网贷当前的乱象以及引发的众多问题，有关部门积极规范和监管，引导互联网金融健康发展，严防便利变成隐患。

2016年“网贷”媒体关注度逐月分布

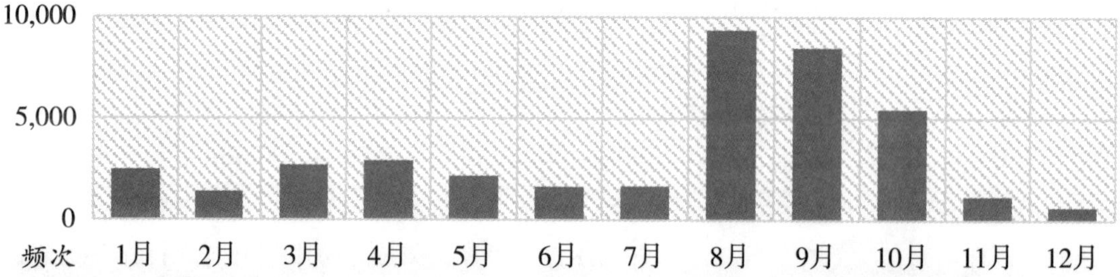

2016年最受媒体关注的“网贷”相关新闻

- 8月，银监会会同工业和信息化部、公安部、国家互联网信息办公室，共同发布《网络借贷信息中介机构业务活动管理暂行办法》，重申从业机构作为信息中介的法律地位，明确了网贷机构的禁止性行为，即13条负面清单。
- 9月，网贷度“生死劫”，业内估计过渡期后合规平台不足百家。
- 10月，教育部正式发布《关于开展校园网贷风险防范集中专项教育工作的通知》。

网红

“网民追捧，网络走红的草根大众”

网红是指在现实或者网络生活中因为某个事件或者某个行为而被网民关注从而走红的人。网红现象是人们对自由价值追求的一种体现，人们文化消费的多元化也决定了网红发展的多元化。近年来，网红们从做内容到做电商再到做直播，人数不断增多，网红经济的规模也在不断扩大。网红是网民的选择，接地气、有趣的网红能够走得更快，但阳光、向上的网红才能走得更远。

2016年“网红”媒体关注度逐月分布

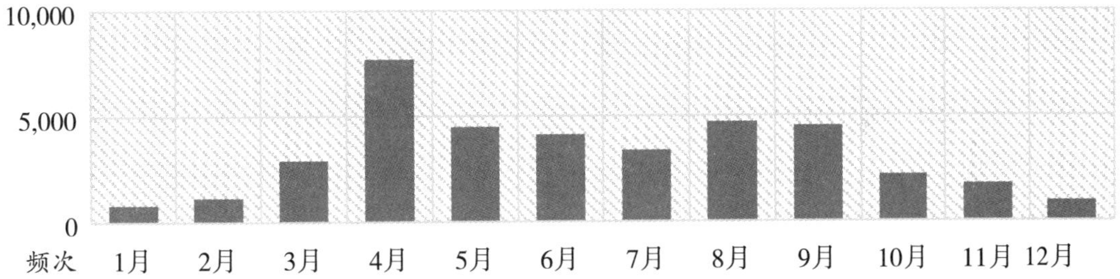

2016年最受媒体关注的“网红”相关新闻

- 4月，被称为2016年第一网红的papi酱遭到国家新闻出版广电总局封杀，原因是“以直接、暗示、辱语等方式表述粗口、侮辱性语言内容较多”。
- 5月，网红商学院大量出现，他们批量生产网红。
- 8月，几天内傅园慧的微博“涨粉”数十倍，粉丝总数超过400万人，被誉为新一代正能量网红。
- 9月，国家网信办、公安部、文化部、国家新闻出版广电总局等相关部门频频出手，强化监管，快速调查，严厉惩处，处理了一群低俗网红，关闭了一批直播平台。

跨境电商

“通过电商平台购买全球商品”

跨境电商是指分属不同关境的交易主体，通过电子商务平台达成交易、进行支付结算，并通过跨境物流送达商品、完成交易的一种国际商业活动。跨境电商是基于网络发展起来的，它作为推动经济一体化、贸易全球化的技术基础，具有非常重要的战略意义。跨境电商不仅冲破了国家间的障碍，使国际贸易走向无国界贸易，同时也正在引起世界经济贸易的巨大变革。2016年国家各类政策、监管要求和专项会议对跨境电商行业给予支持。

2016年“跨境电商”媒体关注度逐月分布

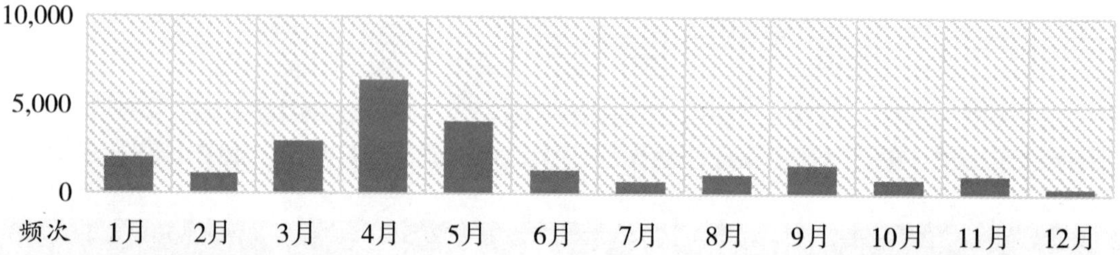

2016年最受媒体关注的“跨境电商”相关新闻

- 3月，国务院常务会议点题“跨境电商”，新设12个跨境电商综合试验区试点，跨境电商进口税收政策即将迎来调整，跨境电商政策利好不断。
- 4月，我国实施跨境电子商务零售进口税收政策，并同步调整行邮税政策，跨境电商告别“免税时代”。
- 5月，海关总署正式下发《关于执行跨境电子商务零售进口新的监管要求有关事宜的通知》，监管部门为4月8日起实施的跨境电商新政设立的“一年缓冲期”正式落地。

网络诈骗

“借助网络手段的欺诈欺骗”

网络诈骗是指以非法占有为目的，利用互联网，采用虚构事实或者隐瞒真相的方法，骗取受害者数额较大的公私财物的行为。近年来，网络诈骗违法犯罪事件频发，这一方面是由于网络的使用越来越普及、使用范围越来越大；另一方面也与互联网的发展缺少信用评价体系和安全保护体系，人民群众缺乏安全防范意识有关。网络安全需要公安机关的高压严打和各部门的齐抓共管，只有这样，才能减少网络诈骗的发生。

2016年“网络诈骗”媒体关注度逐月分布

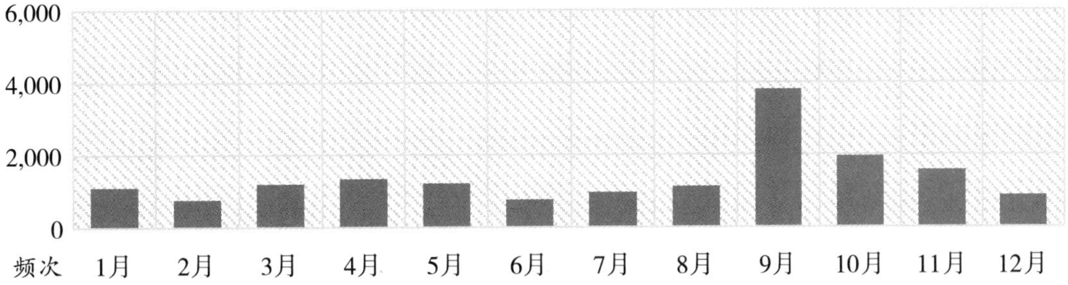

2016年最受媒体关注的“网络诈骗”相关新闻

- 4月，公安部正式发布A级通缉令，公开通缉十名特大电信网络诈骗犯罪在逃人员。
- 9月，山东准大学生徐玉玉、清华大学教授被骗这一系列案件的发生，使得网络诈骗再次成为舆论热点。
- 10月，中央六部委联合发布《关于防范和打击电信网络诈骗犯罪的通告》；同时，国务院召开了联席会议，提出了专门的整改措施，包括针对通讯行业的手机实名制、清理一证多卡用户，针对金融行业的银行卡实名、清理银行卡用户、对银行账户实行一二三类分级管理、延时24小时到账等。

网络直播

“彰显自我的网络新形式”

网络直播是指利用互联网的优势，通过视讯方式进行网上现场直播。2016年是“网络直播”元年，作为一种新兴媒介，各类网络直播平台由于其即时直播、互动性强等特点，备受年轻人喜爱，在网络直播平台上看直播已经成为一种潮流。网络直播平台迎合了当下年轻人希望表现自我、彰显个性的心理诉求。缓解工作压力、舒缓紧张情绪是观看网络直播表演的主要原因。然而，缺乏严格监管、粗口乱飞、网络主播衣着暴露等问题也使得网络直播平台乱象丛生。有关部门只有通过对违法主体追责，督促网络直播平台全面落实安全管理主体责任，才能有效震慑网络直播中的违法犯罪活动，为其提供干净、健康的生长环境。

2016年“网络直播”媒体关注度逐月分布

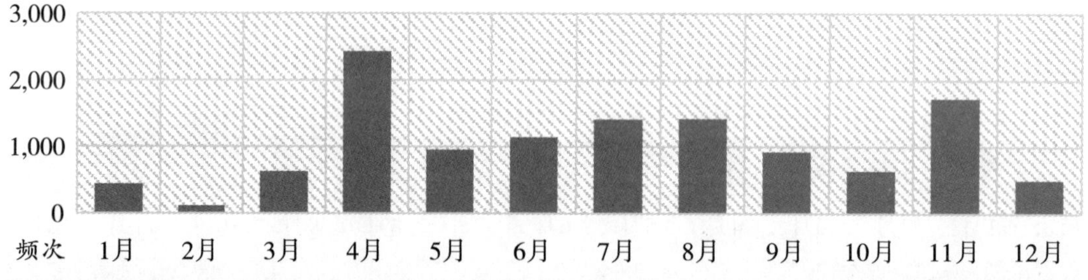

2016年最受媒体关注的“网络直播”相关新闻

- 4月，百度、新浪、搜狐、爱奇艺等20余家从事网络表演(直播)的主要企业负责人共同发布《北京网络直播行业自律公约》。
- 7月，文化部出台《文化部关于加强网络表演管理工作的通知》，首次明确了表演者为直接责任人。
- 8月，网络直播已进入全民化时代，人人皆可成为主播。
- 11月，国家网信办发布《互联网直播服务管理规定》。

网剧

“互联网上的连续剧”

网剧是指专门为网络制作的、通过互联网播放的一类网络连续剧。与荧屏电视剧不同，它可以由观众随意点播，具有快速便捷的优势；还可以通过弹幕和网友评论等形式增加与观众的互动。新鲜短小的网剧填充了网生代的碎片化时间，因而深受年轻网民的青睐。但仍有一批网剧剧情天马行空、台词夸张离奇、道具特效简陋，部分桥段甚至被诟病为恶俗。网剧是符合市场需要的产品，网剧和传统电视剧的区别只在于投放媒介的不同，网剧拍摄者们仍需在影视审美上进行提升。

2016年“网剧”媒体关注度逐月分布

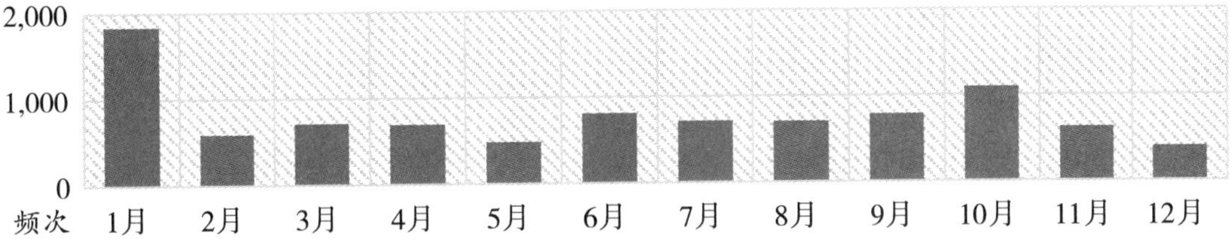

2016年最受媒体关注的“网剧”相关新闻

- 1月，《太子妃升职记》上线，这是一部改编自知名网络小说的网剧，制作并不精美，内容也很混乱，但其中大胆的设定和出位的表演却迎合了当下年轻人的喜好。
- 6月，《余罪》上线，让人不再挑网剧瑕疵，张一山获赞演技派。
- 7月，继网剧《盗墓笔记》和电影《寻龙诀》之后，脱胎于《盗墓笔记》的番外短篇集《老九门》上线。《老九门》实为南派三叔对自家招牌资源的再度商业开发。
- 10月，《余罪》《灭罪师》《暗黑者2》等涉案题材成为第二批下架整改网剧。

网络大电影

“电影业低门槛造就的新风口”

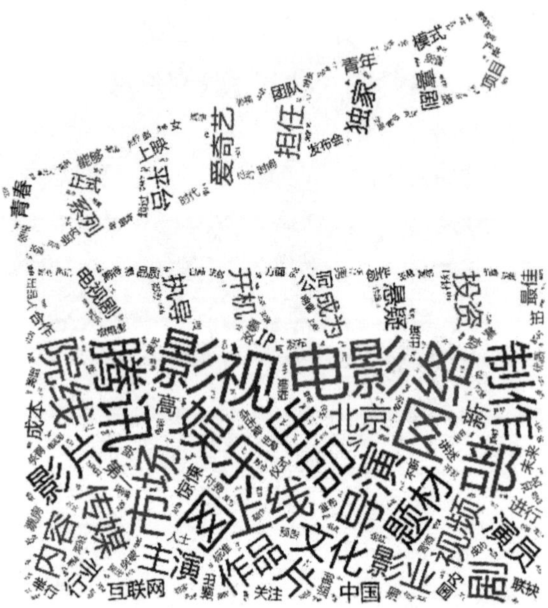

网络大电影是指时长超过60分钟，制作水准精良，具备电影的完整结构与容量，并且符合国家相关政策法规，以互联网为首发平台的电影。2016年全网上线网络大电影超过2,000部。但部分网络大电影质量不佳，存在低俗、暴力、色情等违法违规行为；此外还有蹭IP乱象，即起一个与院线电影相近的名字以博取关注。相关监管部门对网络大电影的整治已经全面开启，从业者要考虑网络大电影的出路，避免在市场无序竞争、野蛮生长的局面中草草收场。

2016年“网络大电影”媒体关注度逐月分布

2016年最受媒体关注的“网络大电影”相关新闻

- 4月，《人民日报》评网络大电影“寄生”：文化搭便车，走不远。
- 5月，许多编剧都表达了对网剧、网络大电影的失望，认为目前其整体水平并不高。
- 7月，在院线电影票房火爆的同时，网络大电影发展势头十分迅猛。
- 8月，王宝强离婚，网络大电影《宝宝别哭》蹭热点，圈内人怒斥无底线。

打赏

“互联网新兴付费模式”

打赏是互联网新兴的一种非强制性的付费模式，即针对网上发布的原创内容，包括文章、图片、视频等，如果用户觉得好或者喜欢，就可以通过打赏的形式来表达赞赏。这是一种非强制性的付费模式，用户自愿，相比广告等盈利模式，网络打赏不影响用户体验。作为内容付费的一种方式，网络打赏更为便捷。自愿付费、双向传递的网络打赏给粉丝带来了强烈的参与感，因此被年轻人广泛接受。但为了获得更多网络打赏而提供淫秽、低俗内容的行为，必须受到严厉打击。

2016年“打赏”媒体关注度逐月分布

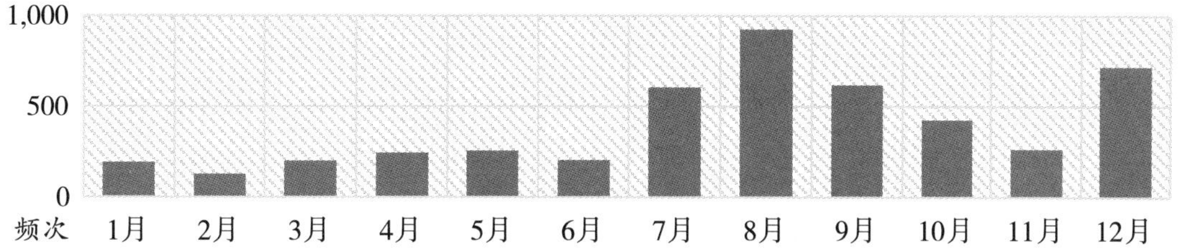

2016年最受媒体关注的“打赏”相关新闻

- 7月，巨大的经济利益，特别是“越黄越暴力越出名，打赏越多”的现象，让一些网络主播不惜直播色情、暴力内容甚至制造各种闹剧，费尽心思博出名。
- 8月，12岁少年沉迷手机视频直播，半个月狂刷支付宝3万多元打赏主播。
- 9月，随着“打赏经济”的崛起，打赏不仅可以在线上对微信好文、网络直播加以“鼓励”，更延伸到线下餐饮行业。
- 12月，《罗一笑，你给我站住》一文触发微信平台打赏系统漏洞，超额获取打赏200多万元。

竞价排名

“搜索引擎的营收利器”

竞价排名是指通过竞争出价的方式，获得某个网站的有利排名位置。2016年魏则西事件将搜索竞价排名机制推到了风口浪尖。搜索引擎是网民获取信息的重要渠道，具有很强的引导作用。搜索引擎的价值观和呈现效果，在很大程度上决定了社会的信息质量和能见度。因此，在信息真假的鉴别、排序的先后上，搜索引擎不能不谨慎处理、严肃对待。虽然在现实实践中存在不同程度的困难，但有一个底线：不能在利益的驱使下有意让误导性甚至欺骗性信息首先进入用户的搜索结果。不管是竞价排名还是推广，都应恪守这样的底线。

2016年“竞价排名”媒体关注度逐月分布

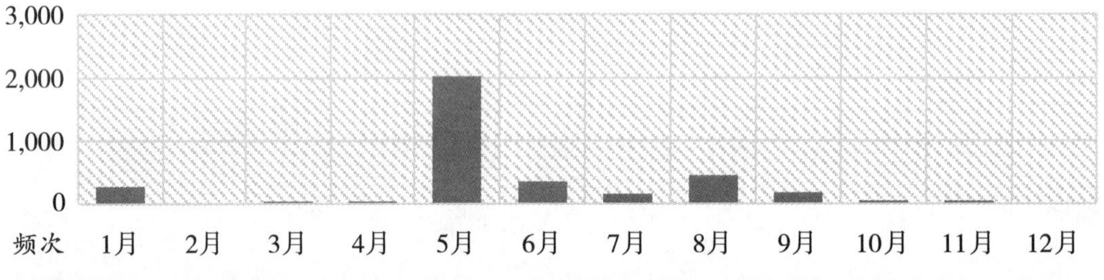

2016年最受媒体关注的“竞价排名”相关新闻

- 5月，魏则西事件暴露医疗广告乱象，百度竞价排名引争议。
- 6月，国家网信办发布《互联网信息搜索服务管理规定》，对互联网搜索服务进行法治化管理，给企业行为划定红线，对竞价排名等搜索乱象加以规范。
- 8月，美团、饿了么等外卖平台通过竞价排名的方式，出售首页附近推荐商家名次。

2016年中国媒体使用最多的十大潮语

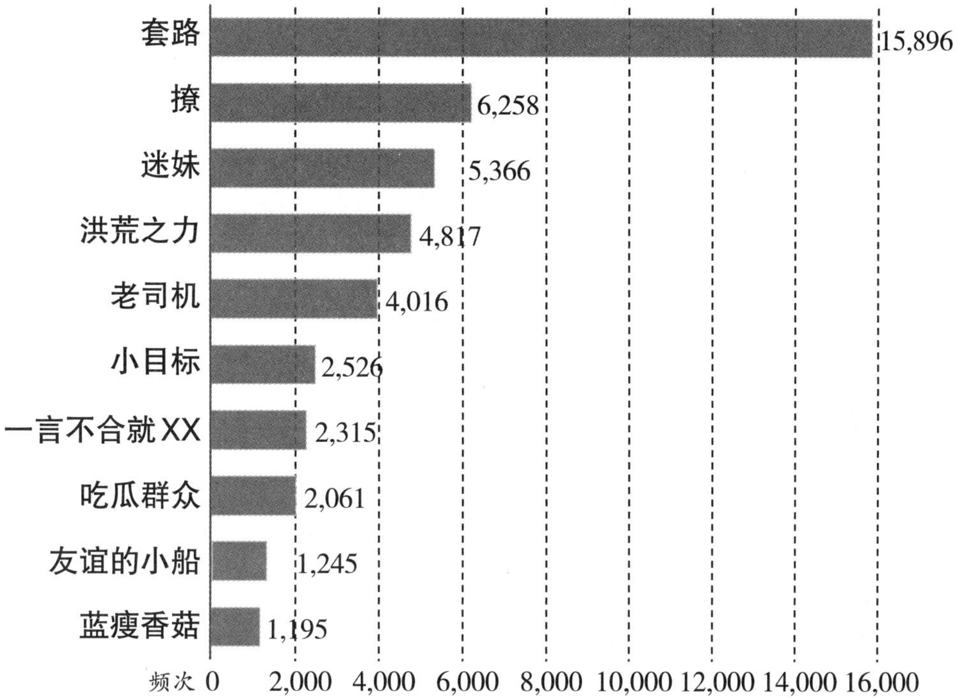

2016年中国媒体使用最多的十大潮语是指在2016年中国媒体上出现次数最多的网络词语。

年度潮语的出现，大多得益于网民的创造和传播，它在展现网友创造力的同时，也普遍反映了大众的生活、情感、心理状况和处世态度，是社会真实情绪的另类表达。我们处在一个轻松愉快、敢于自嘲、充满娱乐精神却又云淡风轻的生活场景之中。每个人都沉浸于“吃瓜群众”的角色扮演，喜欢被“撩”，也爱“互撩”，人生充满了一些遥不可及的“小目标”，用尽体内的“洪荒之力”，在“老司机”的带领下解开种种“套路”，虽然有时“一言不合”就会打翻“友谊的小船”，痛苦失意时也会“蓝瘦香菇”，但还是会在喜欢的人或事面前做一个快乐的“迷妹”。

频繁出现的网络潮语，时刻更新着我们的交流语言和表达习惯。每个人都是潮语的创造者、参与者和使用者。我们用潮语轻松化解压力，我们用潮语生动表达感动。人们把生活过成了表情包，而潮语也正是我们这个年度的表情包。潮语带有时代的印记，是一年中社会和心态变化的镜像，它会瞬间蹿红，也会快速退场。随着新一年钟声的敲响，新的潮语也会到来。

套路

"少一点套路，多一点真诚"

2016年潮语中使用度最高的是"套路"，汉语本就有这个词，旧瓶装新酒却装出了别样的味道。套路本义指成套的武术动作，也指成系统的技术、方式、方法等，现泛指精心编制、用来迷惑人的说法或做法，甚至诡计、陷阱等，有时也指人们早已习惯的、约定俗成的处理各种事情的手段、方式、方法等。"我走过最长的路就是你的套路""城市套路深，我想回农村"，面对生活中处处微小的机关，网友们在心底抒发着对"套路"的不满与无奈，渴望着人与人之间能够"多一点真诚，少一点套路"。

2016年媒体上的"套路"

- 《惊天魔盗团》正片120分钟满满的全是套路和卖弄，整个故事还是毫无逻辑可言的老旧套路，连魔术本身都让人兴味索然。
- 习近平总书记强调要不拘一格降人才，并特别提醒"互联网领域的人才，不少是怪才、奇才，他们往往不走一般套路，有很多奇思妙想。对待特殊人才要有特殊政策，不要求全责备，不要论资排辈，不要都用一把尺子衡量"。
- 这个世界上最远的路，就是食品安全新闻背后的套路。

撩

“从挑逗、戏弄到撩拨、吸引”

“撩”的流行搭配中不仅有男性通过示好获得女性芳心的“撩妹”，还有女性为获得男性青睐的“撩汉”“撩哥”“撩男”，更有富有互动趣味的“互撩”。“撩”这个字本身含有调戏、戏弄的意思，但现在已经无伤大雅。“撩交际”当道，撩是一种魅力的展示。可即便如此，诚意和尊重永远是第一位的，在学会撩的同时，更需要智慧和真心。

2016年媒体上的“撩”

- 近来韩剧《太阳的后裔》中宋仲基扮演的男主角，被称为“撩妹神器”“卖萌天使”“行走的荷尔蒙”。
- 现在这个世界，男女平等，以前男人享受的“追逐游戏”，现在女人也喜欢，网络专用语叫“撩”。男“撩”女，叫“撩妹”，女“撩”男，叫“撩汉”，双方棋逢对手叫“互撩”。
- 《我的少女时代》里的徐太宇和《太子妃升职记》中的太子妃谁更能“撩”，成为网民关注焦点。

迷妹

“幸福的偶像追随者”

迷妹，作为粉丝的另外一种称呼，用来指热衷于追星的女生、比较狂热的粉丝，所指范围也可以扩大到对某一人或事物热烈关注和追逐的女性。影视剧明星宋仲基、杨洋等凭借演技、形象、身材收获无数迷妹。奥运冠军张继科、孙杨也凭借强大的实力和呆萌的气质令一众迷妹为之尖叫疯狂。迷妹眼中的世界是美好的、偶像是完美的，做一个有追求的小迷妹也是幸福的。

2016年媒体上的“迷妹”

- 国家乒乓球队员张继科、马龙、丁宁等人成功“圈”了一大堆迷弟、迷妹。
- 主创团队所到之处均收获迷妹、迷弟无数，大量小朋友成为《我们诞生在中国》的头号粉丝，他们被萌态百出的熊猫母女逗得捧腹大笑，也为生活艰辛的雪豹母子潸然泪下。
- 《翻译官》选择“自带流量”的杨幂和凭借接连几部年度大剧的“初恋系”角色俘获一众迷妹的黄轩作为男女主角，再加上近年来较为讨巧的“职业剧”噱头，收视率不高也难。
- 最近几日，香港市民已经完全控制不了自己的“洪荒之力”，秒变奥运健儿们的迷弟、迷妹。

洪荒之力

“超乎想象的巨大能量”

2016年的里约奥运会，人们记住的不仅是金牌，还有“洪荒少女”傅园慧使出的“洪荒之力”。中国姑娘傅园慧在100米仰泳半决赛刷新个人最好成绩后兴奋异常，用夸张的表情和逗趣的语言迅速走红，一夜之间荣升全民“表情包”，一句“我已经用了洪荒之力了”让观众和网友们迅速记住了她。这种发自内心的激动和欣喜正是对超越自我、超越极限的奥林匹克精神最好的诠释，是体育运动中最能打动人心的一种力量。

2016年媒体上的“洪荒之力”

- “58秒95？我还以为59秒，真的不敢相信。我确实尽力了，我已经用了洪荒之力了。”在2016年里约奥运会女子100米仰泳半决赛后，傅园慧凭借着赛后的一段采访火了。
- 傅园慧一句“我已经用了洪荒之力了”，屡屡“霸屏”微博和微信朋友圈。
- 傅园慧以“洪荒之力”成新一代网红。
- 旅游搭车奥运会，释放“洪荒之力”。
- 设网络文学奖并不需要“洪荒之力”。

老司机

“老司机带带我！”

“老司机”原指在各个网站、论坛里接触时间比较长，熟悉站内各种规则、内容以及技术、玩法，并且掌握着一定资源的老手，后来一首云南山歌《老司机带带我》让“老司机”一词爆红。“老司机”带领大家在丰富的知识和爆炸的信息之路上前进，但也有“老司机”热衷于“超速”“飙车”，在网络上传播一些违法违规内容。经验还需合理利用，“老司机”当心“翻车”啊！

2016年媒体上的“老司机”

- 行走江湖考智商，“老司机”田亮成心机boy。
- 耿乐演戏爱“全裸”：曝“小鲜肉”到“老司机”成长史。
- 虽说被赵丽颖称为叔叔，但身为“老司机”的陆毅笑言并不会尴尬，他还爆料吻戏拍着拍着就笑场了。

小目标

“首富的小目标，国民的大跨步”

万达集团董事长王健林说：“想做世界首富……最好先定一个能达到的小目标，比如我先挣它一个亿。”就“世界首富”这个“大目标”来说，“一个亿”确实是个“小目标”，于是网友纷纷吐槽：“这个目标确实有点小。”随着“小目标”一词在网络走红，各类“目标体”大量产生：“先定一个小目标，比如涨它1亿粉”“先定一个小目标，比如先活它500年”“先定个小目标，比方说今年先瘦50斤”，其意多含讥讽和自嘲。

2016年媒体上的“小目标”

- 王健林“一个亿小目标”走红，网友“被首富震撼了”。
- 小目标体刷屏朋友圈。
- 先定一个小目标，比方说，我先瘦它个100来斤。
- 向首富学习，人人心中都应有一个“小目标”。

一言不合就XX

“一场任性的狂欢”

“一言不合就XX”意为一句话说得不投机，后面紧跟由此造成的后果。2015年末世界电子竞技大赛主办方由于粗疏引发观众不满，一些网民在百度贴吧中表示愤怒，导致贴吧被封。于是有人评论道：“现在的年轻人，一言不合就开车（传播低俗内容的行为）。”“一言不合就XX”随之在网上流行，“一言不合”和后面的XX失去了语义上的逻辑联系，仅表示“突然”“任性”“动不动”的意思。一言不合就发糖、虐狗、开车、开撕、跳舞、开打、动手、开撩……“一言不合”的网友们正在上演一场任性的狂欢。

2016年媒体上的“一言不合就XX”

- 郑家二姐郑婷婷（高露饰）是典型的“傻白甜”，她与二婚的老公张涛（涂松岩饰）结婚两年，天天如胶似漆，一言不合就“虐狗”。
- 让人津津乐道的是，《巴霍巴利王：开端》还彻底颠覆了公众对印度影片“一言不合就跳舞”的传统认知。
- 现在的孩子似乎有些暴力，一言不合就大打出手，校园欺凌现象时有发生。

吃瓜群众

“不发言只围观的普通网民”

源于一篇公路新闻，引自一条新闻评论，用来指称“不发言只围观”的普通网民的“吃瓜群众”一词，迅速火得一塌糊涂。微博、微信、论坛上，处处能看到吃瓜群众的身影。吃瓜群众不仅体现在生活状态上，更是一种心态。相对于鲁迅笔下麻木的看客，吃瓜群众更善于自我调侃，他们说自己不明真相，但内心深处坚信已经看穿了一切；他们很多时候表现得很淡然，却喜欢用围观的方式关注热点事件。因为他们相信：关注就是力量，围观可以改变世界。

2016年媒体上的“吃瓜群众”

- 王宝强在北京市朝阳区人民法院出席离婚案庭前会议，再次引发了娱乐媒体和吃瓜群众的围观。
- 爆料一出，吃瓜群众纷纷操碎心：张雨绮之前不是说袁巴元“无婚史”吗？
- 这些年，吃瓜群众已习惯于心情随霾起而压抑，随霾散而舒展，根本不需要这个雾霾塔引进方所谓的宣传教育。
- 网友变成吃瓜群众，大呼朝阳群众在娱乐圈终于有领导了！

友谊的小船

“说翻就翻的友谊之船”

“友谊的小船说翻就翻”出自一个叫“喃东尼”的微博公众号。2016年3月31日，漫画家喃东尼在其微博上贴出了一组名为《友谊的小船说翻就翻》的漫画，“友谊的小船”来自英文单词“friendship”的拆分（友谊+船），意思是朋友间的友谊很脆弱。该漫画很快受到追捧，网络上掀起了一场“翻船体”造句大赛，凡“搞砸”的事情都可搭配“说翻就翻”。网友们由此衍生出了更多“翻船体”，如：“爱情的巨轮说沉就沉”“好好的姑娘说胖就胖”“卡里的余额说没就没”……

2016年媒体上的“友谊的小船”

- 乘坐在友谊之船的两个好朋友，如果有一方变瘦，友谊的小船说翻就翻。
- 媒体人友谊的小船说翻就翻，银行人友谊的小船说翻就翻……这两天盛行的“翻船体”引发全民模仿和狂欢。
- 媒体圈、IT圈、公关圈纷纷使用“友谊的小船”造句，而后迅速火遍大江南北，喃东尼也晋升为网红。

蓝瘦香菇

“难受，想哭”

广西南宁一个小伙子失恋后录了一段视频，表示“难受，想哭”，由于带有当地口音，听上去便成了“蓝瘦，香菇”，因既有调侃意味又有形象感，立马受到年轻人的追捧，频频出现在微博、公众号中，得到了病毒式的传播。“蓝瘦香菇”表情包随之横空出世，更有高校食堂将“蓝瘦香菇”做成一道菜，国内一家公司甚至已经将“蓝瘦香菇”抢注成公司了。“蓝瘦香菇”受热捧有舒缓社会情绪之效，现在的流行语已不单纯是个词语，而是呈现出词的游戏形态。

2016年媒体上的“蓝瘦香菇”

- “蓝瘦香菇”已不单纯是网络爆款流行语了，深圳目前已经有两家以“蓝瘦香菇”为名称的公司注册成立，但它们似乎都不准备卖香菇。
- 网络热词“蓝瘦香菇”让众网友脑洞大开。日前，有食堂更将“蓝瘦香菇”搬上餐桌。
- 观众纷纷表示关心“夫仔为什么要痛哭”，但是还有一些网友脑洞大开，称“蒋劲夫穿着蓝色军装，这难道不是传说中的蓝瘦香菇”？

2016年中国媒体关注度最高的十大围观事件

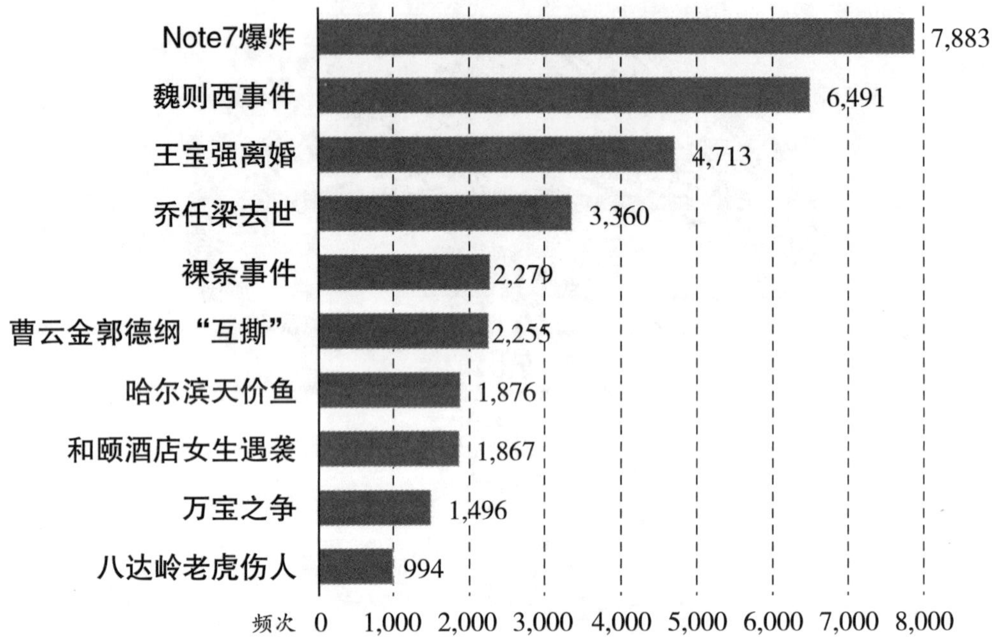

2016年中国媒体关注度最高的十大围观事件是指在2016年中国媒体上出现次数最多的网友围观事件。

Note 7爆炸，面对市场，所有大公司都是小公司。魏则西事件，虽然是一个小人物的离世，但让我们看到了搜索引擎的恶性，看到了价值尺度的迁移。裸条事件，曝出大学生综合素质的缺乏和网贷平台监管的缺失。万宝之争，这场长期复杂的经济利益角逐谁又能笑到最后？和颐酒店女生遇袭、八达岭老虎伤人、哈尔滨天价鱼，住酒店、逛公园、下饭馆，这些本是普通的日常生活，然而却发生了不普通的事件。王宝强离婚、乔任梁去世、曹云金郭德纲“互撕”，表面光鲜亮丽的娱乐明星，也有着婚姻的伤痛、生命逝去的遗憾、师徒的无奈。十大围观事件的背后，管的是别人的事情，没有管住的是自己的嘴。

Note7爆炸

“市场面前的‘小公司’”

2016年8月，三星先后在全球范围内发售Galaxy Note 7智能手机。之后，全球出现多起因电池缺陷导致的Note7爆炸起火事故。9月2日，三星宣布召回除中国外所有国家的Note7手机。三星Note7惊天一爆成为群众围观之榜首，召回手机容易，召回消费者的心难。面对市场，所有的大公司都是小公司。

2016年“Note7爆炸”媒体关注度逐月分布

2016年最受媒体关注的“Note7爆炸”相关新闻

- 9月，上海首例Note7手机发生爆炸，三星手机全球召回计划不包括中国，引起国民质疑和不满。
- 10月，三星决定暂停Note7手机的生产，并宣布召回在中国地区销售的全部Note7手机。

魏则西事件

"无良的企业，生命的代价"

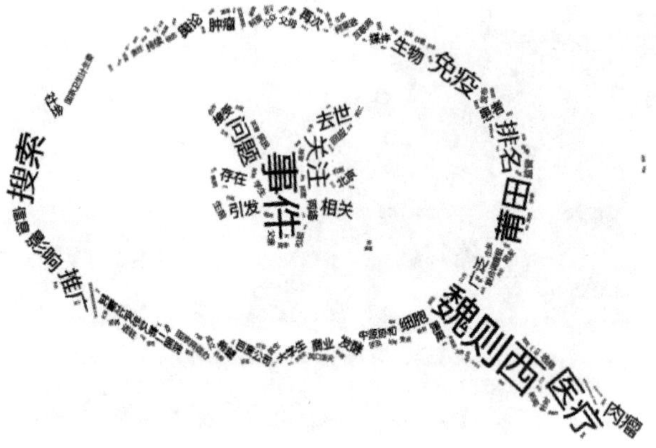

魏则西，西安电子科技大学2012级计算机系学生，2016年4月12日因患滑膜肉瘤病逝。他去世前在知乎网站撰写治疗经过时称，在百度上搜索出武警北京第二医院的生物免疫疗法，随后在该医院治疗，致病情延误。此后了解到，该技术在美国已被淘汰。2016年5月2日，国家网信办会同国家工商总局、国家卫计委成立联合调查组进驻百度公司，对此事件及互联网企业依法经营事项进行调查和处理。

2016年"魏则西事件"媒体关注度逐月分布

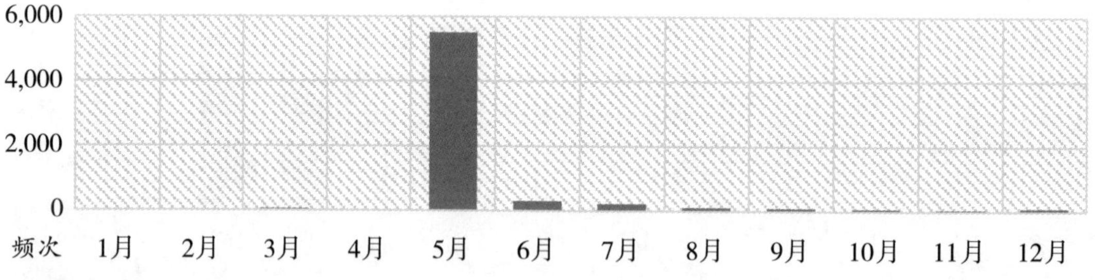

2016年最受媒体关注的"魏则西事件"相关新闻

- 5月，一条微博爆出魏则西事件，随后相关部门介入调查，调查结果为百度搜索对魏则西就医造成不良影响，百度竞价排名机制存在付费竞价权重过高、商业推广标识不清等问题。

王宝强离婚

“已逝的情，破碎的心”

在婚恋自由的今天，离婚仿佛是再正常不过的事情。但王宝强的离婚受到了群众的广泛关注。自2016年8月14日王宝强在微博发表离婚声明以来，舆论几乎一边倒地支持王宝强，谴责马蓉的出轨行为，痛斥经纪人宋喆破坏别人家庭、觊觎他人财产的行为。

2016年“王宝强离婚”媒体关注度逐月分布

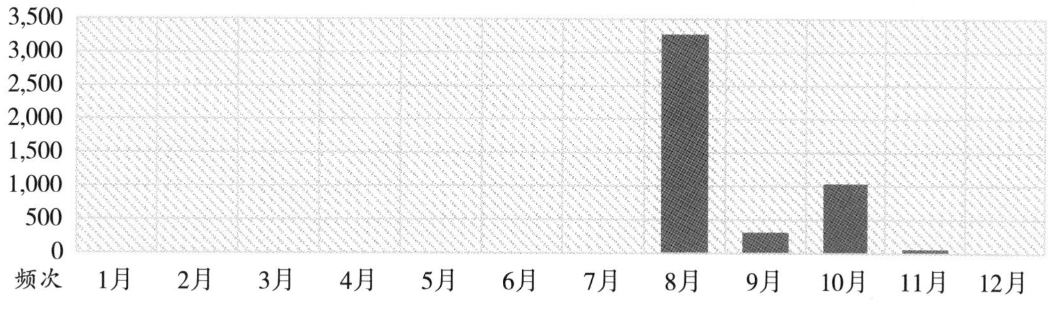

2016年最受媒体关注的“王宝强离婚”相关新闻

- 8月14日，王宝强在微博发表离婚声明，与妻子马蓉解除婚姻关系；次日向北京市朝阳区人民法院提起诉讼，要求离婚。
- 10月，王宝强在北京市朝阳区人民法院出席离婚案庭前会议。

乔任梁去世

"易碎的水晶球"

乔任梁，中国影视演员、流行歌手，2016年9月16日晚因抑郁症去世。联想到近些年发生的天才少年林嘉文，演员张国荣、陈琳、贾宏声、尚于博等因抑郁症走上不归路的事件，我们不得不重新审视自己手中橡皮球和水晶球的价值。在专注于事业、把手中的橡皮球高高抛起的同时，个人情感、心理健康这颗易碎的水晶球更需要我们用心呵护。

2016年"乔任梁去世"媒体关注度逐月分布

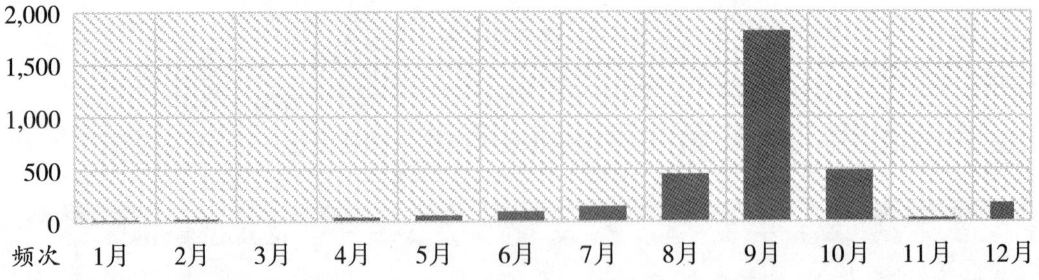

2016年最受媒体关注的"乔任梁去世"相关新闻

- 9月，乔任梁经纪公司发布声明称，乔任梁于16日晚因抑郁症去世。

裸条事件

“虚荣之下的‘套路’”

裸条事件是指由裸条借贷引发的一系列事件。裸条借贷即在进行借款时，以借款人手持身份证的裸体照片替代借条。当发生违约情况时，放贷人以公开裸体照片和与借款人父母联系等手段作为要挟逼迫借款人还款。裸条借贷基于借贷宝平台，放贷对象多为收入低而盲目消费的女大学生，影响恶劣。裸条事件一方面归咎于一些不法分子钻了网络借贷制度不健全、监管不力的空子，另一方面也说明培养大学生正确价值观和分辨是非能力的重要性。

2016年“裸条事件”媒体关注度逐月分布

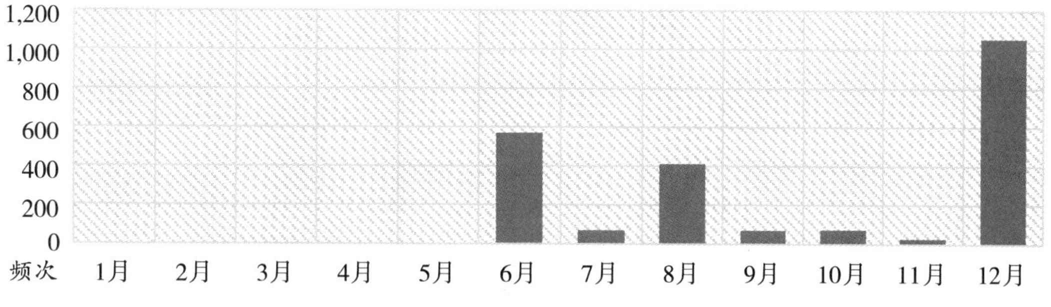

2016年最受媒体关注的“裸条事件”相关新闻

- 6月，多家媒体披露高校女大学生裸条事件。
- 8月，裸条事件屡禁不止，再度引发媒体关注。
- 12月，裸条事件二度曝光，引发媒体更大关注。

曹云金郭德纲“互撕”

“逝去的师徒情”

2002年，曹云金拜郭德纲为师学习相声艺术。2016年8月31日，郭德纲晒出德云社最新家谱，曹云金并不在列，被正式除名。9月5日，曹云金发布六千字长文《是时候了，也该做个了结了》，历数郭德纲七宗罪。9月25日，郭德纲发表《天涯犹在，不诉薄凉》的长文，正式回应曹云金的讨伐。9月25日，曹云金又发布长文《我的涵养在愤怒之前已经用完了!》，列出发票证据。名人效应和网络的便捷，使这对师徒“互撕”吸引了大量吃瓜群众的围观。

2016年“曹云金郭德纲‘互撕’”媒体关注度逐月分布

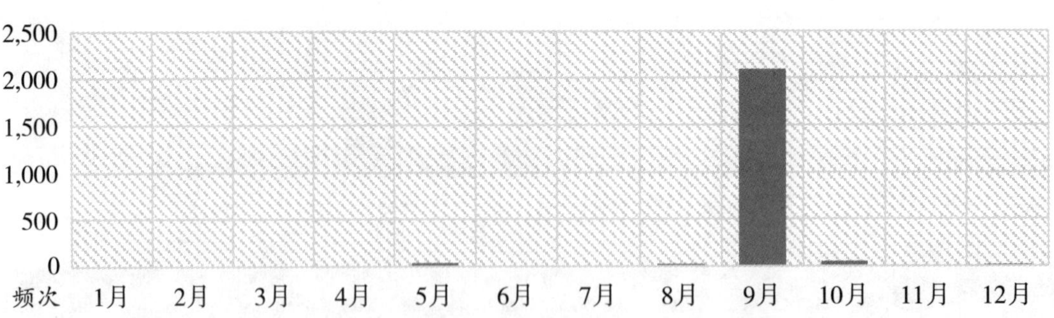

2016年最受媒体关注的“曹云金郭德纲‘互撕’”相关新闻

- 9月，曹云金历数郭德纲七宗罪，回呛郭德纲。

哈尔滨天价鱼

"'外来的和尚'吃鱼难"

哈尔滨天价鱼事件指2016年2月常州游客陈岩在哈尔滨市松北区北岸渔村饭店被"宰"的社会热点事件。传统的邻里观念还能使人克制自己的行为，可对于外乡人，则变成了蓄意的"宰杀"。吃瓜群众围观吐槽"天价鱼"，根源在于大家对外出旅游时"宰客"等现象的痛恨，以及对一些地方及相关部门市场监管缺失的极度愤怒。

2016年"哈尔滨天价鱼"媒体关注度逐月分布

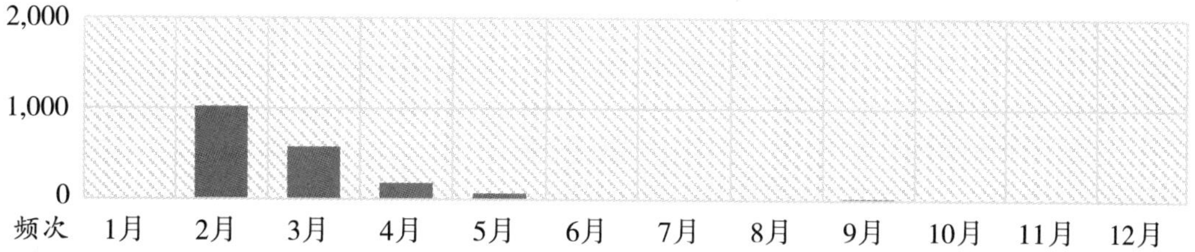

2016年最受媒体关注的"哈尔滨天价鱼"相关新闻

- 2月，松北区专项调查组对哈尔滨天价鱼事件进行调查，认定这是一起严重侵害消费者权益的恶劣事件，并对涉事饭店作出严肃处理，同时启动对相关部门负责人及工作人员的问责程序。

和颐酒店女生遇袭

“怎样才能睡得踏实？”

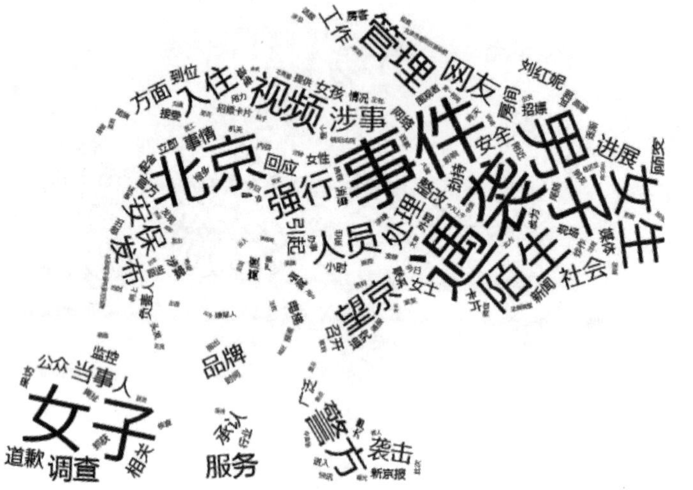

和颐酒店女生遇袭事件是指女士弯弯（化名）2016年4月3日在位于朝阳区酒仙桥北路望京798和颐酒店入住时，被陌生男子跟踪并强行拖拽，后被抓住头发用力撕扯的事件。该事件反映出目前快捷酒店存在的安全隐患。社会弱势群体尤其是女性的安全问题再度成为广大吃瓜群众关注的问题。

2016年“和颐酒店女生遇袭”媒体关注度逐月分布

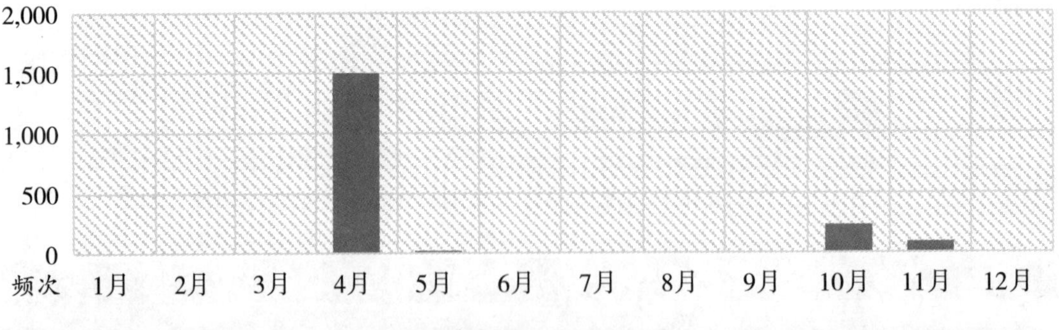

2016年最受媒体关注的“和颐酒店女生遇袭”相关新闻

- 4月，发生和颐酒店女生遇袭事件，朝阳区警方介入调查。
- 10月，涉事男子李某因涉嫌介绍卖淫罪被提起公诉。

万宝之争

“并购与反并购的博弈”

万宝之争指宝能系与万科系之间并购与反并购的博弈，是中国A股市场历史上规模最大的一场公司并购与反并购攻防战。这场经济之战始于2015年，2016年进入白热化状态。宝能系一路高歌猛进，买入万科，甚至一度超过华润，成为万科大股东，持股比例高达25.04%，距离控股股东地位仅一步之遥。而万科的掌舵人王石也采取了股权增持、停牌自保、资产重组、揭底宝能等一系列措施予以反击。

2016年“万宝之争”媒体关注度逐月分布

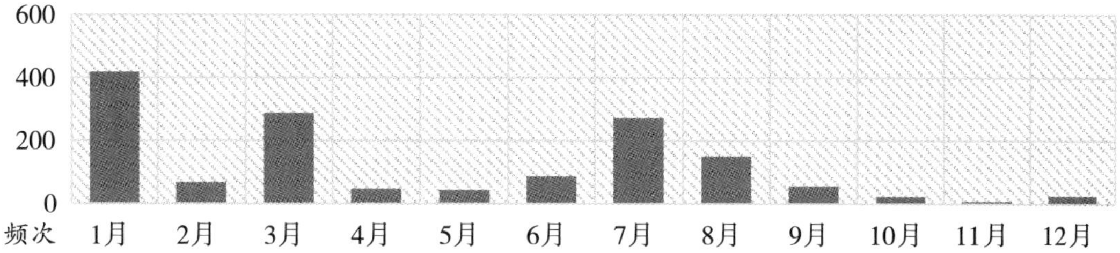

2016年最受媒体关注的“万宝之争”相关新闻

- 1月，万科披露其与“盟友”一方的持股比例已达到31.02%。万科申请继续停牌，并表示将在3个月内披露重组预案。
- 3月，万科召开临时股东大会，通过关于申请继续停牌的议案。
- 7月，“万宝之争”中中小投资者的权益受到关注，“万华”之争浮出水面。
- 8月，恒大增持，初期万宝之争已演化成宝能系、华润、安邦、万科管理层、恒大五家之争。

八达岭老虎伤人

“咬人的老虎，人们口中的老虎”

2016年7月23日15时，北京八达岭野生动物园东北虎园内，发生一起老虎伤人事件，造成1死1伤，该事件被称为八达岭老虎伤人事件。该事疑点颇多，遭网民围观：有人指责下车女子的愚蠢和不守规则，认为该女子是自作自受；有人则从管理和运营角度指出此事应归咎于没有留有安全余地的动物园；也有人考虑到动物园警示不足和施救不力的情况，认为动物园应该承担相应比例的责任。互联网为吃瓜群众提供了发表看法、表明立场的平台，也为相关责任人提供了反思和改进工作的契机。

2016年“八达岭老虎伤人”媒体关注度逐月分布

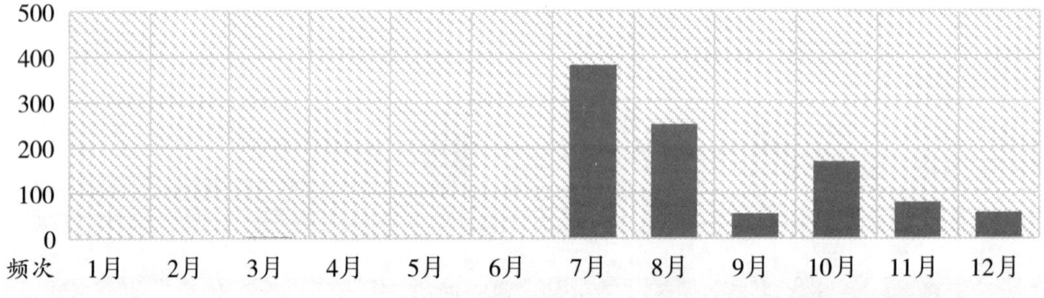

2016年最受媒体关注的“八达岭老虎伤人”相关新闻

- 7月，北京八达岭野生动物园发生老虎伤人事件。
- 8月，八达岭老虎伤人事件调查组公布调查结果，认定游客未遵守规定，对警示未予理会，擅自下车导致老虎袭人，故不属于生产安全责任事故。
- 10月，受伤游客向北京八达岭野生动物园提出赔偿要求。

2016年中国媒体关注度最高的十大案

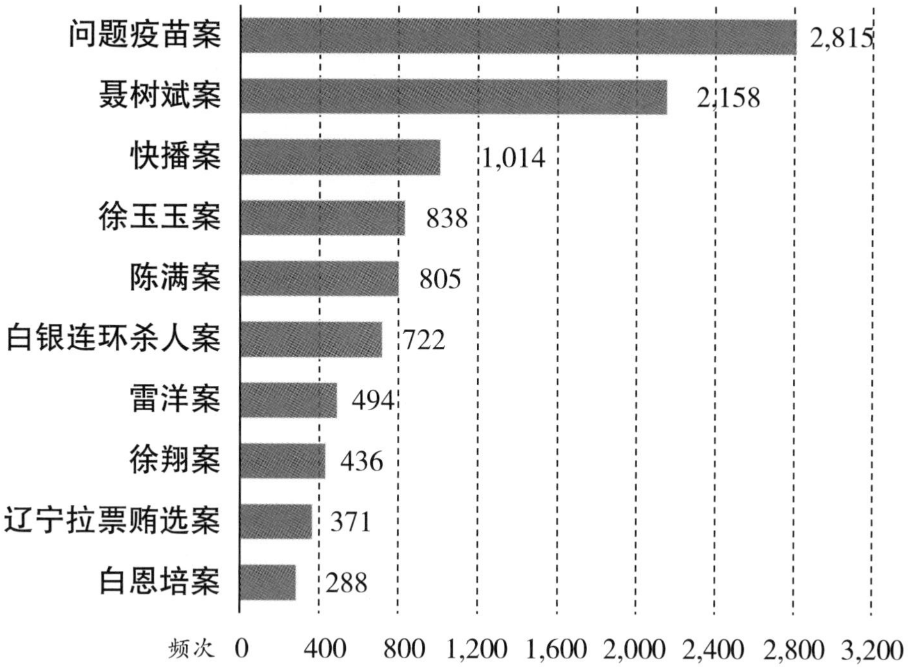

2016年中国媒体关注度最高的十大案是指在2016年中国媒体上出现次数最多的社会案件。

2016年是我国全面推进依法治国的重要一年，过去几十年法治建设的成果受到社会各类案件的考验。公众对于食药安全是零容忍的，问题疫苗案恰巧触到了这根敏感神经，监管不力、制度不明、涉案人目无法纪，或许才是最值得深思的。快播案和徐玉玉案反映出的是一个核心命题：立法和司法如何应对突飞猛进的互联网发展？技术离不开法律的守护，法律也在挑战与回应中得以完善。陈满是不幸的，漫漫申诉路走了23年；但他又是幸运的，比起聂树斌，他起码活着迎来了正义。冤案平反，速度与真相同等重要。而白银连环杀人案28年追凶，真相比速度更重要。每一起争议案件，都是一次普法教育，雷洋案告诉我们法治与人治的区别在于程序正义。徐翔案的审理标志着“认罪认罚从宽制度”已经进入我国的司法实践当中。榜上最后两席是辽宁拉票贿选案和白恩培案，终身监禁“第一虎”，掀开了法治反腐新篇章。

法治与民生、政治、经济、文化息息相关，我们期待更多看得见的正义。

问题疫苗案

“一支也不能容忍”

问题疫苗案是指2016年3月山东警方查获大量非法经营的人用疫苗事件，涉及25种儿童、成人用二类疫苗。这些疫苗未经严格的冷链存储就销往24个省市，累计金额超过5.7亿元。

此案影响之大，引起国务院、检察机关、公安部门和药监卫生部门的高度重视。截至2016年10月，已经逮捕涉案犯罪嫌疑人297人，起诉68人，立案侦查职务犯罪100人。

2016年“问题疫苗案”媒体关注度逐月分布

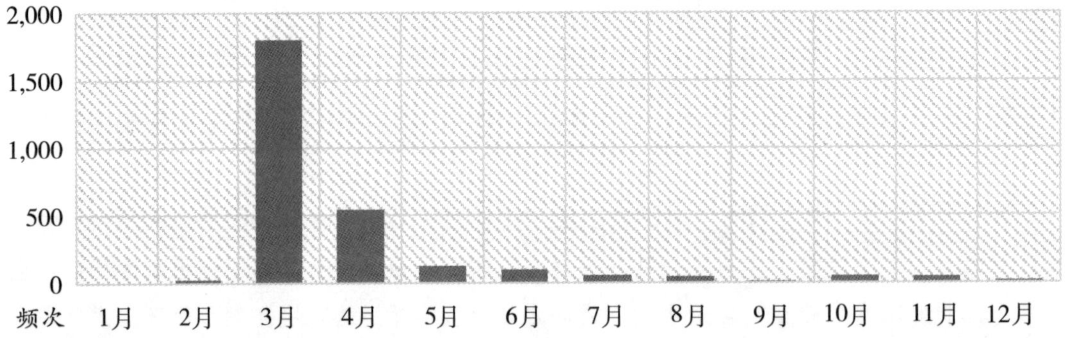

2016年最受媒体关注的“问题疫苗案”相关新闻

- 3月，问题疫苗案持续发酵，对二类疫苗监管制度的拷问尚未结束。
- 4月，问题疫苗案有了初步的问责结果。
- 5月，涉案价值高达5.7亿元的问题疫苗案波及24个省市，涉案人数多，涉案非法疫苗数量大。
- 6月，山东问题疫苗案后，药品流通领域的执法风暴正在酝酿。

聂树斌案

“迟来的正义”

1995年4月25日，河北省鹿泉县人聂树斌因故意杀人、强奸妇女被判处死刑，剥夺政治权利终身，同年4月27日被执行死刑。2014年12月12日，最高人民法院指令山东省高级人民法院复查聂树斌故意杀人、强奸妇女一案。

2016年12月2日，最高人民法院第二巡回法庭对原审被告人聂树斌故意杀人、强奸妇女再审案公开宣判，宣告撤销原审判决，改判聂树斌无罪。

2016年“聂树斌案”媒体关注度逐月分布

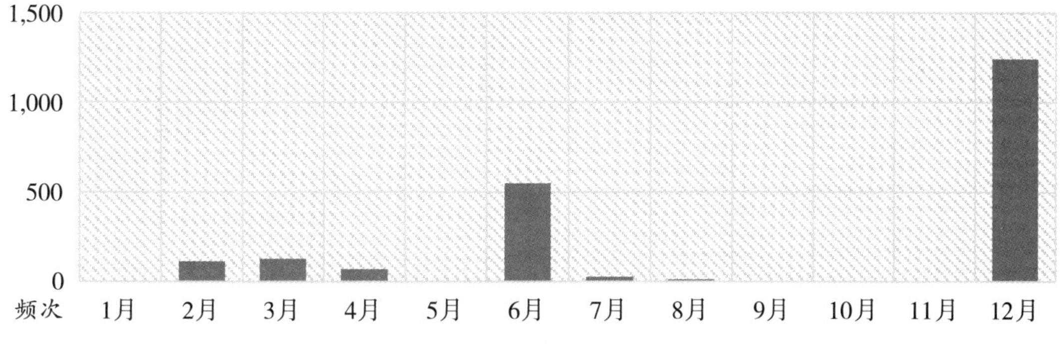

2016年最受媒体关注的“聂树斌案”相关新闻

- 2月，聂树斌案复查期限延至6月，此前曾3次延期。
- 3月，聂树斌案新线索：狱友曾被要求闭嘴。
- 6月，自2005年首次被媒体报道后，聂树斌案时时挑动着公众的神经，历经11年终获最高人民法院提审。
- 12月，聂树斌案终于真相大白，冤案历经十余年，终于得以平反。

快播案

“技术无罪？”

2015年2月6日，北京市海淀区人民检察院以涉嫌传播淫秽物品牟利罪，对深圳市快播科技有限公司及公司高管王欣等人提起公诉。

2016年9月13日，快播传播淫秽物品牟利案宣判：快播公司被罚款1,000万元；王欣被判刑3年6个月，罚款100万元。

同年12月15日，北京市第一中级人民法院对该案进行二审公开宣判。法庭裁定驳回上诉人吴铭的上诉，维持原判。

2016年“快播案”媒体关注度逐月分布

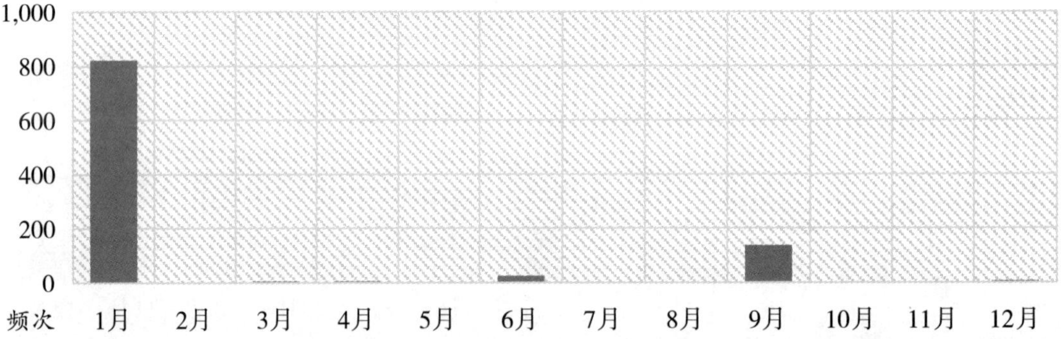

2016年最受媒体关注的“快播案”相关新闻

- 1月，制造“段子”的快播案终要回归法治。
- 6月，快播案涉及盗版侵权、传播淫秽视频等多个层面。
- 9月，快播案敲响了行业警钟，“技术中立论”并不能成为犯罪的挡箭牌。

徐玉玉案

“电信诈骗酿造的悲剧”

徐玉玉，山东省临沂市罗庄区高都街道中坦社区人。2016年，以568分的高考成绩被南京邮电大学英语专业录取。同年8月21日，因被诈骗电话骗走上大学的费用9,900元，伤心欲绝，郁结于心，最终导致心脏骤停，不幸离世。8月28日，徐玉玉案的头号犯罪嫌疑人陈文辉落网。月底，全部涉案嫌疑人到案。

2016年“徐玉玉案”媒体关注度逐月分布

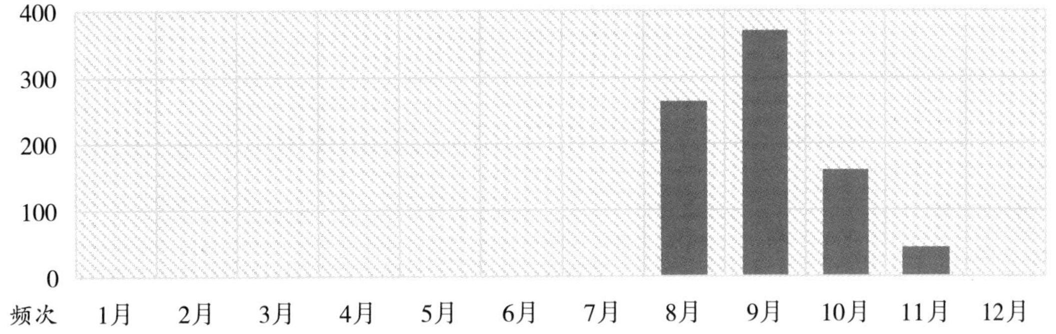

2016年最受媒体关注的“徐玉玉案”相关新闻

- 8月，徐玉玉案背后的“诈骗毒瘤”叩问信息安全隐患。
- 9月，虽然徐玉玉案的犯罪嫌疑人已被抓获，但围绕电信诈骗的讨论持续升温。
- 10月，徐玉玉案发酵后，针对电信诈骗的一系列行动被业内人士称为有史以来“最严实名制”。

陈满案

“漫漫申诉路，终得清白身”

1992年12月，四川籍青年陈满被锁定为海南海口一起杀人焚尸案凶手，并于1999年二审获判死缓。陈满坚称蒙冤，与其家人申诉。2016年2月1日，浙江省高级人民法院依法对陈满故意杀人、放火再审案公开宣判，撤销原审裁判，宣告陈满无罪。2016年5月13日，海南高院和陈满达成赔偿协议，向陈满支付国家赔偿金2,753,777.64元。

2016年“陈满案”媒体关注度逐月分布

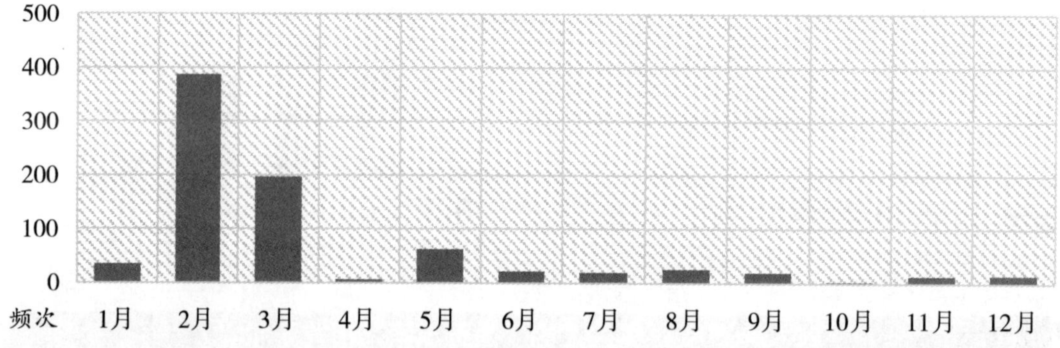

2016年最受媒体关注的“陈满案”相关新闻

- 2月，备受关注的陈满案因原判事实不清、证据不足，经浙江省高院再审后判处陈满无罪，并当庭释放。
- 3月，海南高院就陈满案表示将依法作出国家赔偿决定。
- 5月，陈满案的纠正是国家法治建设进步的成果，从疑罪从有、疑罪从轻、疑罪从挂到疑罪从无，实证了法治建设的进步和完善。

白银连环杀人案

“28年漫漫追凶路”

白银连环杀人案是指从1988年至2002年的14年间，在甘肃省白银市有9名女性惨遭入室杀害的案件，部分受害人曾遭受性侵害。凶手专挑年轻女性下手，作案手段残忍，造成巨大的社会恐慌。2016年3月，甘肃省公安厅重启侦查工作。2016年8月26日，犯罪嫌疑人高承勇在白银市落网。目前此案在进一步审理中。

2016年“白银连环杀人案”媒体关注度逐月分布

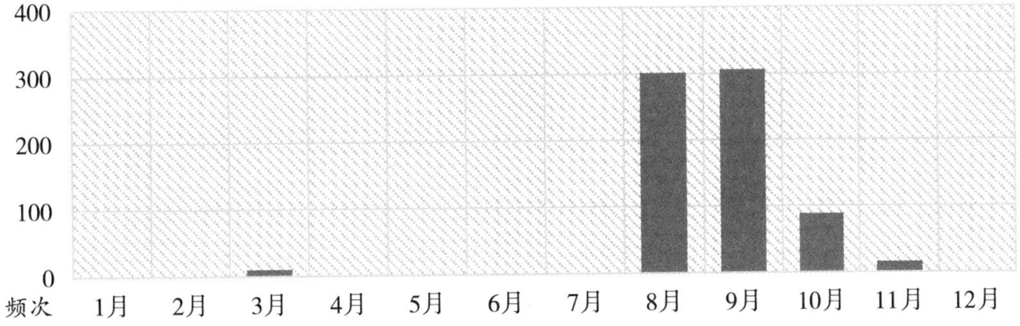

2016年最受媒体关注的“白银连环杀人案”相关新闻

- 8月，甘肃白银连环杀人案嫌犯落网，14年间奸杀多名女性。
- 9月，尽管白银连环杀人案仍然处于审理之中，但是电影人已经决定将它搬上大银幕了。
- 10月，迟迟没有破案的白银连环杀人案获得突破，因为公安局的DNA检测能够联网匹配后在Y-STR数据库里发现了凶手的堂叔。

雷洋案

“法治，须从程序通往正义”

雷洋，湖南澧县人，中国人民大学环境学院2009级硕士研究生。2016年5月7日晚，雷洋离家后身亡，昌平警方通报称，警方查处足疗店过程中，将“涉嫌嫖娼”的雷某控制并带回审查，其间雷某突然身体不适经抢救无效身亡。此说法引发雷洋亲友及广大网友的质疑。2016年12月23日，北京市丰台区人民检察院对邢某某等5名涉案警务人员玩忽职守案依法做出不起诉决定。

2016年“雷洋案”媒体关注度逐月分布

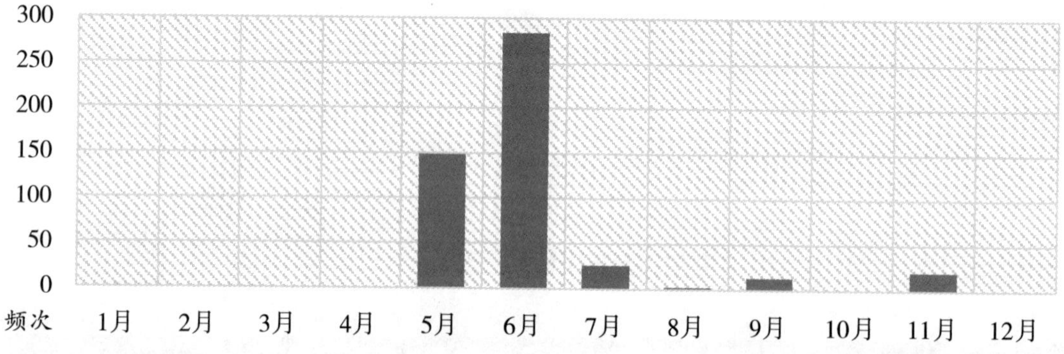

2016年最受媒体关注的“雷洋案”相关新闻

- 5月，雷洋案引争议：非正常死亡调查才是关键。
- 6月，雷洋案波澜再起，家属质疑涉案警员律师存在利益冲突。
- 7月，鉴于雷洋案导致的巨大影响力，警察执法的合法性问题成为人们关注的重点。
- 11月，雷洋案5名涉案警务人员侦查终结，被移送公诉部门。

徐翔案

"从'私募一哥'到阶下囚"

徐翔案是指泽熙投资管理有限公司法定代表人、总经理徐翔等人，通过非法手段获取股市内幕信息，从事内幕交易、操纵证券市场的案件。2015年11月1日，徐翔涉嫌违法犯罪，被公安机关依法采取刑事强制措施。2016年12月5日，徐翔案在青岛市中级人民法院公开审理。目前，案件相关工作正在严格依法进行中。

2016年"徐翔案"媒体关注度逐月分布

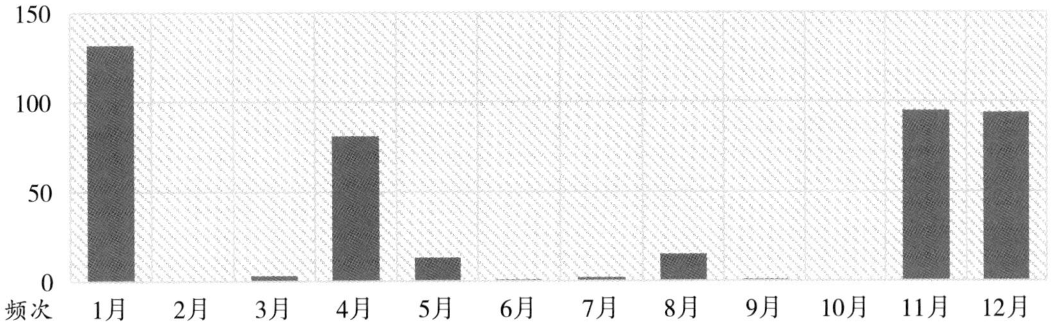

2016年最受媒体关注的"徐翔案"相关新闻

- 1月，徐翔案风波持续：7高管失联，11家公司被卷入。
- 4月，消息称徐翔案即将开庭审理，主审方是青岛市中级人民法院。
- 11月，市场传闻徐翔案出现最新进展，徐翔及其一致行动人持有的上市公司股权可能被司法拍卖。
- 12月，徐翔案周一开审，被指动用400亿操纵13股获利几十亿元。

辽宁拉票贿选案

“选举变成了生意？！”

辽宁拉票贿选案是指在2011年辽宁省委常委换届选举和2013年辽宁省全国人大代表选举、第十二届辽宁省人大常委会副主任选举搞拉票贿选等非法组织活动涉嫌破坏选举的系列案件。2016年9月17日，辽宁省第十二届人民代表大会第七次会议筹备组发布公告称，辽宁省第十二届人民代表大会第一次会议选举全国人大代表过程中，有45名当选的全国人大代表拉票贿选，有523名辽宁省人大代表涉及此案。

2016年“辽宁拉票贿选案”媒体关注度逐月分布

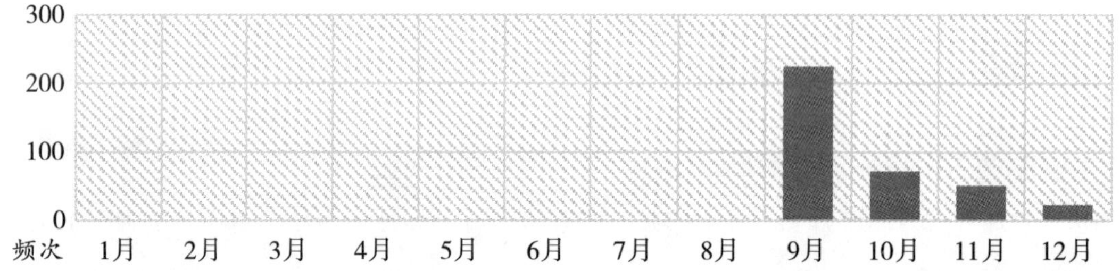

2016年最受媒体关注的“辽宁拉票贿选案”相关新闻

- 9月，在衡阳破坏选举案、南充拉票贿选案之后，辽宁拉票贿选案再次给我们敲响了警钟。
- 10月，按照辽宁省委关于开展辽宁拉票贿选案警示教育的安排，10月25日，省人大常委会党组召开“深刻吸取辽宁拉票贿选案沉痛教训”专题民主生活会。
- 11月，辽宁拉票贿选案显示出非党员贿选代表等成为行政监察的盲区。

白恩培案

“终身监禁‘第一虎’”

白恩培，陕西清涧人，原全国人大环境与资源保护委员会副主任委员、中共云南省委书记。2015年1月13日，最高人民检察院依法对白恩培以涉嫌受贿罪立案侦查并采取强制措施。2016年10月9日，因受贿、巨额财产来源不明案，白恩培被判处死刑，缓期两年执行，剥夺政治权利终身，并处没收个人全部财产，在其死刑缓期执行两年期满依法减为无期徒刑后，终身监禁，不得减刑、假释。

2016年“白恩培案”媒体关注度逐月分布

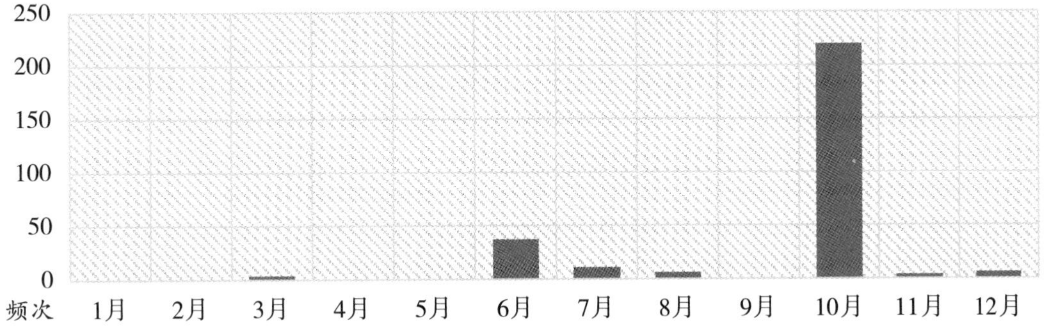

2016年最受媒体关注的“白恩培案”相关新闻

- 6月，白恩培案开庭审理，打响2016年在河南境内开庭审理省部级“大老虎”的第一枪。
- 7月，白恩培受贿近2.5亿元。
- 10月，白恩培被判处死刑，缓期两年执行，剥夺政治权利终身。

2016年中国媒体关注度最高的十大电影

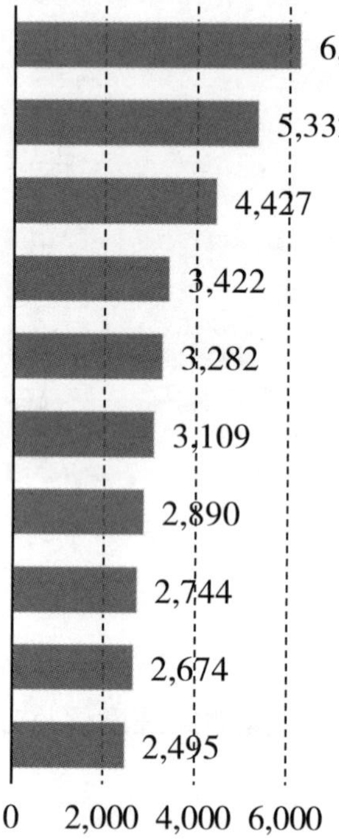

	频次	正面报道	中立	负面报道
《美人鱼》	6,245	44.59%	37.67%	17.73%
《盗墓笔记》	5,332	32.05%	32.80%	35.15%
《魔兽》	4,427	43.21%	41.06%	15.72%
《我不是潘金莲》	3,422	41.94%	44.98%	13.08%
《叶问3》	3,282	25.24%	38.42%	36.34%
《百鸟朝凤》	3,109	43.72%	36.53%	19.75%
《爵迹》	2,890	38.48%	43.43%	18.09%
《疯狂动物城》	2,744	51.15%	32.04%	16.80%
《荒野猎人》	2,674	48.37%	35.01%	16.62%
《湄公河行动》	2,495	53.21%	29.93%	16.86%

2016年中国媒体关注度最高的十大电影是指在2016年中国媒体上出现次数最多的影片。

2016年，中国电影在连续多年的高增长之后放慢了脚步，全年电影总票房仅增长了3.7%。位列榜单首位的国产片《美人鱼》成为中国第一部超过30亿元票房的电影，受到了媒体6,000余次关注，而44.59%的正面报道比例彰显了其不俗的媒体口碑，在2016年一片独大。榜单上的亚军和季军分别是《盗墓笔记》和《魔兽》，这两部电影均获得了超10亿元的票房，但在媒体口碑上《盗墓笔记》相较于《魔兽》逊色不少。榜单上媒体口碑最好的两部电影是第10位的《湄公河行动》和第8位的《疯狂动物城》，这两部电影同样也获得了超过10亿元的票房，真是叫好又叫座。相比之下，榜单上第5位的《叶问3》因票房造假得到最差的媒体口碑。位列榜单第4位的《我不是潘金莲》、第6位的《百鸟朝凤》、第7位的《爵迹》、第9位的《荒野猎人》虽然没有获得高票房，但仍然获得了媒体的高度关注，说明媒体的视线并不完全被市场吸引。

《美人鱼》

“有情怀的人鱼爱情童话”

《美人鱼》是由周星驰执导，江玉仪监制，邓超、罗志祥、张雨绮、林允等领衔出演的喜剧爱情片。该片于2016年2月8日在中国上映，同年6月8日正式收官，累计票房超过33.92亿元，成为华语影史票房新冠军。

2016年《美人鱼》媒体关注度逐月分布

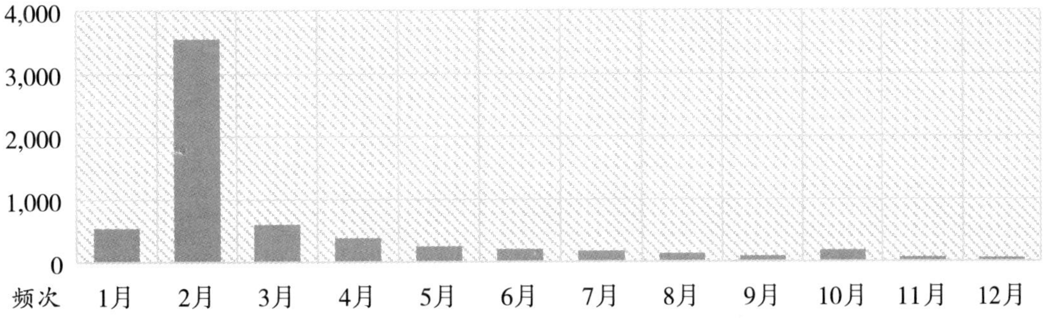

2016年最受媒体关注的《美人鱼》相关新闻

- 1月，备受瞩目的星爷新作《美人鱼》即将于猴年大年初一正式上映。
- 2月，票房已达27亿的《美人鱼》无疑是2016年华语电影市场的超级赢家。
- 3月，片方宣布《美人鱼》放映延长到6月8日。

《盗墓笔记》

“假盗墓，真密室逃脱”

《盗墓笔记》是由李仁港执导，鹿晗、井柏然、马思纯、王景春等领衔出演的盗墓题材电影。该片改编自南派三叔的同名小说，讲述了男主人公吴邪在三叔的带领下，与张起灵、王胖子等人经历的冒险故事，于2016年8月5日上映。

2016年《盗墓笔记》媒体关注度逐月分布

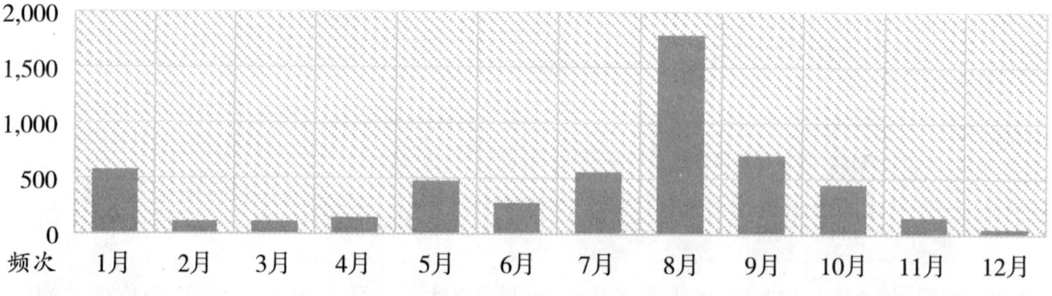

2016年最受媒体关注的《盗墓笔记》相关新闻

- 1月，《盗墓笔记》海报引排位之争。
- 8月，暑期档已经接近尾声，最接近“破10”的电影《盗墓笔记》，目前看就要倒在10亿票房的门槛之前了。
- 9月，作为《盗墓笔记》小说作者和电影编剧，南派三叔直言影视剧是和小说完全不同的东西，自己还是个“门外汉”。

《魔兽》

“游戏玩家的集体狂欢”

《魔兽》是由邓肯·琼斯执导，崔维斯·费米尔、托比·凯贝尔、宝拉·巴顿、本·施耐泽、本·福斯特、吴彦祖等出演的奇幻动作片。影片改编自网络游戏《魔兽争霸：人类与兽人》，讲述了人类联盟和兽人部落之间的战争故事。该片于2016年6月8日在中国上映，累计票房14.7亿元。

2016年《魔兽》媒体关注度逐月分布

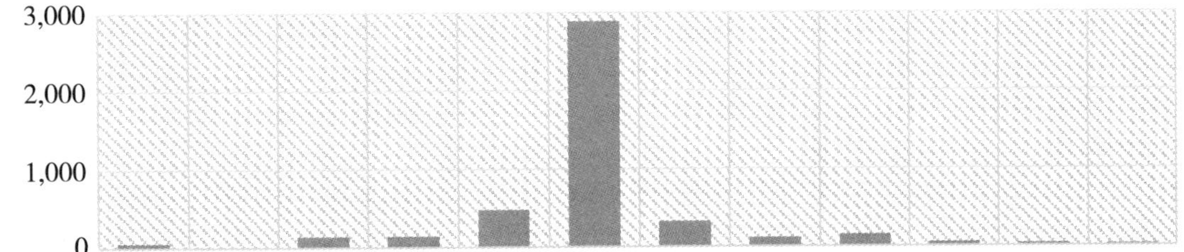

2016年最受媒体关注的《魔兽》相关新闻

- 5月，市场预期《魔兽》有望超越《阿凡达》，创造全球最高票房纪录。
- 6月，《魔兽》票房增长乏力，但透过它可以看懂大IP的价值在哪。
- 7月，中国市场拯救《魔兽》，续集或只考虑亚洲观众。

《我不是潘金莲》

“荒诞外壳下的官场现形记”

《我不是潘金莲》改变自刘震云同名小说，由冯小刚执导，范冰冰、郭涛、大鹏、张嘉译、于和伟、张译、赵立新等主演。该片于2016年9月8日在多伦多电影节首映，于2016年11月18日全国公映。

2016年《我不是潘金莲》媒体关注度逐月分布

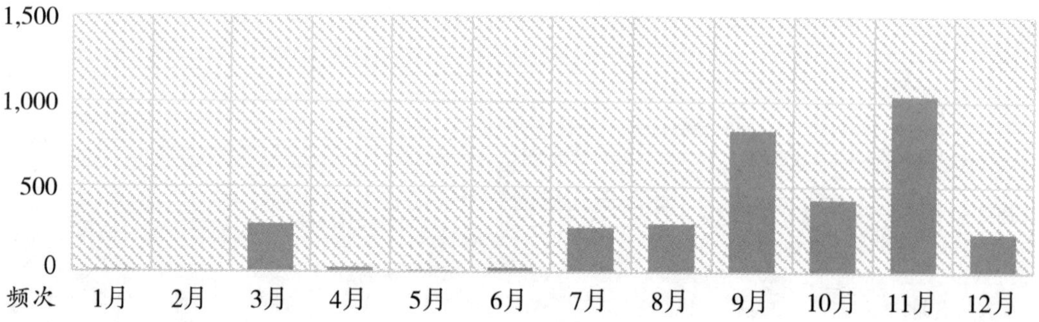

2016年最受媒体关注的《我不是潘金莲》相关新闻

- 9月，亮相国际电影节，引发口碑狂潮，《我不是潘金莲》斩获大奖。
- 10月，范冰冰在武汉华中师范大学音乐厅参加电影《我不是潘金莲》的交流会时，突然被要求必须下台离开。
- 11月，《我不是潘金莲》公映，冯小刚获观众好评。

《叶问3》

“一代宗师的自我赎救”

《叶问3》是《叶问》系列影片的第三部，由叶伟信执导，甄子丹、熊黛林、张晋、谭耀文领衔主演，讲述了一代宗师叶问晚年的种种经历。影片于2015年12月24日在中国香港上映，并于2016年3月4日在中国内地上映。

2016年《叶问3》媒体关注度逐月分布

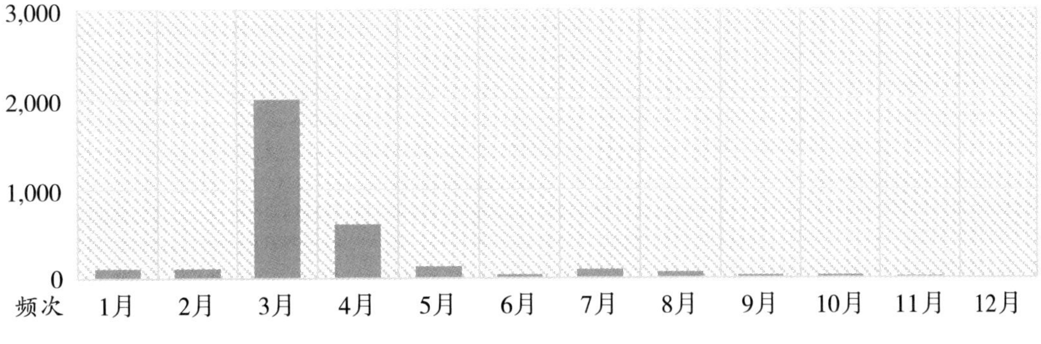

2016年最受媒体关注的《叶问3》相关新闻

- 3月，电影《叶问3》票房事件进一步发酵。
- 4月，《叶问3》票房造假背后：一场披着电影外壳的资本游戏。
- 5月，偷票房、自掏腰包购买票房、多方合力延长档期，甚至电影《叶问3》把票房变成金融套利的工具，眼花缭乱的运作手段令人瞠目。

《百鸟朝凤》

“一段师徒情，一曲传承歌”

《百鸟朝凤》是由吴天明执导，陶泽如、郑伟、李岷城等主演的文艺电影，于2016年5月6日全国公映。影片讲述了新旧两代唢呐艺人间真挚的师徒情及对民间技艺的坚守，引发了关于中国传统文化的思考。

2016年《百鸟朝凤》媒体关注度逐月分布

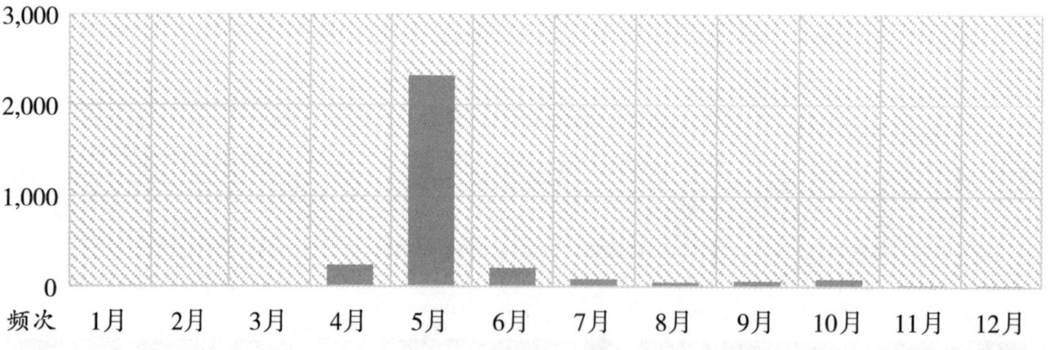

2016年最受媒体关注的《百鸟朝凤》相关新闻

- 4月，中国第四代导演吴天明最后一部作品《百鸟朝凤》将于2016年5月6日在全国公映。
- 5月，方励为《百鸟朝凤》“跪求”排片。
- 6月，从《百鸟朝凤》看中国商业片与艺术片的对立史。

《爵迹》

“真人CG的初试练”

《爵迹》是由郭敬明执导，范冰冰、吴亦凡、陈学冬、陈伟霆、郭采洁、林允、杨幂等出演的真人CG奇幻片，于2016年9月30日在全国上映。影片改编自郭敬明的同名长篇小说，讲述了王爵与使徒捍卫荣誉、争夺权力的故事。

2016年《爵迹》媒体关注度逐月分布

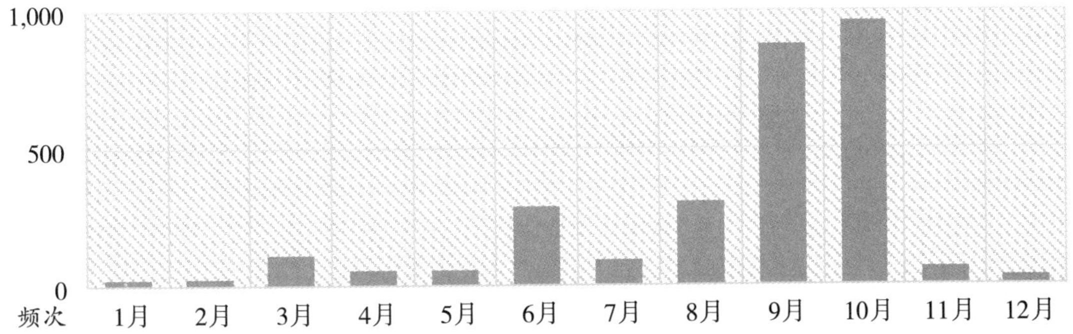

2016年最受媒体关注的《爵迹》相关新闻

- 8月，郭敬明怒揭《爵迹》海报抹去导演名，此举被认定为炒作。
- 9月，虽有范冰冰、杨幂等“明星阵容”，《爵迹》竟是动画电影？
- 10月，《爵迹》话题与观众吐槽齐飞，内涵不够，技术难救。

《疯狂动物城》

“为梦想疯狂的它们最萌”

《疯狂动物城》是由里奇·摩尔、拜恩·霍华德及杰拉德·布什联合执导，金妮弗·古德温、杰森·贝特曼、夏奇拉、艾伦·图代克、伊德瑞斯·艾尔巴、J.K.西蒙斯等配音的3D动画片。该片于2016年3月4日在中国内地与北美同步上映，中国票房15.3亿元，全球票房10.2亿美元。

2016年《疯狂动物城》媒体关注度逐月分布

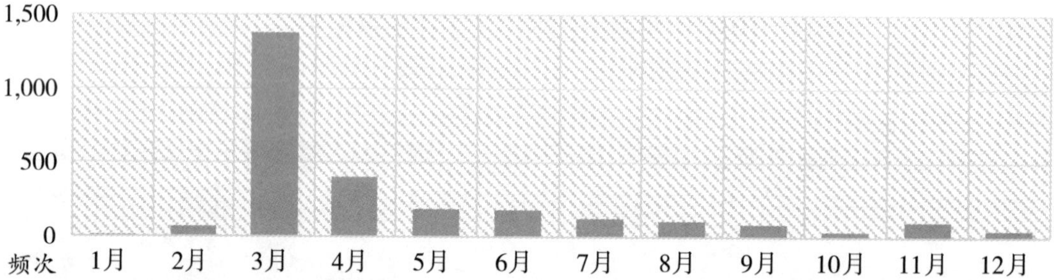

2016年最受媒体关注的《疯狂动物城》相关新闻

- 3月，迪士尼的动画大片《疯狂动物城》票房口碑齐飞，动物角色成网红。
- 4月，《疯狂动物城》全球票房稳超8亿美元。
- 5月，《疯狂动物城》发行规模已经缩减至1,377家影院，但票房依然位居前十。

《荒野猎人》

“一场震撼人心的复仇”

《荒野猎人》是根据迈克尔·彭克同名长篇小说改编，亚利桑德罗·冈萨雷斯·伊纳里多执导，由莱昂纳多·迪卡普里奥、汤姆·哈迪、威尔·保尔特 、多姆纳尔·格利森、保罗·安德森等主演的剧情电影，于2016年3月18日在中国内地上映。影片获得第88届奥斯卡金像奖最佳导演奖、最佳男主角奖和最佳摄影奖。

2016年《荒野猎人》媒体关注度逐月分布

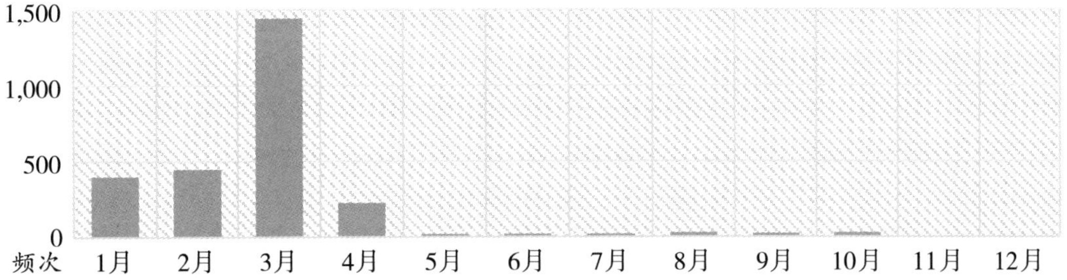

2016年最受媒体关注的《荒野猎人》相关新闻

- 1月，本届金球奖最大的赢家，莫过于电影《荒野猎人》。
- 2月，莱昂纳多凭《荒野猎人》夺奥斯卡影帝，影片确定引进，欲来华宣传。
- 3月，《荒野猎人》三天票房破2亿元，老弱病孕四类人请主动远离。

《湄公河行动》

“犯我中华者，虽远必擒”

《湄公河行动》是由林超贤编剧并执导，张涵予、彭于晏、冯文娟等主演的警匪动作电影，于2016年9月30日在全国公映。影片根据“10・5中国船员金三角遇害事件”改编，讲述了我国警方揭露中国商船船员遇难所隐藏的阴谋，并揪出运毒案件幕后黑手的故事。

2016年《湄公河行动》媒体关注度逐月分布

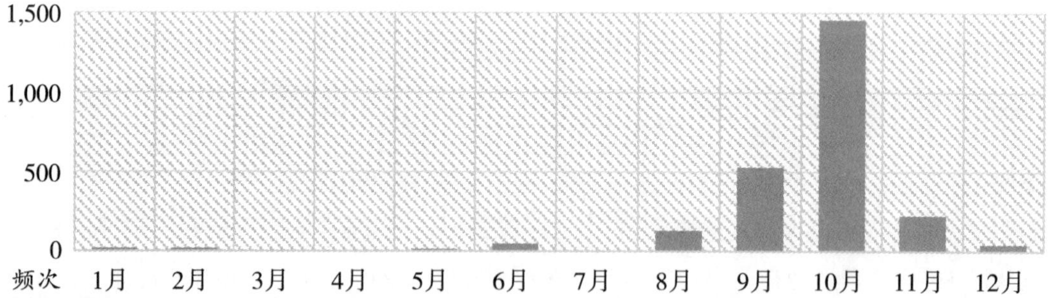

2016年最受媒体关注的《湄公河行动》相关新闻

- 9月，《湄公河行动》突破传统警匪片套路，首轮试映获好评。
- 10月，《湄公河行动》叫好又叫座，树立真实案件改编电影新标杆。
- 11月，最近上映大片中，最受关注的非警匪片《湄公河行动》莫属。

2016年中国媒体关注度最高的十大电视剧

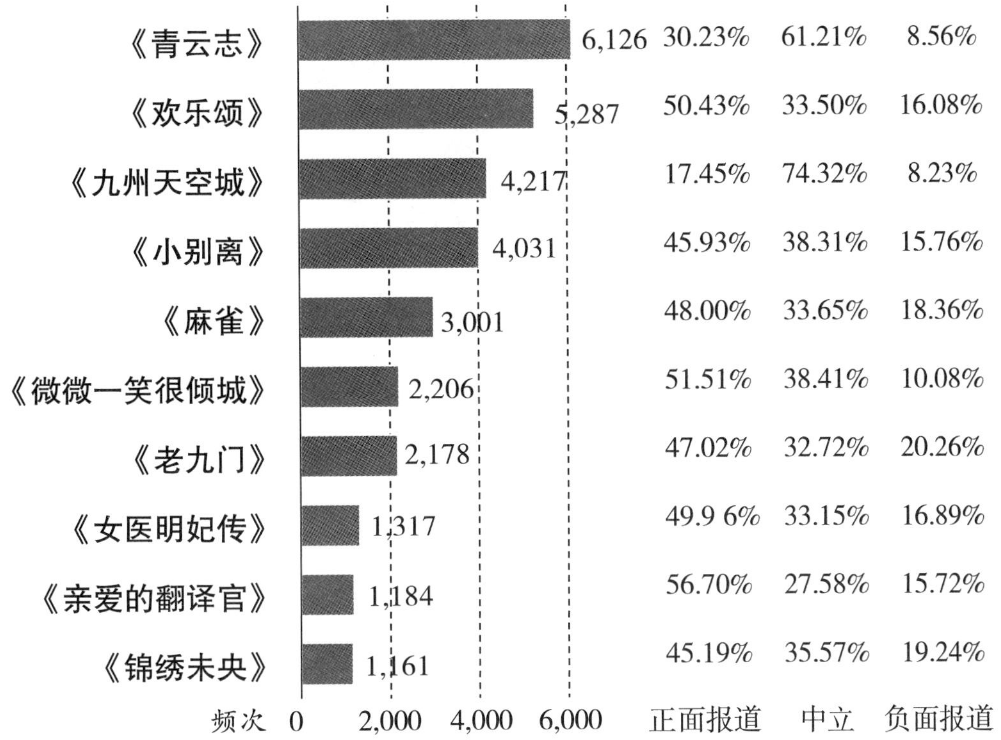

2016年中国媒体关注度最高的十大电视剧是指在2016年的中国媒体上出现次数最多的电视剧。

纵观榜单，2016年，IP剧（基于原创内容的改编剧）大有席卷全榜之势。以颜值和特效为核心竞争力的仙侠玄幻剧呈井喷势头。高居榜首的《青云志》以及根据“九州”世界观编写的奇幻剧《九州天空城》的负面报道率和正面报道率都是榜单中最低的，中立报道率却是最高的，反映出媒体对玄幻题材的客观与中立。尽管玄幻剧短期内大热，但现实题材仍然持续吸引着观众的目光。改编自阿耐同名小说的《欢乐颂》、讲述亲子教育问题的《小别离》、改编自缪娟小说《翻译官》的职场剧《亲爱的翻译官》均获得了媒体较高的关注度和较多的正面报道。此外，改编自海飞同名小说的谍战剧《麻雀》、改编自顾漫同名小说的青春偶像剧《微微一笑很倾城》、改编自南派三叔同名小说的民国悬疑剧《老九门》也纷纷上榜。最后，排名第八和第十的历史题材电视剧《女医明妃传》和《锦绣未央》，以相似的题材获得了相近的媒体关注度。

《青云志》

“成长与责任、侠骨与柔情”

《青云志》是根据萧鼎小说《诛仙》改编的古装仙侠剧，采用“先网后台”的播出模式分为第一、第二两季播出。该剧由欢瑞世纪影视传媒股份有限公司出品，朱锐斌、刘国辉、周远舟、朱少杰执导，李易峰、赵丽颖、杨紫主演，TFBOYS、唐艺昕、舒畅等特别出演。该剧讲述了草庙村少年张小凡投身青云门下，与鬼王之女碧瑶、好友林惊羽以及陆雪琪、曾书书等少年一道，惩恶扬善，斩妖除魔，最终挫败鬼王阴谋的故事。

2016年《青云志》媒体关注度逐月分布

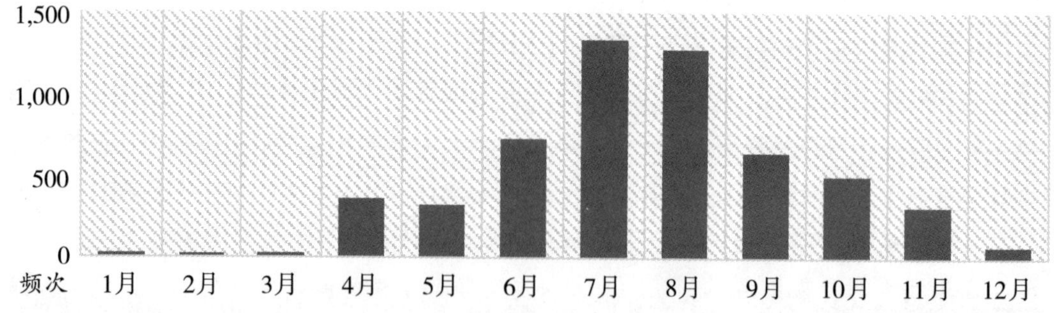

2016年最受媒体关注的《青云志》相关新闻

- 7月，《青云志》首播创2016年周播剧收视新高。
- 8月，《青云志》热度不减，媒体对暑期档玄幻题材电视剧扎堆现象表示担忧。

《欢乐颂》

“相识到相知、成长与蜕变的女人戏”

《欢乐颂》是由东阳正午阳光影视有限公司、山东影视制作有限公司联合出品的都市职场女性剧，由侯鸿亮制片，孔笙、简川訸执导，袁子弹编剧，刘涛、蒋欣、王子文、杨紫、乔欣、祖峰、王凯、靳东等共同出演。该剧改编自阿耐的同名小说，讲述了同住在欢乐颂小区22楼的5个来自不同家庭、性格迥异的女孩，从陌生到熟悉再到互相体谅、互相帮助、共同成长的故事。《欢乐颂》单日最高播放量突破6.8亿，网络总播放量超过100亿。此外，该剧首播期间海外平台参与互动总评论数位列华语剧目第一。

2016年《欢乐颂》媒体关注度逐月分布

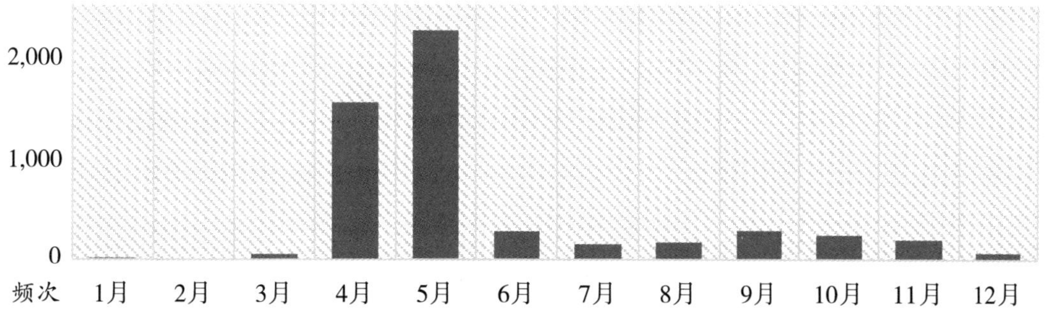

2016年最受媒体关注的《欢乐颂》相关新闻

- 4月，《欢乐颂》在浙江卫视、东方卫视首播，贴近生活的现实主义题材与较高的制作水准获广泛好评。
- 5月，随着剧情的发展，《欢乐颂》从慢热到成为街谈巷议的话题。

《九州天空城》

"人羽两族相争下的虐心恋情"

《九州天空城》是由上影寰亚、企鹅影业出品的东方奇幻电视剧，由杨磊执导，张若昀、关晓彤领衔主演。该剧没有任何小说基础，只是根据拥有庞大粉丝基础的"九州"世界观重新编写了一个故事。该剧讲述了在神秘力量的驱使下，人族和羽族在维系了短暂的和平之后，再度陷入剑拔弩张的战争局面所引发的故事。

该剧收官之时，腾讯视频点击量高达16亿。2016年11月，《九州天空城》荣登2016年中国泛娱乐指数盛典"中国网生内容榜—网络剧榜Top10"。

2016年《九州天空城》媒体关注度逐月分布

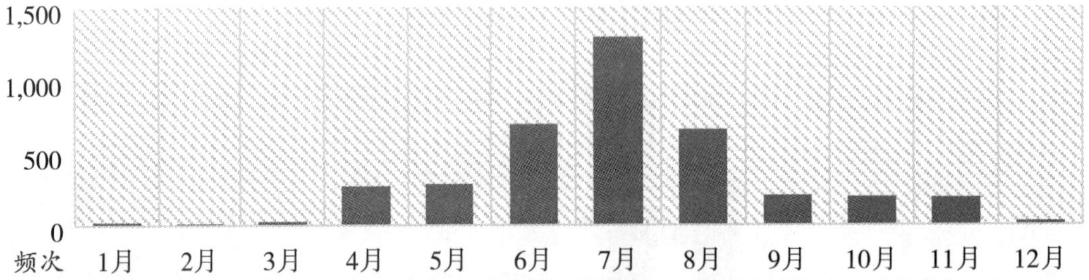

2016年最受媒体关注的《九州天空城》相关新闻

- 6月，《九州天空城》前期宣传。
- 7月，《九州天空城》在腾讯视频和江苏卫视同步播出，媒体评价并不高。
- 8月，《九州天空城》大结局，风铃夫妇天人永隔，虐惨观众。

《小别离》

“各阶层亲子教育的缩影”

《小别离》是由汪俊执导的都市家庭情感剧，由黄磊、海清领衔主演，TFBOYS特别出演。该剧围绕中学生出国展开，讲述了三个经济条件不同的家庭面对孩子升学、留学、青春期的故事。轻松有趣的情节伴随发人深省的话题，《小别离》既“亮眼”又“走心”。众多实力派演员用教科书般的演技打动观众，引发网络热议，获得各年龄层观众的一致好评。

2016年《小别离》媒体关注度逐月分布

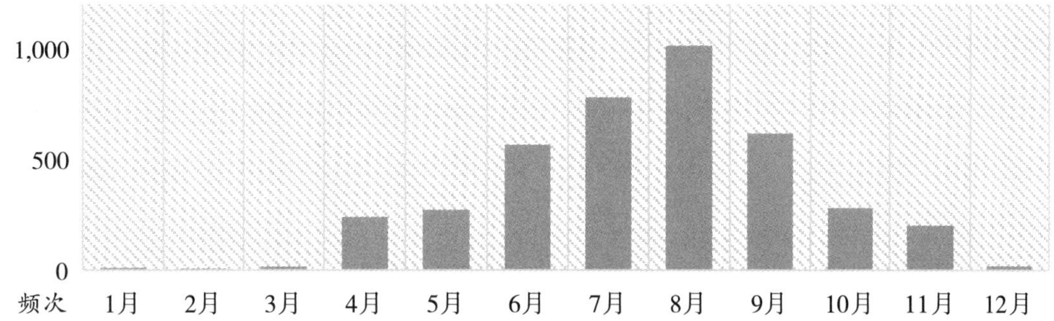

2016年最受媒体关注的《小别离》相关新闻

- 7月，《小别离》首曝预告片，黄磊、海清矛盾重重。
- 8月，《小别离》在北京卫视、浙江卫视首播。
- 9月，《小别离》直击现实痛点，引爆社会民生话题。

《麻雀》

“全网史上首部播放量破百亿的谍战剧”

《麻雀》是由金琛、周远舟导演，李易峰、周冬雨、张鲁一、张若昀、阚清子、尹正、李小冉、王劲松联袂主演的谍战剧。该剧根据国家一级作家海飞的原著小说改编而成，讲述了陈深潜伏在汪伪特工总部首领毕忠良身边，以“麻雀”为代号委派工作，秘密传递信息，成功“窃取”汪伪政府“归零计划”的故事。

2016年《麻雀》媒体关注度逐月分布

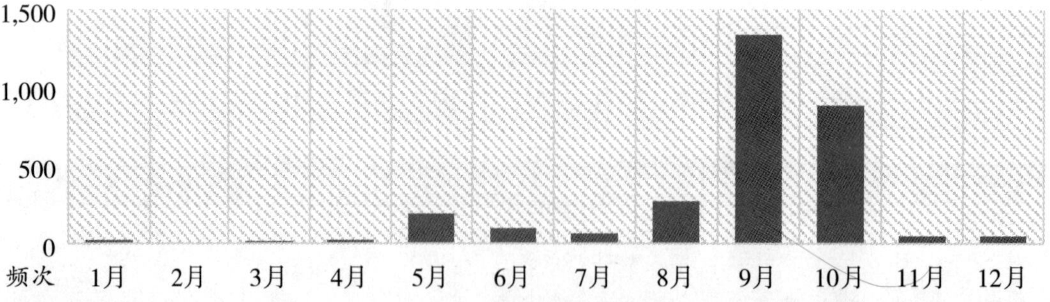

2016年最受媒体关注的《麻雀》相关新闻

- 9月，《麻雀》在湖南卫视金鹰独播剧场播出，口碑与收视双丰收。
- 10月，《麻雀》收官，网络播放量突破100亿，成为全网史上首部播放量破百亿的谍战剧。

《微微一笑很倾城》

"从游戏到现实的青春爱情"

《微微一笑很倾城》是根据作家顾漫同名小说改编，由上海剧酷文化传播有限公司出品的青春唯美纯爱偶像剧。该剧由林玉芬执导，郑爽、杨洋、毛晓彤、白宇、牛骏峰、郑业成、崔航等联袂主演。

该剧讲述了庆大计算机系学霸系花贝微微与校草级大神师哥肖奈偶然间在网络游戏中相识，并在现实中见面，进而相知相恋，最后走到一起的故事。

2016年《微微一笑很倾城》媒体关注度逐月分布

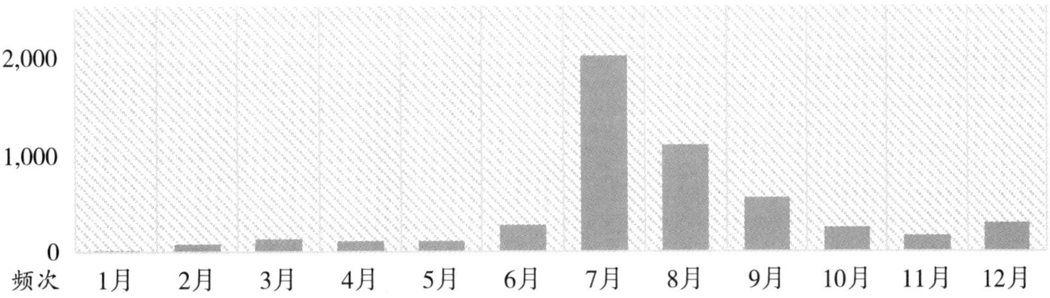

2016年最受媒体关注的《微微一笑很倾城》相关新闻

- 7月，电视剧版《微微一笑很倾城》在东方卫视、江苏卫视首播。
- 8月，电影版《微微一笑很倾城》上映，两相对比，电视剧版更受认可。

《老九门》

“关于盗墓与抗日的‘中国故事’”

《老九门》是由梁胜权、何澍培、黄俊文联合执导，南派三叔担任监制，陈伟霆、张艺兴、赵丽颖等领衔主演的民国悬疑电视剧。该剧讲述了1937年7月，日军发动全面侵华战争，长沙城布防官张启山为破解矿山之谜求助古玩鉴赏专家二月红，并与之结下深厚友谊共同对抗日军的故事。《老九门》是《盗墓笔记》前传，揭示了盗墓家族的历史渊源，暗藏九门之间的神秘过往，也是所有后续盗墓故事的开端。该剧不仅赋予了剧中人物错杂的情感关系，还着重描写了剧中人物的家国情怀。

2016年《老九门》媒体关注度逐月分布

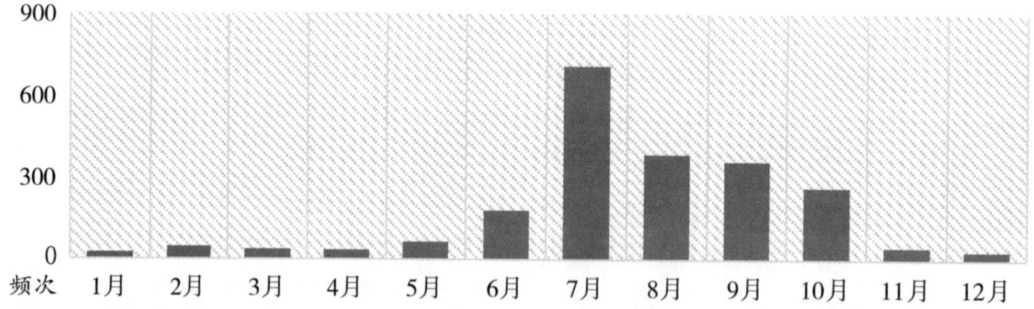

2016年最受媒体关注的《老九门》相关新闻

- 7月，《老九门》登陆东方卫视周播剧场，高颜值阵容引热议。
- 8月，随着《老九门》的播出，各方评价褒贬不一。

《女医明妃传》

“女国医的辛酸成长史”

《女医明妃传》是根据历史人物事件改编的古装传奇励志剧。该剧由李国立执导，刘诗诗、霍建华、黄轩、李呈媛、袁文康、金晨等主演。该剧讲述了明代著名女医谭允贤凭借对医学的痴迷和热爱，克服重重困难，开创并建立女医制度，最终成为一代女国医的故事。

《女医明妃传》以华美的人物造型、精致的妆容、切合历史的服饰设计吸引了观众的目光。该剧在播出26天的时间里，蝉联收视率排行榜榜首数十天，力压当下多部热门影视剧。日均网络点击播放量更是突破3亿，堪称经典。

2016年《女医明妃传》媒体关注度逐月分布

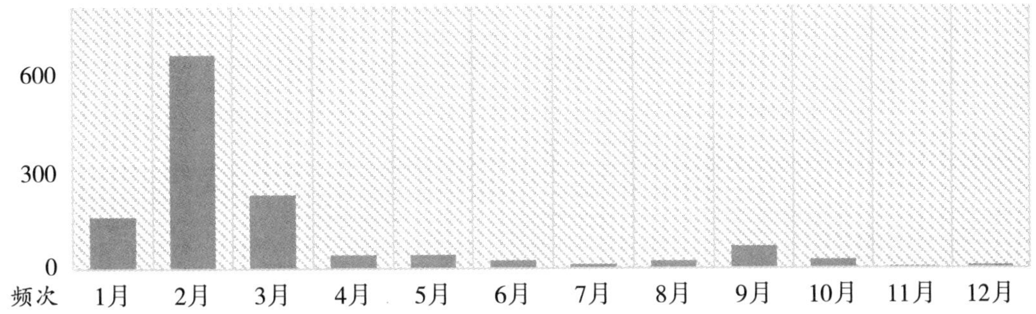

2016年最受媒体关注的《女医明妃传》相关新闻

- 2月，《女医明妃传》登陆东方卫视、江苏卫视，剧中人物、服装、医理等引发观众热议。
- 3月，《女医明妃传》收官，虐心剧情令人不舍。

《亲爱的翻译官》

"跨越中西文明的职场爱情"

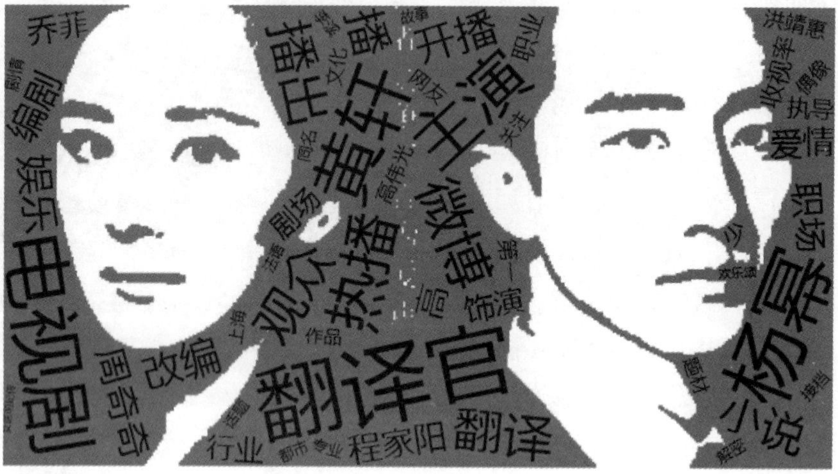

《亲爱的翻译官》是由王迎执导，杨幂、黄轩领衔主演的职场爱情剧。该剧改编自缪娟的小说《翻译官》，讲述了法语系硕士乔菲在翻译天才程家阳的指导下成长为高级翻译，两人也从欢喜冤家变成亲密爱人的故事。该剧开播当日，便成为全国网及CSM（央视索福瑞）52城的双网收视冠军，全国网收视率更达到单集破2的高位，成为2016年全国卫视年度收视冠军。

2016年《亲爱的翻译官》媒体关注度逐月分布

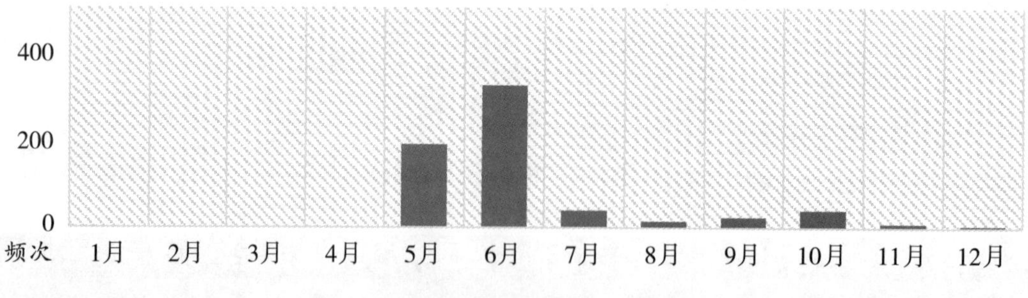

2016年最受媒体关注的《亲爱的翻译官》相关新闻

- 5月，《亲爱的翻译官》在湖南卫视金鹰独播剧场首播。
- 6月，随着剧情发展，关于《亲爱的翻译官》热议不断，好评连连。

《锦绣未央》

“一代红颜的传奇蜕变之路”

《锦绣未央》是由李慧珠执导，唐嫣、罗晋、吴建豪、毛晓彤、李心艾领衔主演的古装剧。该剧改编自秦简的同名小说，讲述了亡国公主心儿在遭遇国破家亡的变故之后，阴差阳错地成为“李未央”，回到尚书府与仇敌斗智斗勇的故事。《锦绣未央》将目光投向影视剧鲜少涉及的北魏，以女性视觉打造跌宕情节，传递出大义为先的正能量。

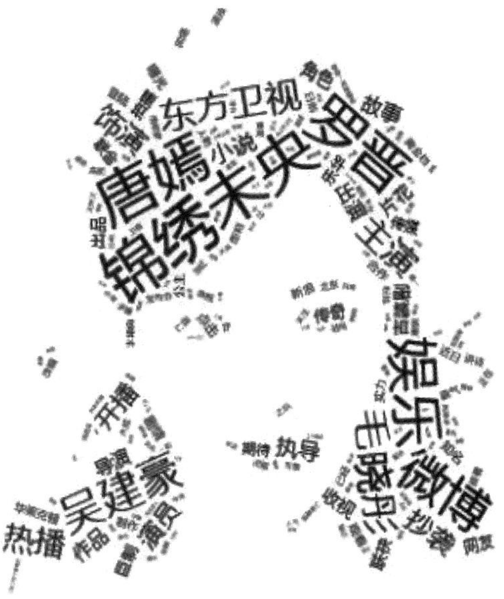

2016年《锦绣未央》媒体关注度逐月分布

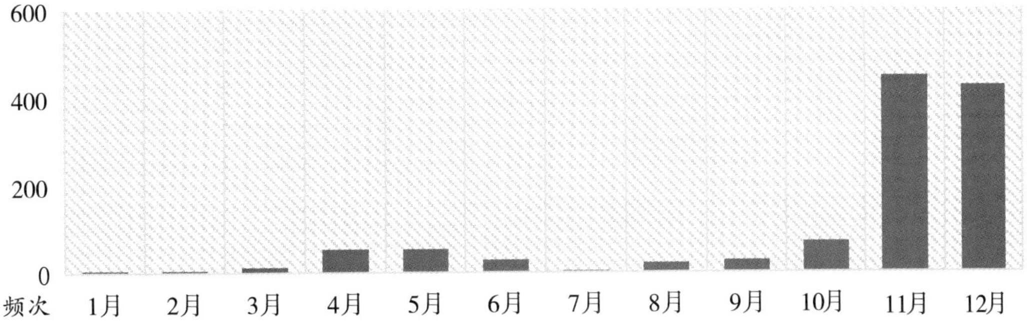

2016年最受媒体关注的《锦绣未央》相关新闻

- 11月，《锦绣未央》在北京卫视、东北卫视首播，话题不断。
- 12月，《锦绣未央》原著被指抄袭200余部小说，引发广泛关注。

2016年中国媒体关注度最高的十大网综

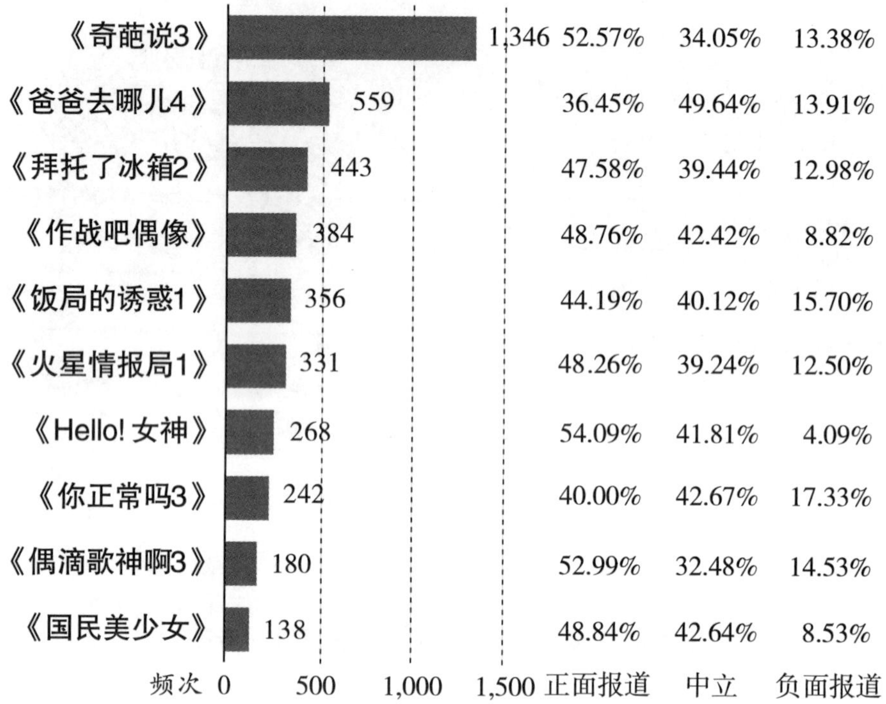

2016年中国媒体关注度最高的十大网综是指在2016年的中国媒体上出现次数最多的网络综艺节目。

2016年年初，腾讯视频、爱奇艺、优酷土豆等各大网络综艺平台纷纷发布网综战略，网综节目的品牌和影响力大幅提升。位列榜首的《奇葩说3》在赛制、辩题、选手等方面均出现较大改变，虽然不可避免地出现了所谓的“第3季现象”，但人气依旧很高，彰显了其不俗的媒体口碑，可谓关注度和口碑双丰收。榜单亚军由《爸爸去哪儿4》获得，关注度虽高但口碑略逊一筹。榜单上媒体口碑最好的是第7位的《Hello！女神》和第9位的《偶滴歌神啊3》，这两个网综同样也获得了较高的媒体关注度，可谓叫好又叫座。其余的上榜网综节目《拜托了冰箱2》《饭局的诱惑1》《火星情报局1》等在媒体关注度和口碑上不相上下。

《奇葩说3》

“最会说话的人”

《奇葩说3》由第1季、第2季原班人马打造，于2016年3月4日起每周五、周六晚20点在爱奇艺播出，由马东主持，蔡康永、高晓松担任导师，旨在寻找华人世界中观点独特、口才出众的“最会说话的人”。

2016年《奇葩说3》媒体关注度逐月分布

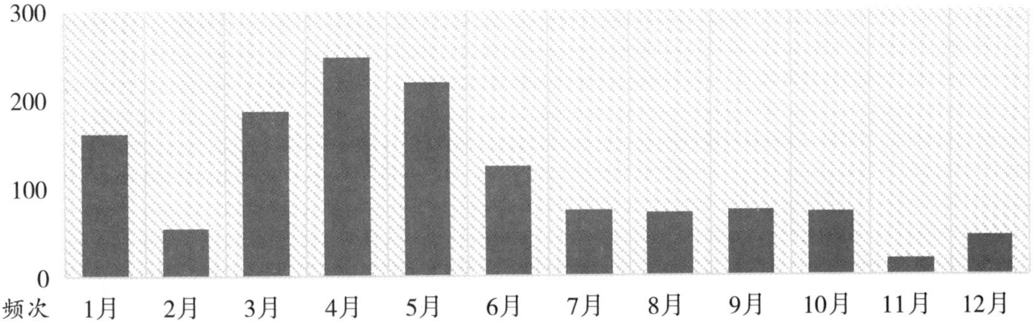

2016年最受媒体关注的《奇葩说3》相关新闻

- 3月，《奇葩说3》上线，赛事升级。
- 4月，《奇葩说3》热播，张绍刚、许晴等嘉宾备受关注。
- 5月，《奇葩说3》中，马东回忆父亲马季，被称为最催泪的一期。

《爸爸去哪儿4》

“明星父子、素人萌娃的新鲜之旅”

《爸爸去哪儿4》是由湖南卫视引进韩国MBC电视台版权推出的亲子户外真人秀节目，由“村长”李锐担任主持人。

节目中，6位爸爸在72小时的户外体验中单独照顾子女的饮食起居，共同完成一系列任务。《爸爸去哪儿4》的模式与前三季有所不同，在原先明星爸爸带自己子女的基础上加入了“鲜肉爸爸”和“素人萌娃”，播出平台由电视转为网络。

2016年《爸爸去哪儿4》媒体关注度逐月分布

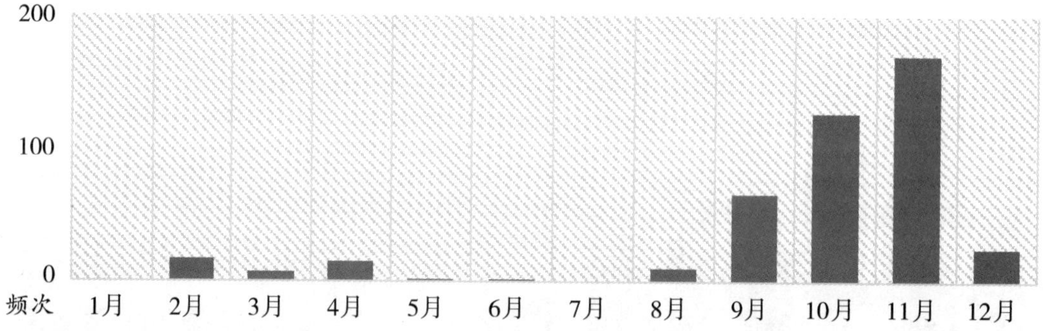

2016年最受媒体关注的《爸爸去哪儿4》相关新闻

- 9月，湖南卫视制作的《爸爸去哪儿4》即将播出，此前猜测甚多的嘉宾阵容逐渐揭开神秘面纱。
- 10月，从台播转为网播，《爸爸去哪儿4》依旧吸引了众多观众的注意。
- 11月，《爸爸去哪儿4》渲染“董力阿拉蕾父女”引争议。

《拜托了冰箱2》

“深扒明星冰箱的料理比赛”

《拜托了冰箱2》是腾讯视频引进韩国JTBC电视台同名节目推出的大型明星美食类脱口秀节目，利用明星冰箱里的材料进行料理比赛，深扒明星的冰箱以及衍生出来的“私密”故事。

该节目于2016年12月10日荣获腾讯视频星光大赏年度网络综艺奖。

2016年《拜托了冰箱2》媒体关注度逐月分布

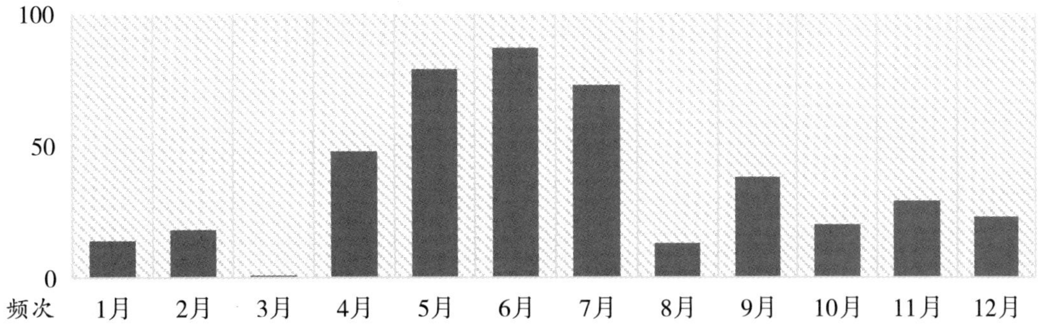

2016年最受媒体关注的《拜托了冰箱2》相关新闻

- 5月，腾讯综艺《拜托了冰箱2》正式回归。
- 6月，《拜托了冰箱2》深扒明星冰箱衍生出来的“私密”故事，用明星真实生活的蛛丝马迹吸引观众对美食与明星的关注。
- 7月，《拜托了冰箱2》迎来“周一情侣”宋智孝和Gary。

《作战吧偶像》

"中韩人气偶像的歌艺对决"

《作战吧偶像》是腾讯视频与韩国YG公司、韩国SBS电视台共同打造的亚洲首档中韩人气偶像歌艺秀，由腾讯视频出品。节目邀请中韩歌手各四位，进行中韩搭配编曲大对决，通过舞台表演将歌手的唱功、才艺等一一展现出来。

2016年《作战吧偶像》媒体关注度逐月分布

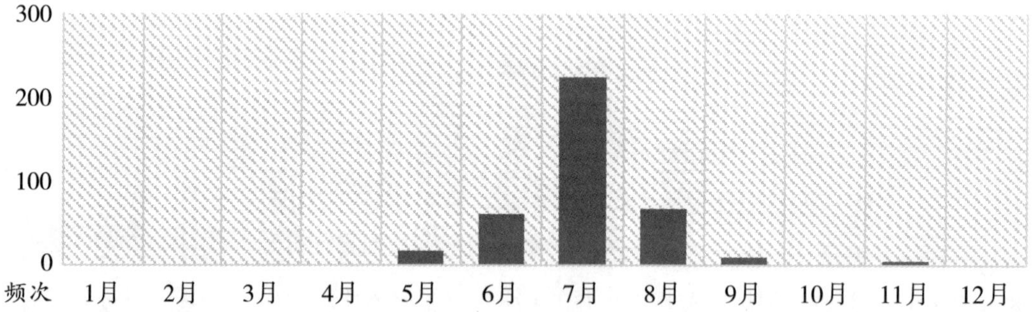

2016年最受媒体关注的《作战吧偶像》相关新闻

- 6月，中韩明星齐聚《作战吧偶像》，薛之谦用音乐"撩妹"。
- 7月，《作战吧偶像》72小时弹幕破46万，韩媒也震惊了。
- 8月，《作战吧偶像》中文歌改编之战将再次打响。

《饭局的诱惑1》

“让饭局再暖一点”

《饭局的诱惑1》是由米未传媒制作出品的一档通告类网络综艺节目，由马东、侯佩岑主持，每期邀请9名综艺达人组成“最强饭局团”，在饭桌上畅谈真心话，玩“狼人杀”。节目采用“直播+点播”的“双播”模式，在腾讯视频播出（“狼人杀”环节单独在斗鱼TV以直播的形式播出）。

2016年《饭局的诱惑1》媒体关注度逐月分布

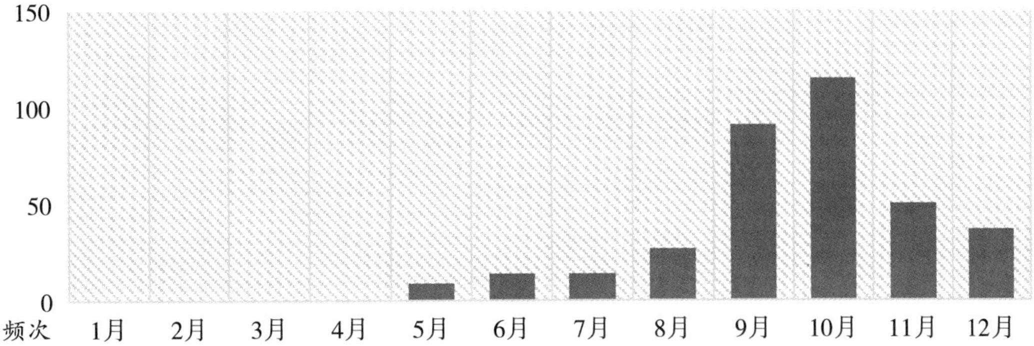

2016年最受媒体关注的《饭局的诱惑1》相关新闻

- 9月，《饭局的诱惑1》在腾讯视频上线。
- 10月，高智商网络综艺吸引观众眼球，《饭局的诱惑1》播放量破2亿。

《火星情报局1》

“用综艺手法鼓励全民新奇发现”

《火星情报局1》是由优酷与银河酷娱文化传媒有限公司、快乐全球传媒联合出品的全国首档用综艺手法检验全民新奇发现的网络综艺节目，旨在鼓励一切新奇有趣的发现，激活全民洞察潜能。节目讨论的话题来自优酷土豆大数据，内容更易引发网友共鸣。2016年11月，《火星情报局1》荣登2016中国泛娱乐指数盛典“中国网生内容榜—网络节目榜Top10”。

2016年《火星情报局1》媒体关注度逐月分布

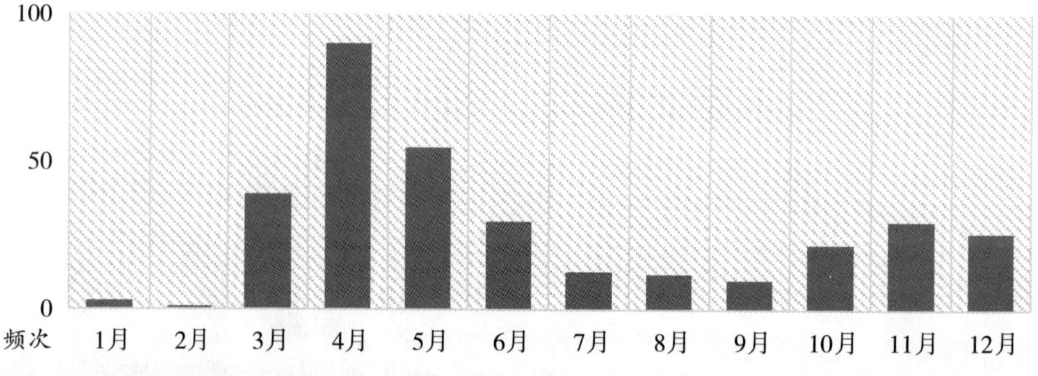

2016年最受媒体关注的《火星情报局1》相关新闻

- 3月，优酷自制综艺节目《火星情报局1》发布会在北京举行。
- 4月，《火星情报局1》开播后，网友表示冲着汪涵去，却“粉”了薛之谦。
- 5月，华晨宇全新单曲《火星情报局》MV首发。

《Hello！女神》

“一代红颜的传奇蜕变之路”

《Hello!女神》是由熊猫TV、芒果娱乐、腾讯视频联手打造，采用“直播+点播”的形式在熊猫TV、腾讯视频播出的一档国民女神养成真人秀节目。来自全国的240位美女在长沙、北京、成都、上海四城通过综艺角逐，选出30位女神，最终由网络观众票选出前10。2016年11月，《Hello!女神》荣登2016中国泛娱乐指数盛典“中国网生内容榜—网络节目榜Top10”。

2016年《Hello！女神》媒体关注度逐月分布

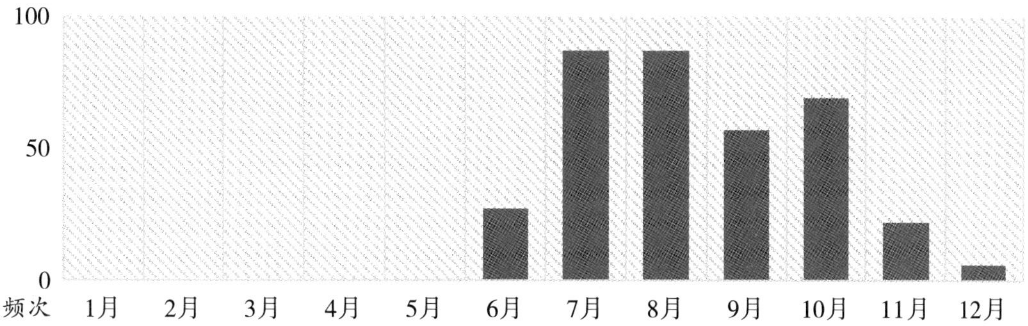

2016年最受媒体关注的《Hello！女神》相关新闻

- 7月，《Hello!女神》成都举行直播甄选，王思聪亲自坐镇比赛现场。
- 8月，《Hello!女神》梦想教室计划刷新“女神”定义。
- 10月，《Hello!女神》收官之作“出道盛典”在北京水立方举行。

《你正常吗3》

"直面网民心中的选择"

《你正常吗3》是由腾讯视频推出的大型调查类真人秀节目。节目根据腾讯网络的调查数据，对上百万名不同年纪、不同职业的网友进行调查，邀请明星和普通人进行竞猜，猜中大部分网友意见，就可以领取心愿红包。与前两季相比，《你正常吗3》在常规选手答题之外增加了全新的"脑洞团"组合。

2016年《你正常吗3》媒体关注度逐月分布

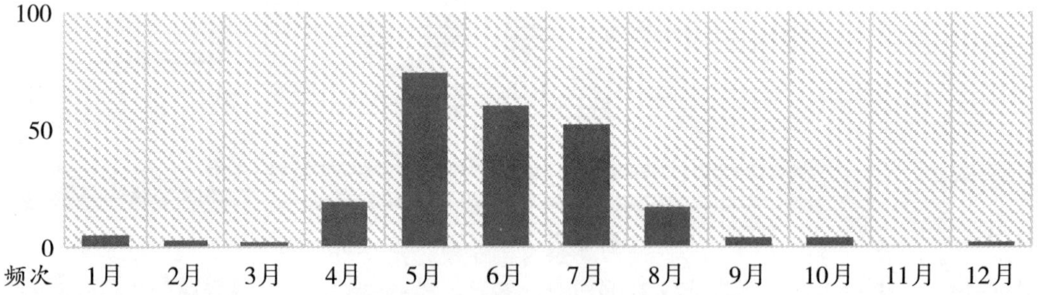

2016年最受媒体关注的《你正常吗3》相关新闻

- 5月，何炅再搭Henry加盟《你正常吗3》。
- 6月，《你正常吗3》节目的赛制根据网友的呼声进行了很大修改，回到了大家熟悉和钟爱的脑洞对战赛制。
- 7月，谢娜登陆《你正常吗3》献首秀，遭何炅大爆料。

《偶滴歌神啊3》

“歌神与音痴的伪装对决”

《偶滴歌神啊3》是爱奇艺打造的一档“非大型、不靠谱、伪音乐”的纯网络综艺节目。节目采用音乐与悬疑推理结合的游戏方式，到场的大牌歌手通过现场6位参赛选手的精湛表演，参考“鉴音团” 充满迷惑性的意见，推断出谁才是真正的“歌神”，并与其完成对唱。

2016年《偶滴歌神啊3》媒体关注度逐月分布

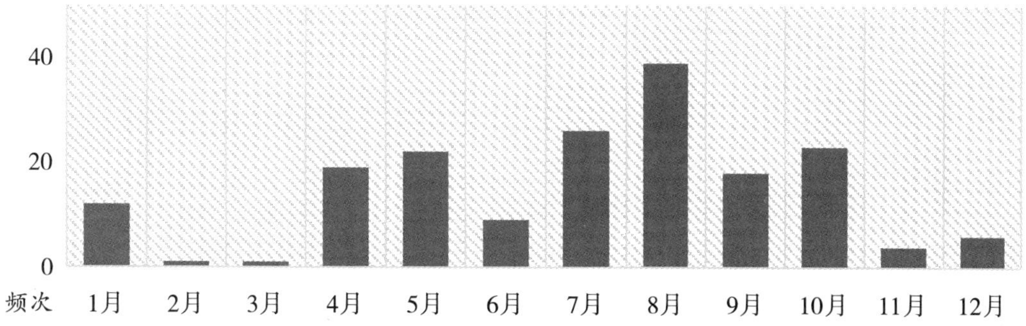

2016年最受媒体关注的《偶滴歌神啊3》相关新闻

- 7月，技术优势结合内容创新，爱奇艺综艺节目《偶滴歌神啊3》发布。
- 8月，《偶滴歌神啊3》中，谢娜、欧弟全新组合亮相，嘉宾大秀马甲线。

《国民美少女》

“90后美少女的全新亮相”

《国民美少女》是由上海东方传媒集团有限公司（SMG）互联网节目中心、东方卫视中心携手优酷土豆、女子偶像组合SNH48共同打造的网络真人秀节目。节目汇集了36位风格迥异的90后美少女，展示了国民偶像天团的培养过程。

2016年《国民美少女》媒体关注度逐月分布

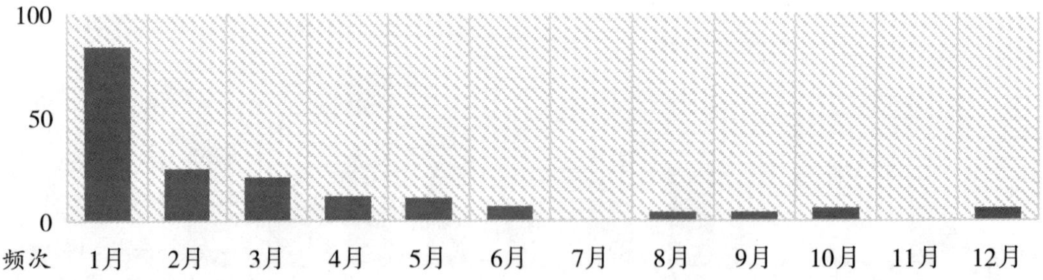

2016年最受媒体关注的《国民美少女》相关新闻

- 1月，《国民美少女》费玉清魔性舞步爆笑全场。
- 2月，《国民美少女》迎来反串美少年专场。
- 3月，《国民美少女》节目组发起爱心筹资。

2016年中国媒体关注度最高的十大永别

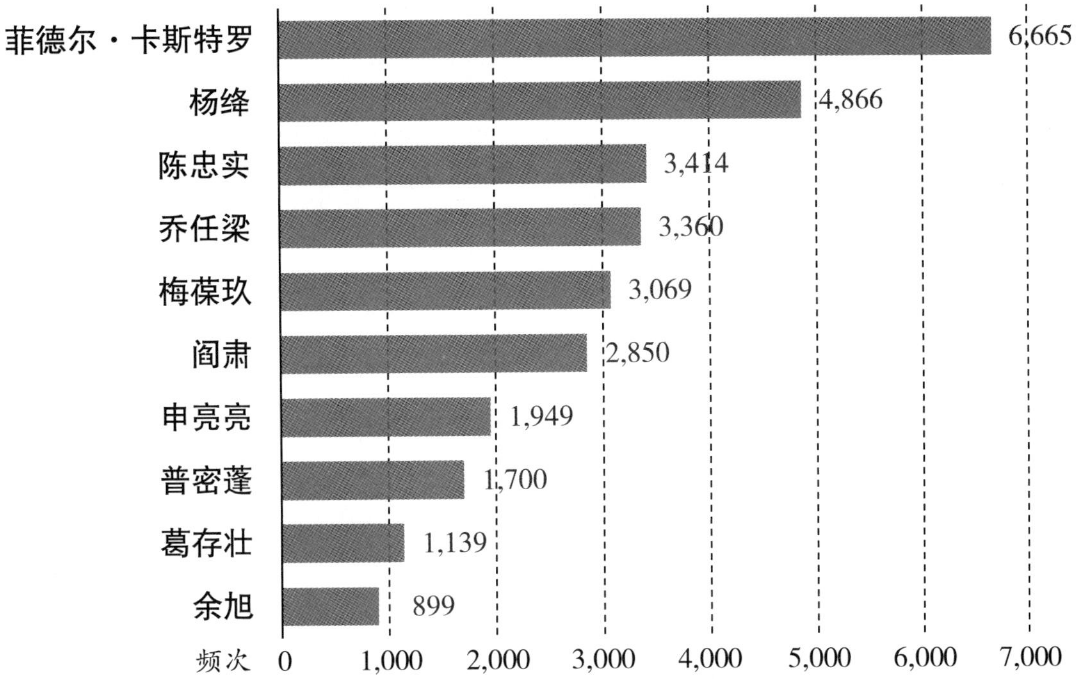

2016年中国媒体关注度最高的十大永别是指2016年中国媒体报道最多的先后离世的各界公众人物。

纵观国内外，2016年最令人心痛的莫过于“一在天之涯，一在地之角”的永别：作为国家领导人，拉美雄鹰菲德尔·卡斯特罗、勤政爱民的泰国国王普密蓬的逝世，是其所在国家及政坛的损失；杨绛、陈忠实、梅葆玖、阎肃、葛存壮等文化名人的故去，让后人永远记住了逝者不泯的良知和深邃的思想；中国军人申亮亮、余旭的壮烈牺牲，让百姓在感伤之余明白，是英雄时时与危险过招、处处与奉献作伴，才使得人民能安全地走在街头，幸福地活在世上；而娱乐名人乔任梁的离世，不仅是粉丝的哀痛，更给人们以警示，光鲜的外表下总有许多不为人知的苦楚，希望天堂能给予他们快乐，没有抑郁，没有压力……

追悼之怀,怆然悲伤。诚如鲁迅先生所说，悲剧是将人生有价值的东西毁灭给人看。永别，虽然是一曲为生活、艺术、民族和人与人之间友爱奏响的挽歌，但民族的不屈、人性的美好都在永别中得以升华。身既死兮神以灵，魂魄毅兮为鬼雄。故人永别，其魂长存。

菲德尔·卡斯特罗

“一身戎装、虬髯遒劲的拉美雄鹰”

菲德尔·卡斯特罗（1926年8月13日—2016年11月25日），古巴共和国、古巴共产党和古巴革命武装力量的主要缔造者，被誉为“古巴国父”，是古巴第一任最高领导人，亦是古巴政治家、思想家、军事家、无产阶级革命家及马克思主义者。

菲德尔·卡斯特罗曾于1995年和2003年对中国进行国事访问。2014年7月22日，中国国家主席习近平在哈瓦那探望了古巴革命领袖菲德尔·卡斯特罗。

2016年11月25日，古巴革命领袖菲德尔·卡斯特罗去世，享年90岁。

2016年“菲德尔·卡斯特罗”媒体关注度逐月分布

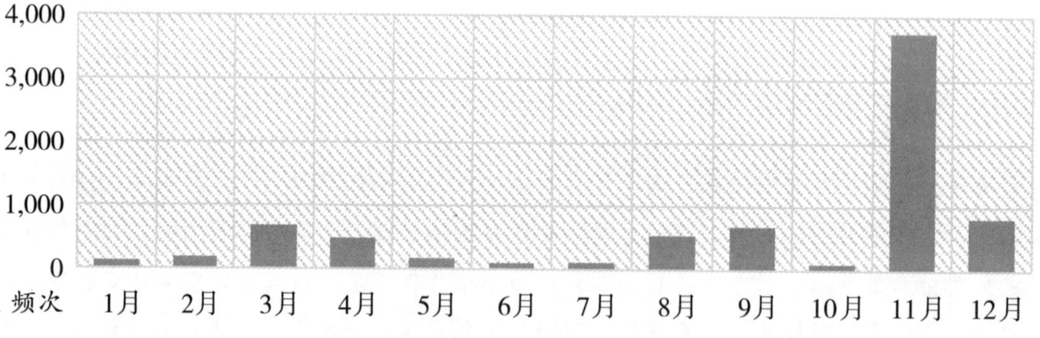

2016年最受媒体关注的“菲德尔·卡斯特罗”相关新闻

- 11月，古巴革命领袖菲德尔•卡斯特罗逝世，享年90岁。
- 12月，古巴圣地亚哥市圣伊菲赫尼亚公墓举行葬礼，古巴革命领袖菲德尔•卡斯特罗从此长眠于民族英雄何塞•马蒂之畔。

杨绛

“最贤的妻，最才的女，百岁的智者”

杨绛（1911年7月17日—2016年5月25日），本名杨季康，江苏无锡人，中国女作家、文学翻译家和外国文学研究家，钱钟书夫人。

杨绛通晓英语、法语、西班牙语，她翻译的《唐·吉诃德》被公认为最优秀的翻译佳作；早年创作的剧本《称心如意》被搬上舞台长达60多年；93岁出版散文随笔《我们仨》，风靡海内外，再版达一百多万册；96岁出版哲理散文集《走到人生边上》；102岁出版250万字的《杨绛文集》8卷。

2016年5月25日，杨绛逝世，享年105岁。

2016年“杨绛”媒体关注度逐月分布

2016年最受媒体关注的“杨绛”相关新闻
• 5月，杨绛先生遗体在京火化，手稿、文物、字画等均捐赠国家。
• 6月，杨绛走完百岁人生，“我们仨”终于不再分离。

陈忠实

“原上曾经有白鹿 人间自此无忠实”

陈忠实（1942年8月—2016年4月29日），中国当代著名作家、中国作家协会副主席，1997年获茅盾文学奖。

陈忠实的成名作《白鹿原》被教育部列入“大学生必读”系列，已发行逾160万册，被改编成秦腔、话剧、舞剧、电影等多种艺术形式。其他代表作有短篇小说集《乡村》《到老白杨树背后去》，中篇小说集《初夏》《四妹子》《陈忠实小说自选集》，散文集《告别白鸽》，文论集《创作感受谈》等。

2016年4月29日，陈忠实因病在西安去世，享年74岁。

2016年“陈忠实”媒体关注度逐月分布

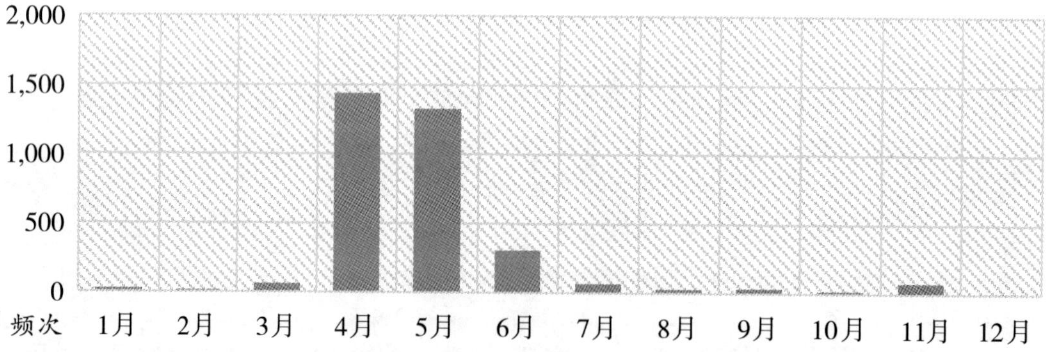

2016年最受媒体关注的“陈忠实”相关新闻

- 4月，著名作家、茅盾文学奖获得者陈忠实，因病在西安西京医院去世，享年74岁。
- 5月，中国著名作家陈忠实追悼会在西安市殡仪馆举行，上千名各界人士前往现场送陈老最后一程。

乔任梁

“好男儿不为人知的抑郁苦楚”

乔任梁（1987年10月15日—2016年9月16日），出生于上海市，中国内地影视演员、流行乐歌手。

2005年，乔任梁参加湖南卫视的金鹰之星“自由我心声”比赛，获全国冠军；2007年，参加东方卫视选秀节目《加油好男儿》，获全国亚军；同年，签约橙天娱乐集团，并发行首支单曲《新的约定》，正式以歌手身份出道；2008年，出演个人首部电影《夜店》，进入影坛。

2016年9月16日晚，乔任梁因抑郁症在上海家中去世，年仅28岁；同年12月10日，同名专辑《乔任梁》出版发行。

2016年“乔任梁”媒体关注度逐月分布

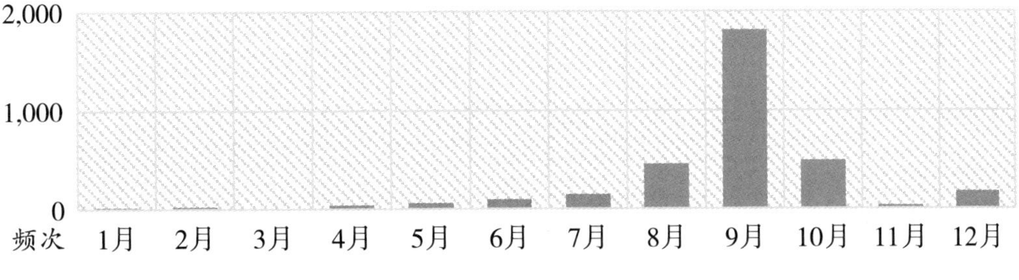

2016年最受媒体关注的“乔任梁”相关新闻

- 8月，《代号》收视颇佳，乔任梁谈情说爱演谍战。
- 9月，“好男儿”乔任梁离世，年仅28岁，传已患严重抑郁症。
- 10月，乔任梁又因流言上热搜，为什么过去42天了还有人在消费死者？

梅葆玖

“梅派艺术的传承者、发扬者”

梅葆玖（1934年3月29日—2016年4月25日），祖籍江苏泰州，出生于上海市，京剧演员，国家一级演员。

梅葆玖是京剧艺术大师梅兰芳的第九个孩子，梅派艺术传人，原北京京剧院梅兰芳京剧团团长，代表作有《霸王别姬》《贵妃醉酒》《穆桂英挂帅》《太真外传》《洛神》《西施》等。

2016年4月25日，京剧大师梅葆玖病逝，享年82岁。

2016年“梅葆玖”媒体关注度逐月分布

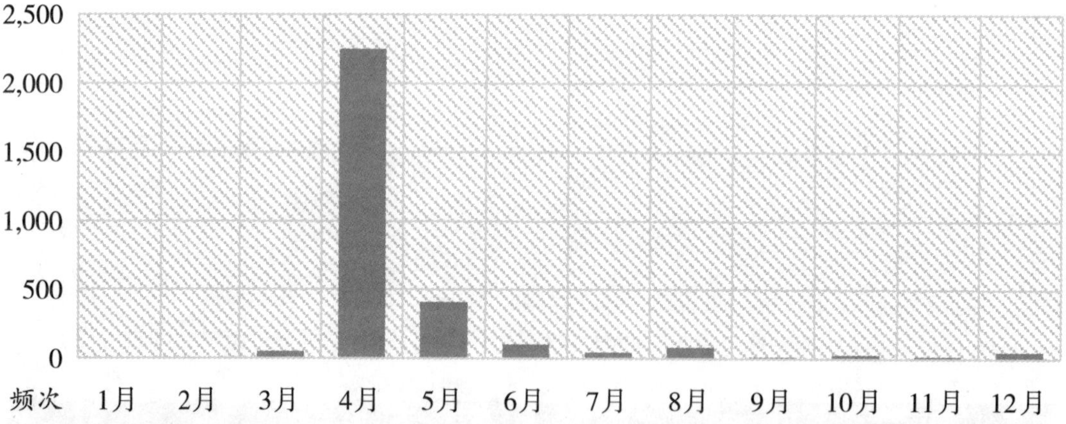

2016年最受媒体关注的“梅葆玖”相关新闻

- 4月，京剧大师梅葆玖去世，享年82岁，世间从此再无“梅先生”。
- 5月，梅葆玖追悼会举行，众多艺术家前来送别。

阎肃

“一身正气、一片丹心的军旅文艺工作者”

阎肃（1930年5月9日—2016年2月12日），原名阎志扬，河北保定人，著名文学家、剧作家、词作家。

歌剧《江姐》是阎肃的成名作， 该剧在1964年公演，引起轰动，阎肃也因此受到毛主席的接见。他还多次参与中央电视台春节联欢晚会、文化部春节晚会、公安部春节晚会等大型晚会的总体设计、策划、撰稿。2016年2月，阎肃当选中央电视台“感动中国2015年度人物”。

2016年2月12日，阎肃因病在北京逝世，享年86岁。

2016年“阎肃”媒体关注度逐月分布

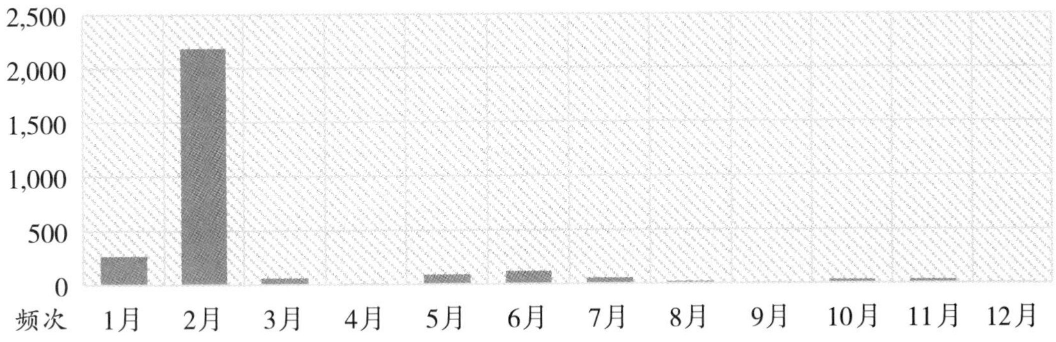

2016年最受媒体关注的“阎肃”相关新闻

- 1月，阎肃先进事迹报告会走进国家京剧院。
- 2月，著名艺术家、空政文工团创作员阎肃同志因病在北京逝世，享年86岁。

申亮亮

“肩负危险、守卫和平的维和英雄”

申亮亮（1987年8月4日—2016年6月1日），河南温县人，生前系中国驻马里共和国维和工兵分队战士。

2016年6月1日，中国驻马里共和国维和部队遭遇恐怖袭击，申亮亮不幸牺牲，年仅29岁。2016年6月9日下午，经过20多个小时的长途飞行，维和烈士申亮亮的遗体从马里运回中国。

吉林省委宣传部、省精神文明建设指导委员会办公室授予申亮亮2016年第二季“吉林好人标兵”荣誉称号。

2016年“申亮亮”媒体关注度逐月分布

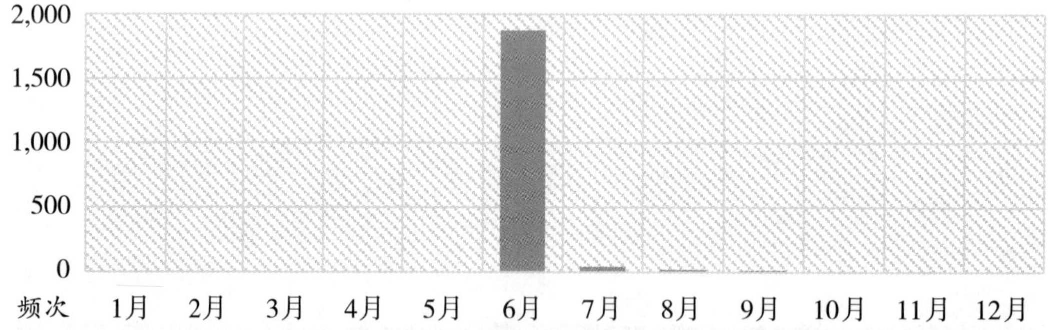

2016年最受媒体关注的“申亮亮”相关新闻

- 6月，申亮亮遗体告别仪式在吉林市举行，社会各界泪别烈士。
- 7月，人们记住了这些来自维和战场的英勇士兵的名字：申亮亮、李磊、杨树朋。

普密蓬

“勤政爱民的国王”

普密蓬·阿杜德（1927年12月5日—2016年10月13日），泰国国王拉玛九世，1946年登基，1950年5月5日加冕，是目前全世界在任时间最长的国家元首。

在位期间，普密蓬国王的足迹遍及泰国各个角落，深受泰国人民爱戴。他生前积极推动泰中关系，曾接待过多位到访泰国的中国领导人。2015年2月15日，《福布斯》排名显示，泰国国王普密蓬·阿杜德是世界上最富有的君王。

2016年10月13日，泰国王室宣布泰国国王普密蓬于下午3时52分驾崩，享年88岁。

2016年“普密蓬”媒体关注度逐月分布

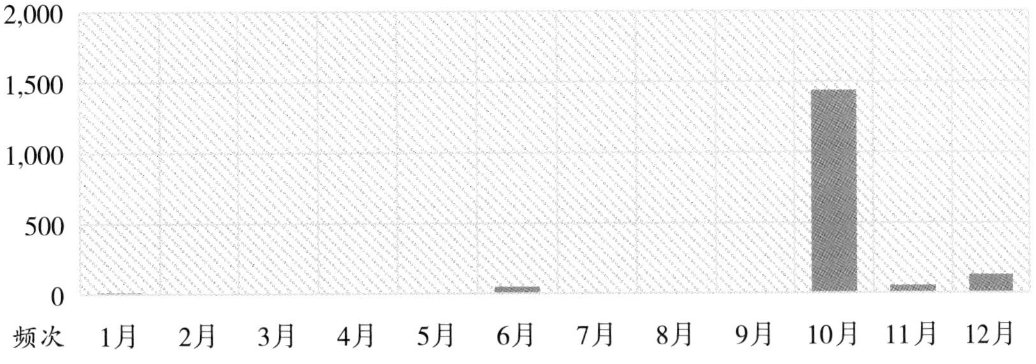

2016年最受媒体关注的“普密蓬”相关新闻

- 10月，泰国国王普密蓬去世。
- 11月，泰国迎来新任国王，后普密蓬时代开启。
- 12月，26岁的泰国王储哇集拉隆功正式继位，成为其父王普密蓬之后的泰国新国王。

葛存壮

“戏中的坏人，生活中的好人”

葛存壮（1929年1月13日—2016年3月4日），出生于河北衡水市，著名表演艺术家。

1949年，葛存壮进入东北电影制片厂，开始了电影演员的生涯。1960年，因在电影《红旗谱》中饰演冯兰池而被人熟识。1997年，出演电影《周恩来伟大的朋友》，获得中国电影金鸡奖最佳男配角奖。2002年，葛存壮出版第一部作品《爱与痛的边缘》，开始以作家身份走进人们的视野。

2016年3月4日，表演艺术家葛存壮因脑梗引发心脏衰竭去世，享年87岁。

2016年“葛存壮”媒体关注度逐月分布

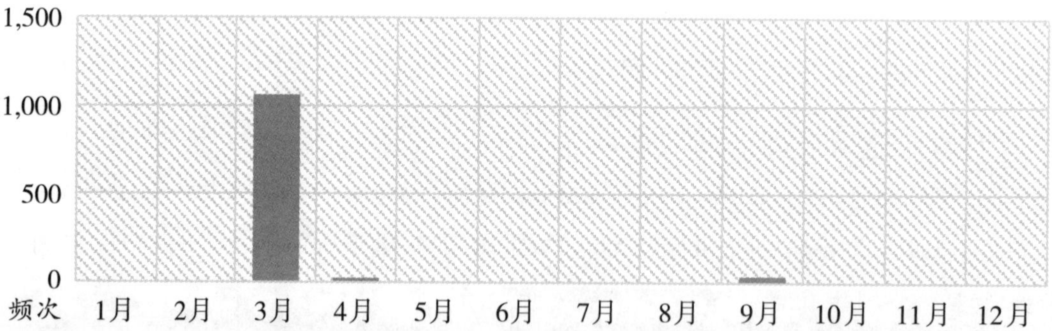

2016年最受媒体关注的“葛存壮”相关新闻

- 3月，著名演员葛存壮因脑梗引发心脏衰竭去世，享年87岁。
- 9月，电影艺术家谢芳、陶玉玲、葛存壮、梁信获得中国电影金鸡奖终身成就奖。

余旭

“蓝天折翼的金孔雀”

余旭，女，1986年出生于四川崇州，中国共产党党员，空军上尉，二级飞行员，曾任空军八一飞行表演队中队长。余旭是中国首批歼击机女飞行员，也是中国第一位歼-10战斗机女飞行员，参加过中华人民共和国国庆60周年阅兵。

2016年11月12日，余旭所在的八一飞行表演队在河北省唐山市玉田县进行飞行训练时发生一等事故，余旭跳伞失败，壮烈牺牲。11月13日，余旭被中部战区空军批准为革命烈士。

2016年“余旭”媒体关注度逐月分布

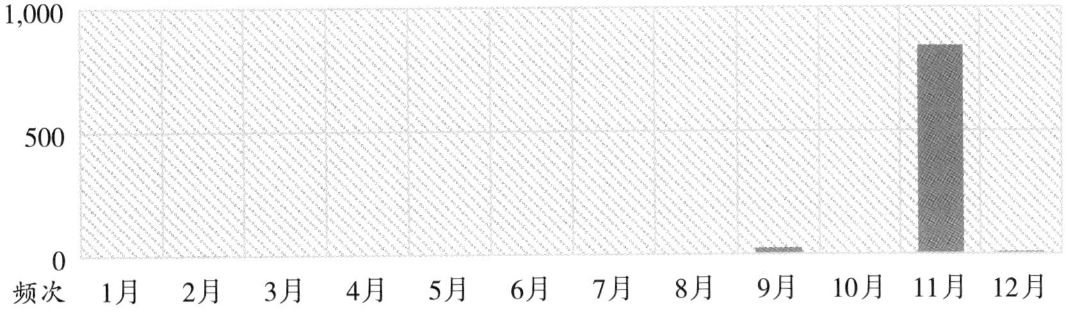

2016年最受媒体关注的“余旭”相关新闻
● 11月，“她年轻得让人心痛”——我国首位歼-10女飞行员余旭牺牲引发亿万网友哀悼。

2016年中国媒体关注度最高的十大女性人物

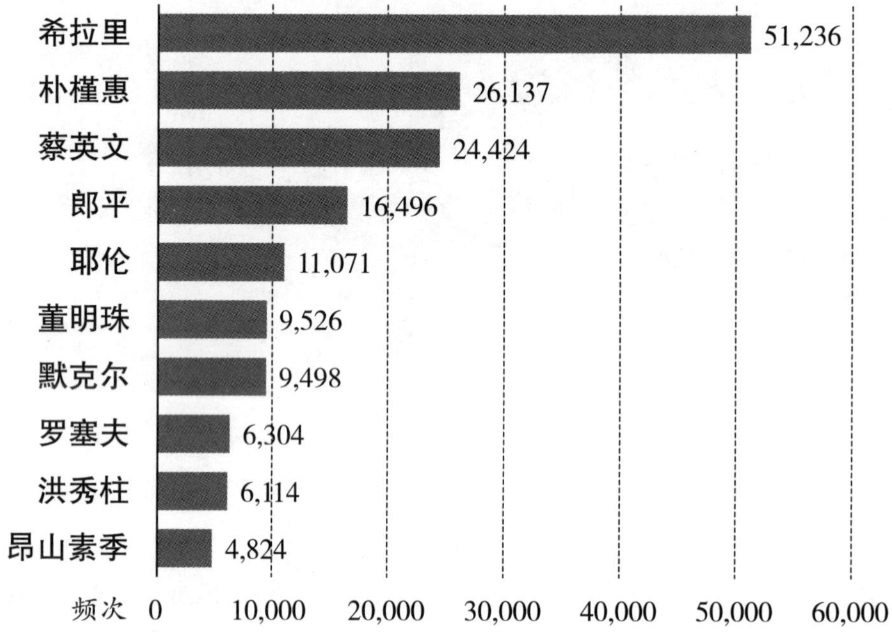

2016年中国媒体关注度最高的十大女性人物是指在2016年的中国媒体上出现次数最多的女性公众人物。

回顾2016，女性人物可谓名副其实地撑起了舆论的“半边天”。位列第1的美国总统候选人希拉里在大选中“意外”败给特朗普，第一位美国女总统的期待化为泡影；位列第2的韩国总统朴瑾惠因“亲信干政”丑闻深陷危机；位列第3的台湾地区新领导人蔡英文的两岸政策令人担忧；位列第5的美联储掌舵人耶伦因特朗普当选陷入职位危机；位列第6的商界“铁娘子”董明珠卸任格力集团董事长，引发了广泛的猜测和讨论；位列第7的德国总理默克尔因“难民危机”受到质疑；位列第8的巴西总统罗塞夫因“渎职罪”遭遇弹劾。几位政商界女领导人“大动作”频频，随之而来的是外界对女性领导力的质疑和忧虑。这个时候，我们更应坚持理性和客观。毕竟，越来越多的女性出现在世界的重要舞台上本身就是一种进步；毕竟，女性那多姿多彩的身影和魅力本身就是一道亮丽的风景；毕竟，像郎平那样坚韧的女性能够带领一个团队创造出世界奇迹；毕竟，像洪秀柱那样坚强的女性力图帮助一个政党寻回光明；毕竟，像昂山素季那样坚守的女性可以带领一个国家走向富强。“郎平”“洪秀柱”“昂山素季”分列榜单第4位、第9位和第10位。

希拉里

“‘铁娘子’意外败给‘大嘴巴’”

希拉里·克林顿，1947年生，美国律师、民主党政治家，第67任国务卿，纽约州前联邦参议员，美国第42任（第52届、第53届）总统比尔·克林顿的妻子。2016年7月28日，希拉里正式获得民主党总统候选人提名。此后，民主、共和两党候选人希拉里·克林顿和唐纳德·特朗普频频“互相伤害”，言语交锋激烈。从班加西事件到“电邮门”，再到克林顿基金会丑闻，希拉里一路走来，负面新闻缠身，诚信度不断下降。2016年11月9日，美国总统选举结果揭晓，最终希拉里败下阵来，无缘美国第45任总统。

2016年“希拉里”媒体关注度逐月分布

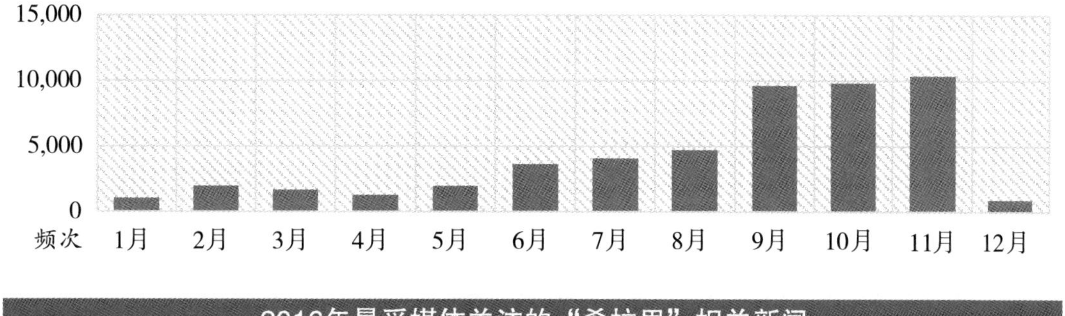

2016年最受媒体关注的“希拉里”相关新闻

- 9月，希拉里与特朗普首次同台较量，62%的观众认为希拉里赢了首场辩论。
- 10月，两位总统候选人特朗普和希拉里互揭“黑料”，从希拉里的“邮件门”“健康门”到特朗普的“录音门”“避税门”，美国民众的困惑与无奈与日俱增。
- 11月，美国总统选举结果揭晓，最终希拉里败下阵来，无缘美国第45任总统。

朴槿惠

“韩国最不得人心总统”

朴槿惠，1952年生，韩国前总统朴正熙的长女，政治家，韩国第18任总统。她是韩国历史上首位女总统，也是东亚第一位民选的女总统。2016年10月，韩媒曝光朴槿惠闺蜜崔顺实干政丑闻。2016年12月9日，因“闺蜜干政事件”，韩国国会针对总统朴槿惠的弹劾动议案投票表决，总统朴槿惠被停止执行职务。韩国民众多次在首尔举行大规模集会示威，要求被停职总统朴槿惠立即下台。

2016年“朴槿惠”媒体关注度逐月分布

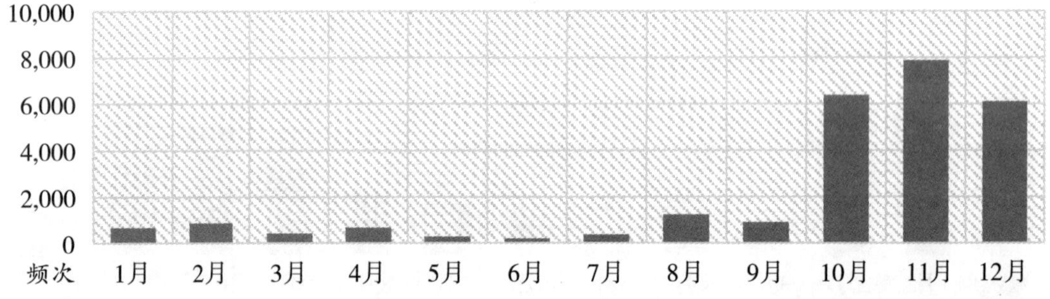

2016年最受媒体关注的“朴槿惠”相关新闻

- 10月，韩媒曝光朴槿惠闺蜜干政丑闻，民众愤怒，直呼弹劾。
- 11月，朴槿惠支持率仅4%，成“韩国最不得人心总统”；韩国民众举行大规模集会，要求朴槿惠下台。
- 12月，韩国国会表决通过总统弹劾案，朴槿惠将被暂停总统职务。

蔡英文

“妄称‘总统’的隐性‘台独’分子”

蔡英文，1956年生，中国台湾屏东县人。2016年5月20日，蔡英文正式就任台湾地区领导人，成为台湾地区首位女性领导人。新任领导人蔡英文在“就职演说”中未提“九二共识”，只是称尊重1992年会谈“这个历史事实”。蔡英文自上任以来，在两岸关系问题上发表了不少言论，如不承认自己是中国人、声称“两国论现在不说，但仍是事实”。她的言行日渐清晰地勾勒出她搞分裂的面目。蔡英文上台以来，台湾民众游行示威不断。

2016年“蔡英文”媒体关注度逐月分布

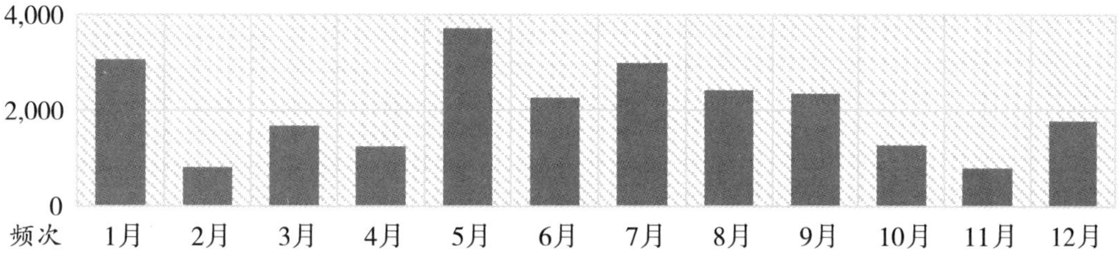

2016年最受媒体关注的“蔡英文”相关新闻

- 1月，台湾“大选”刚刚落幕，有“台独”倾向的民进党候选人蔡英文当选台湾地区领导人。
- 5月，新任领导人蔡英文在“5·20就职演说”中未提“九二共识”。
- 7月，蔡英文被指面对南海问题表现懦弱，遭讽美国“儿皇帝”。

郎平

“有一种奇迹叫‘郎平’”

郎平，1960年12月10日出生于中国天津市，满族，前中国女排运动员，现任中国女排主教练。

2016年8月21日，郎平以主教练的身份带领中国女排获得里约奥运会冠军。在小组赛输给荷兰、塞尔维亚和美国队的逆境之中，中国女排在郎平的率领下顽强拼搏，在淘汰赛中击败两届卫冕冠军巴西队、欧洲新贵荷兰队，最终战胜世界杯亚军塞尔维亚队，昂首登上最高领奖台。因排球而生，为荣誉而战，一把“铁榔头”，一个大传奇！

2016年“郎平”媒体关注度逐月分布

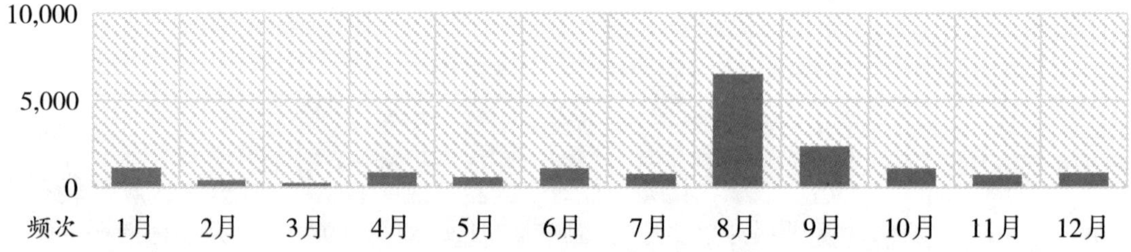

2016年最受媒体关注的“郎平”相关新闻

- 8月，2016年里约奥运会女排比赛在马拉卡纳奇诺体育馆落下帷幕，由郎平挂帅的中国女排激战四局，以3比1翻盘塞尔维亚队，时隔12年第三次斩获奥运会冠军。
- 9月30日，郎平卸任，是否续约尚无明确答案。

耶伦

“引领加息‘大合唱’”

珍妮特·耶伦，1946年8月3日出生于美国纽约州布鲁克林，美国著名学府加州大学伯克利分校经济学及商学院教授，现任美国联邦储备委员会主席，是美联储百年历史上第一位女性掌门人。

2016年年初，由于金融市场出现大幅震荡、海外经济形势不稳、美国劳动力市场报告变糟、英国退欧、美国总统大选等因素，美联储决定延迟加息。美联储历次加息都给市场带来震荡，而耶伦的一言一行更是随时都有可能引发全球经济的变化。

2016年“耶伦”媒体关注度逐月分布

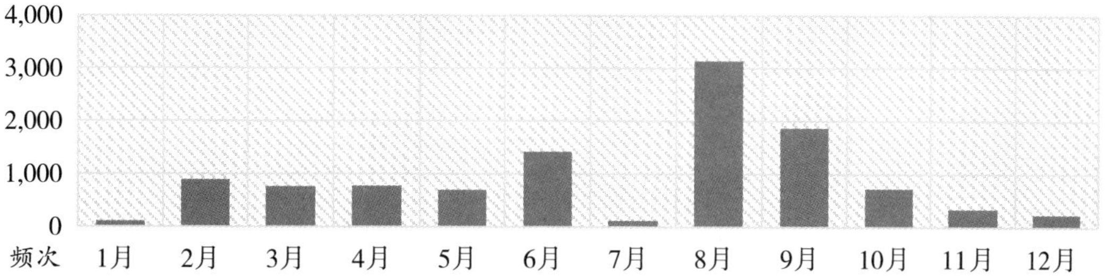

2016年最受媒体关注的“耶伦”相关新闻

- 6月，美联储主席耶伦表示，英国脱欧会造成严重的经济后果，而美国经济面对极大的不确定性，谨慎加息的态度是正确的。
- 8月，美联储主席耶伦26日在全球央行年会上表示，未来数月可能加息，这令国际金价再次承压下行，当周跌幅约1.6%。
- 9月，特朗普声称，“美联储及耶伦正在从事政治活动”，认为美联储正利用政治影响其利率政策。

董明珠

“商界‘铁娘子’卸任董事长”

董明珠，1954年8月出生于江苏南京，企业家，先后毕业于安徽芜湖干部教育学院统计学专业、中南财经政法大学EMBA、中国社会科学院经济学系研究生班、中欧国际工商学院EMBA。

2016年10月18日，董明珠卸任珠海格力集团有限公司董事长、董事、法定代表人职务，继续担任珠海格力电器股份有限公司董事长、总裁。

2016年“董明珠”媒体关注度逐月分布

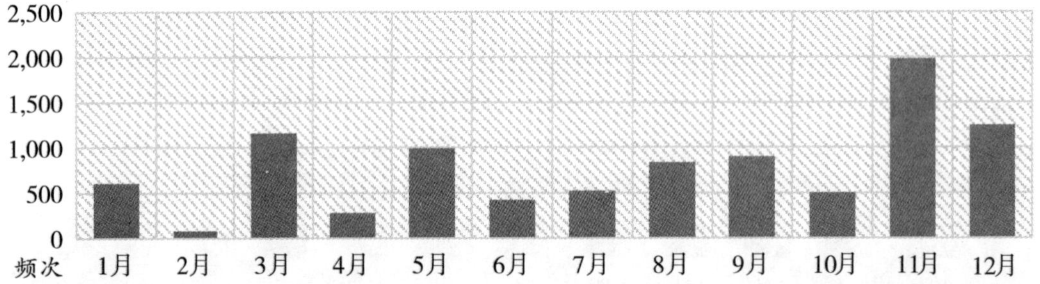

2016年最受媒体关注的“董明珠”相关新闻

- 3月，“不是冤家不聚首”，今年两会，董明珠、雷军又坐一起了。
- 11月，董明珠卸任格力集团董事长，格力电器控制权争夺趋于激烈；董明珠面对现场参加股东大会的中小股东“发飙”：“格力没有亏待你们。”
- 12月，大连万达集团、中集集团、董明珠个人、北京燕赵汇金国际投资公司、江苏京东邦能投资管理有限公司等5家企业和个人与珠海银隆签署增资协议，共同增资30亿，获得珠海银隆22.388%的股权。

默克尔

“‘欧洲的良心’遭遇难民危机”

安格拉·多罗特娅·默克尔，德国政治家，现任德国总理、基督教民主联盟主席。默克尔对席卷欧洲大陆的难民危机的处理使人们称呼她为“欧洲的良心”。

2016年跨年夜当晚，德国西部城市科隆发生大规模抢劫和性侵案件。1月8日，德国内政部表示，德国警方已确定31名与科隆跨年夜抢劫、性侵案有关的嫌疑人，其中大部分人是避难申请者。与此同时，一向在难民问题上持高姿态的德国总理默克尔也发出悲鸣，承认欧洲在难民问题上失去了控制力。

2016年“默克尔”媒体关注度逐月分布

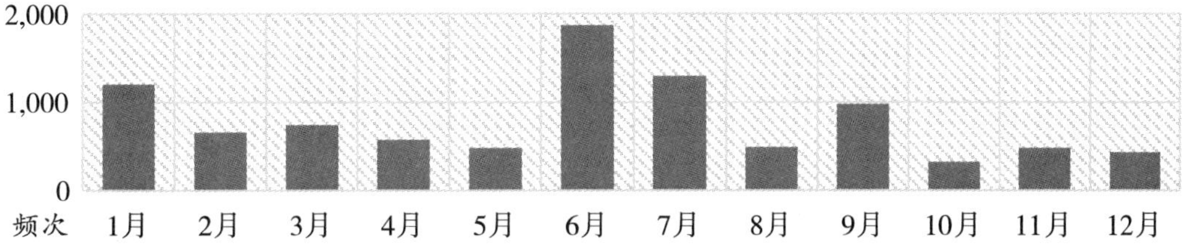

2016年最受媒体关注的“默克尔”相关新闻

- 1月，在科隆跨年夜抢劫与性侵案线索不断涌现之后，默克尔政府在重压之下终于松口，称将实施更严格的难民遣返政策。
- 6月，默克尔开启任内的第九次访华之旅。
- 7月，德国接连发生的严重暴力事件将默克尔政府的“门户开放”政策再度推到了风口浪尖。

罗塞夫

“巴西‘铁娘子’惨遭弹劾”

迪尔玛·罗塞夫，巴西政治家、经济学家，巴西前总统。2011年1月1日，迪尔玛·罗塞夫成为巴西历史上首位女总统，2015年1月1日，蝉联巴西总统。2016年8月31日，巴西参议院最终表决通过总统弹劾案，罗塞夫总统被罢免职务，副总统米歇尔·特梅尔接任总统直至2018年。

2016年“罗塞夫”媒体关注度逐月分布

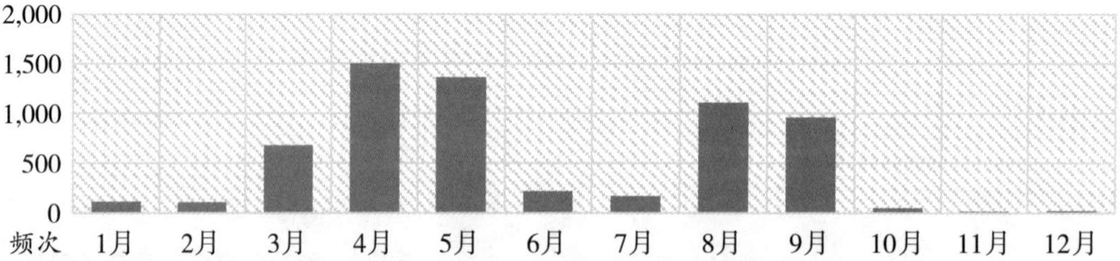

2016年最受媒体关注的“罗塞夫”相关新闻

- 4月，巴西众议院投票表决，通过了对总统罗塞夫的弹劾案。
- 5月，在经过长达21个小时的投票后，巴西参议院5月12日凌晨通过了针对总统罗塞夫的弹劾案。罗塞夫将被强制离职最长达180天，副总统特梅尔将出任代总统。
- 8月，巴西参议院最终表决通过总统弹劾案，罗塞夫总统被罢免职务，代总统特梅尔转为总统。
- 9月，罗塞夫上诉巴西最高法院，要求终止参议院罢免决定。

洪秀柱

“‘习洪会’为两岸关系注入新动力”

洪秀柱，1948年4月8日出生于中国台湾台北县（今新北市），祖籍浙江省余姚市，中国国民党籍政治家。

2016年3月26日，洪秀柱当选第13任中国国民党主席，亦是中国国民党首位女主席，任期至2017年8月。

2016年11月1日，习近平、洪秀柱在北京举行“习洪会”。洪秀柱表示，国共两党应继续在“九二共识”、反对“台独”的基础上，加强沟通机制，推动扩大两岸经贸和民间交流往来，促进两岸青年交流，发扬灿烂的中华文化，支持大陆台商发展，积极推动两岸和平制度化，共同维护两岸关系和平发展，增进同胞福祉，开创中华民族复兴的光明前景。

2016年“洪秀柱”媒体关注度逐月分布

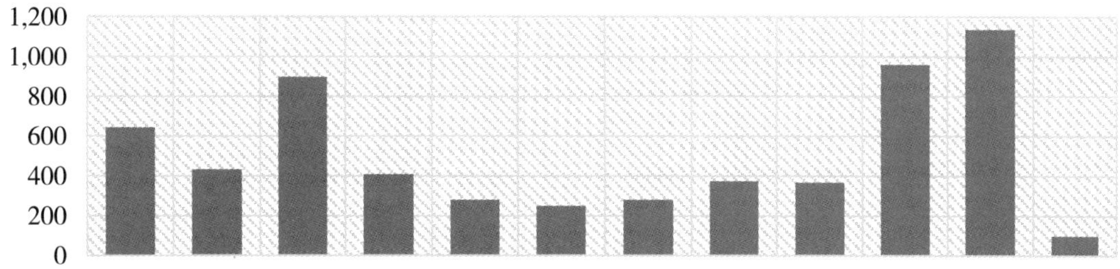

2016年最受媒体关注的“洪秀柱”相关新闻

- 3月，洪秀柱当选第13任中国国民党主席，亦是中国国民党首位女主席。
- 10月，国民党资产被冻，发不出薪水的洪秀柱欲卖房发薪。
- 11月，洪秀柱首次以中国国民党主席的身份与中共中央总书记习近平会面。

昂山素季

“‘民主偶像’华丽变身为‘国家顾问’”

昂山素季出生于缅甸仰光，是缅甸提倡非暴力民主的政治家，1991年获得诺贝尔和平奖。

1988年，昂山素季组建缅甸全国民主联盟，成为缅甸最大的反对党。1989年至2010年，她先后三次被缅甸军政府软禁，在此期间仅获短暂释放。2013年，昂山素季宣布竞选缅甸总统。2015年11月8日，她领导缅甸全国民主联盟在缅甸大选中取得压倒性胜利，开启了缅甸新的历史。

2016年3月30日，缅甸举行新政府宣誓就职仪式及总统权力交接仪式。在正式公布的新政府部长名单中，全国民主联盟主席昂山素季同时担任4个部门的部长职务。2016年4月6日，缅甸国家顾问法生效，昂山素季被委任为国家顾问。

2016年“昂山素季”媒体关注度逐月分布

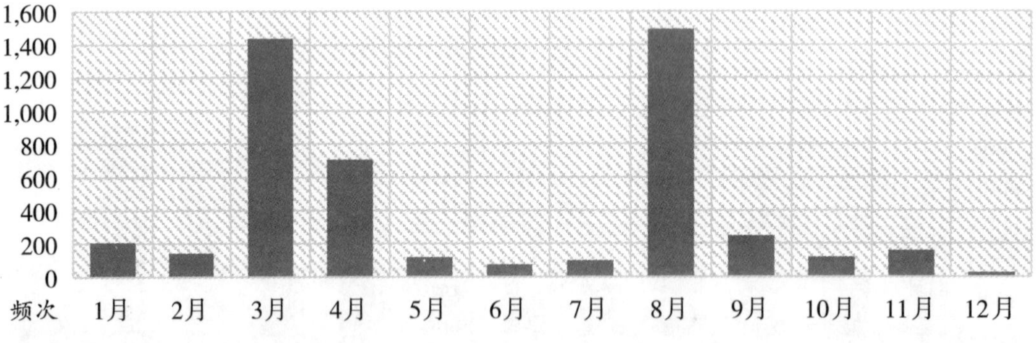

2016年最受媒体关注的“昂山素季”相关新闻

- 3月，备受瞩目的缅甸政治领袖昂山素季在新政府中出任4个部长级职位。
- 4月，中国外交部长王毅5日在内比都与缅甸外长昂山素季举行会谈。
- 8月，习近平会见缅甸国务资政昂山素季。

2016年中国媒体关注度最高的十大国际人物

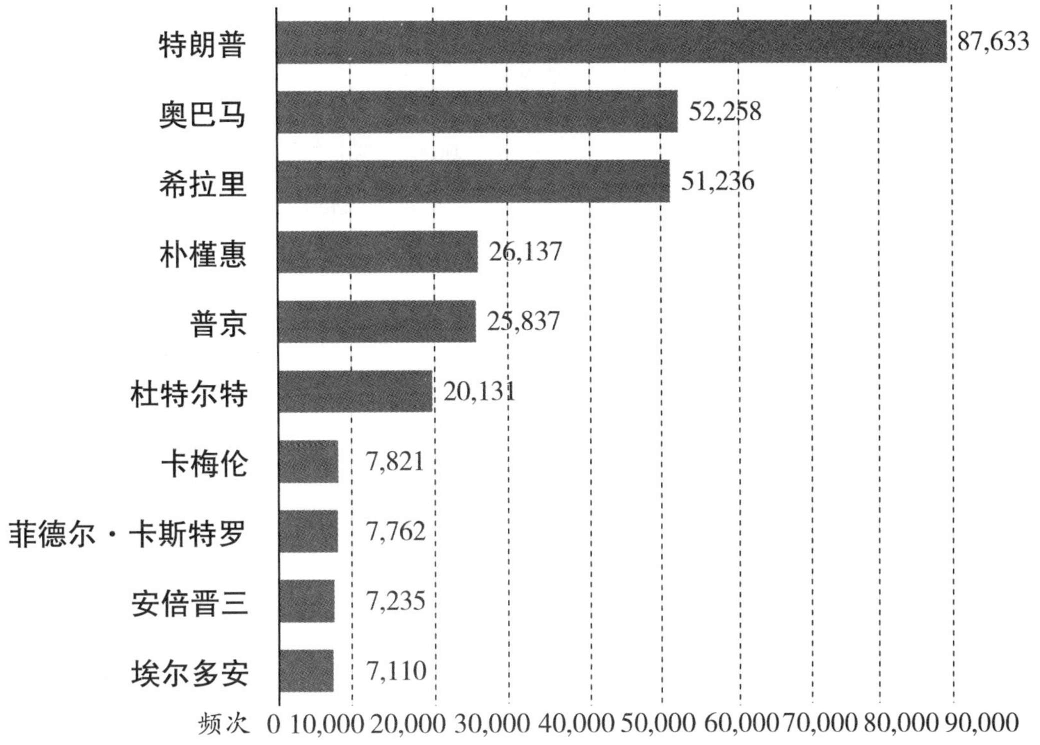

2016年中国媒体关注度最高的十大国际人物是指在2016年的中国媒体上出现次数最多的各国政界知名人物。

榜单前三名中，美国大选的主角就占了两个，分别是“商人总统”特朗普和“铁娘子”希拉里。零从政经验的地产大亨特朗普当选总统，被美国媒体认为是对奥巴马执政8年的否定，而前国务卿希拉里虽有总统奥巴马的支持却依旧败北。

国际舞台上不时会有诸如特朗普等新面孔出现，自然也会有老面孔离开。美国总统奥巴马即将卸任，结束8年的总统生涯；韩国总统朴槿惠因亲信干政事件下台；英国首相卡梅伦因英国“脱欧”辞职卸任。当然，还有我们熟悉的老朋友菲德尔·卡斯特罗的离世，伟人虽已离去，但其理想不朽。

作为我国邻邦，俄国和日本热度不减。俄罗斯总统普京和日本首相安倍晋三分别位于榜单第5位和第9位。另外，当选菲律宾总统的杜特尔特排在榜单第6位，土耳其总统埃尔多安位列榜单第10位。

奥巴马

“非洲裔总统的谢幕”

贝拉克 · 侯赛因 · 奥巴马，1961年生，美国民主党籍政治家，第44任美国总统，美国历史上第一位非洲裔总统。

2008年11月4日，奥巴马当选美国总统，并于2012年的美国总统选举中成功连任。2017年1月20日，奥巴马正式卸任，结束了8年美国总统生涯。

奥巴马执政8年，美国经济恢复，就业增长，出台医疗改革法案，发展可再生能源，应对气候变化的举措取得实质性进展，谋杀犯罪率同历史相比处于低位。但美国媒体认为，美国大选中特朗普当选意味着对奥巴马执政8年的否定。

2016年“奥巴马”媒体关注度逐月分布

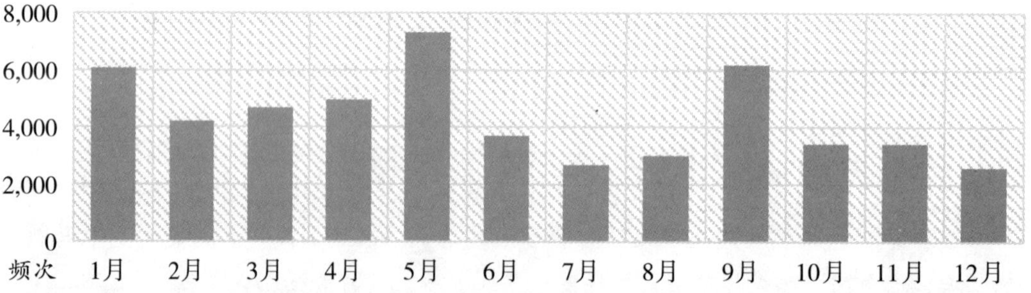

2016年最受媒体关注的“奥巴马”相关新闻

- 1月，奥巴马动用总统行政令颁布一系列新的控枪措施，被指绕过国会有越权嫌疑。
- 5月，奥巴马访问日本广岛，呼吁世界无核化。
- 9月，遭菲律宾总统杜特尔特辱骂后，奥巴马取消原定与杜特尔特在东盟峰会期间的会晤。

普京

"俄罗斯第一铁血硬汉"

弗拉基米尔·弗拉基米罗维奇·普京，1952年生，俄罗斯第2、4任总统，曾担任俄罗斯总理、统一俄罗斯党主席、俄白联盟部长会议主席。

2000年3月27日，普京当选俄罗斯联邦第三届总统，并于2004年3月连任总统。2012年3月5日，普京"三任"俄罗斯总统。

普京任总统期间，提升了苏联解体后的俄罗斯的国际地位，在对内对外政策方面偏强硬，被认为是一位"铁腕总统"。

2016年"普京"媒体关注度逐月分布

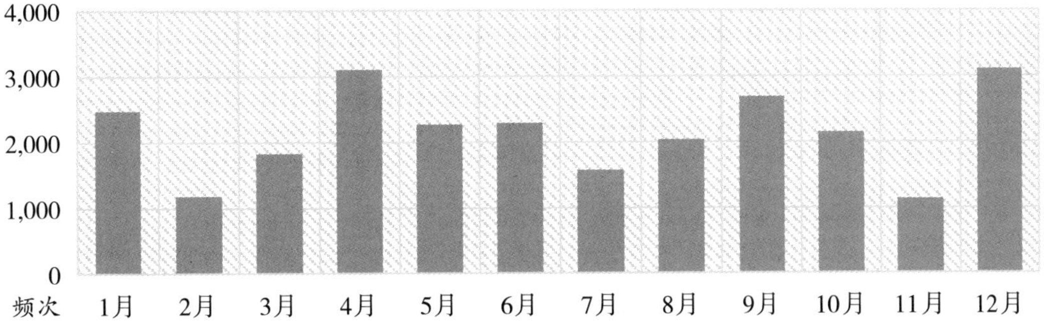

2016年最受媒体关注的"普京"相关新闻

- 1月，普京视察俄柔道国家队，与女队员过招被摞倒。
- 4月，普京宣布俄建立国家近卫军，执行打击恐怖主义等特种任务。
- 9月，普京表示支持中国不承认南海仲裁案及其裁决结果的立场。
- 12月，普京时隔11年再次访日，安倍提出的对俄关系"新思路"难以化解领土难题。

杜特尔特

“菲律宾版特朗普”

罗德里戈·杜特尔特，1945年生，菲律宾第16任总统。

杜特尔特曾任菲律宾达沃市市长25年。在其铁腕治理下，曾充斥着枪杀、绑架、勒索和走私的达沃市治安明显改善，成为以安全著称的菲律宾城市。

2016年5月，杜特尔特当选菲律宾总统后，对国内毒品犯罪打响全面战役，但因其“非法处决”的方式和“杀戮行径”，受到联合国谴责。

2016年“杜特尔特”媒体关注度逐月分布

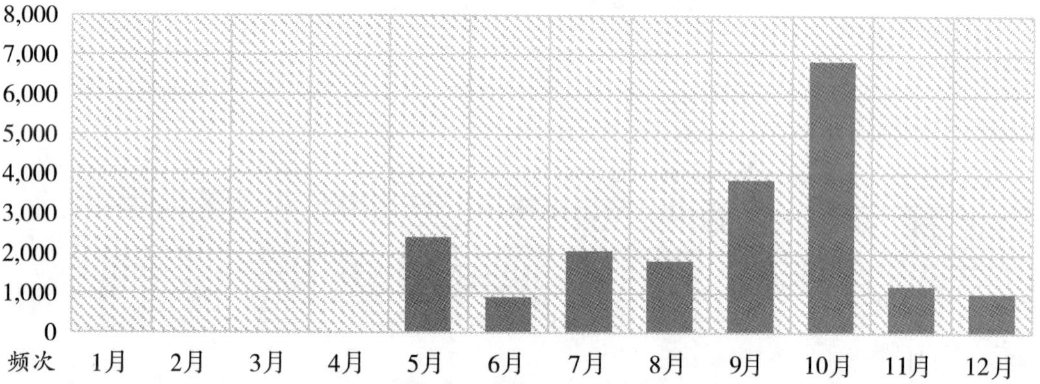

2016年最受媒体关注的“杜特尔特”相关新闻

- 5月，杜特尔特赢得总统大选，当选菲律宾总统。
- 9月，杜特尔特对驻菲美军下逐客令，美菲关系面临考验。
- 10月，杜特尔特访问中国，宣布与美国分道扬镳。

卡梅伦

“因脱欧公投下台的英国前首相”

戴维·威廉·唐纳德·卡梅伦，1966年生，英国首相。

2010年5月11日，卡梅伦成为英国第53任首相，是英国自1812年罗伯特·班克斯·詹金逊以来最年轻的首相，并于2015年5月8日英国大选中成功连任。

2016年6月24日，英国通过民主投票宣布脱离欧盟后，卡梅伦于7月13日正式卸任英国首相。9月12日，卡梅伦宣布辞去英国议会下议院议员职务，彻底退出英国政坛。

2016年“卡梅伦”媒体关注度逐月分布

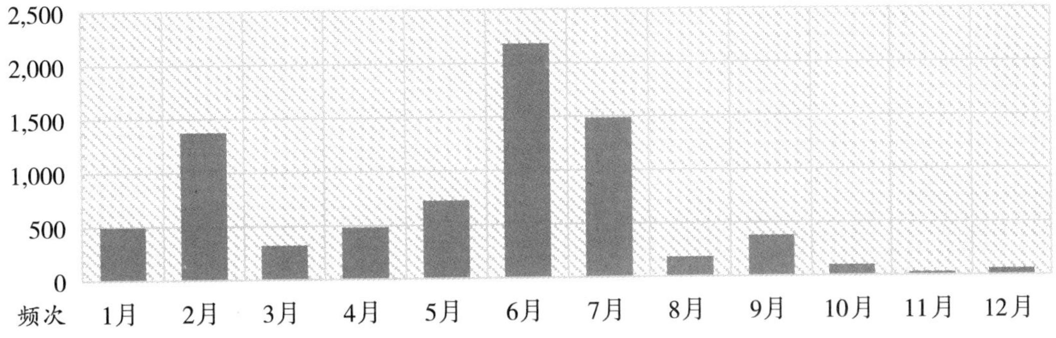

2016年最受媒体关注的“卡梅伦”相关新闻

- 2月，卡梅伦宣布英国将于6月23日举行“脱欧公投”。
- 6月，英国全民公投决定脱欧，首相卡梅伦称将辞职。
- 7月，卡梅伦辞职，特里莎·梅成英国第二位女首相。

安倍晋三

“坚持日美同盟的亲美派”

安倍晋三，1954年生，日本政治家，现任日本内阁总理大臣、自由民主党总裁。

2012年12月26日，安倍晋三出任内阁总理，并于2014年12月24日成功连任日本第97任首相。

2016年8月21日，在里约奥运会闭幕式上的东京8分钟，安倍晋三以超级马里奥的造型亮相。11月17日，安倍晋三与美国候任总统特朗普于美国纽约举行会谈，成为美国2016年总统大选后首位与特朗普会晤的主要国家首脑，受到国际社会的关注。

2016年“安倍晋三”媒体关注度逐月分布

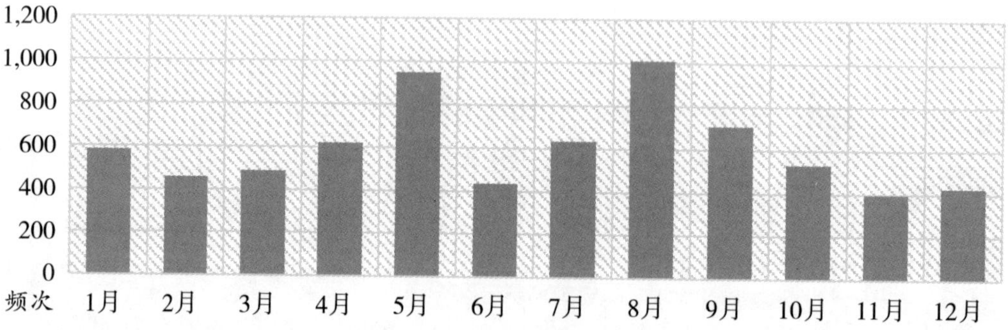

2016年最受媒体关注的“安倍晋三”相关新闻

- 5月，安倍晋三称，多数七国集团(G7)领导人认为有必要采取财政刺激措施。
- 8月，里约奥运会闭幕式上东京8分钟，安倍晋三化身马里奥亮相。
- 9月，习近平会见日本首相安倍晋三。

埃尔多安

“新时代的苏丹”

雷杰普·塔伊普·埃尔多安，1954年生，土耳其现代史上第12位总统，正义与发展党主席，土耳其第59、60届总理。

2014年8月，埃尔多安当选土耳其总统。土耳其在他的带领下，人均收入翻了3倍，对内镇压库尔德起义，对外激烈反对以色列，并谋求成为伊斯兰世界的领导者。

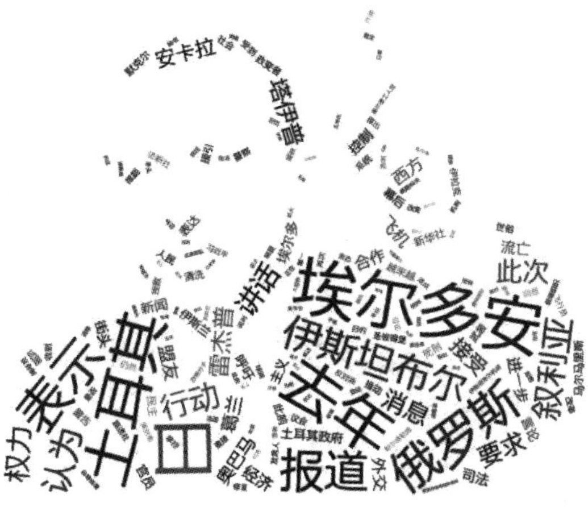

2016年“埃尔多安”媒体关注度逐月分布

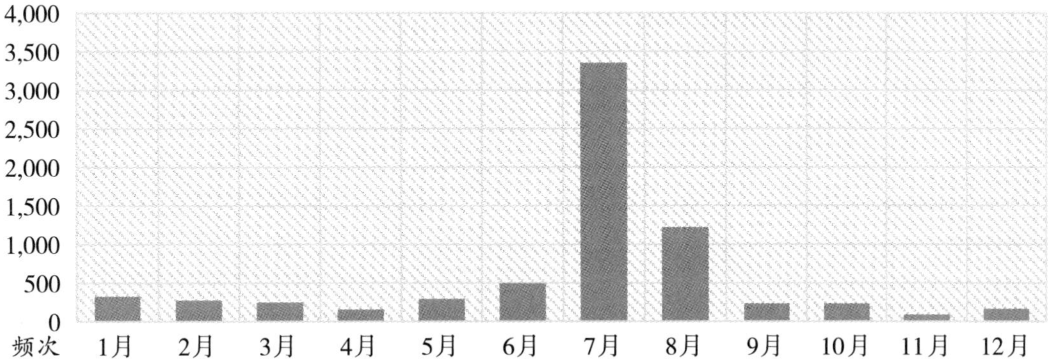

2016年最受媒体关注的“埃尔多安”相关新闻

- 6月，埃尔多安就去年土耳其击落俄军战机向普京致歉。
- 7月，埃尔多安发誓将“肃清”军队内部的政变者，让政变策划者付出“巨大代价”。
- 8月，埃尔多安的专机在政变期间差点被击落。

2016年中国媒体关注度最高的十大经济人物

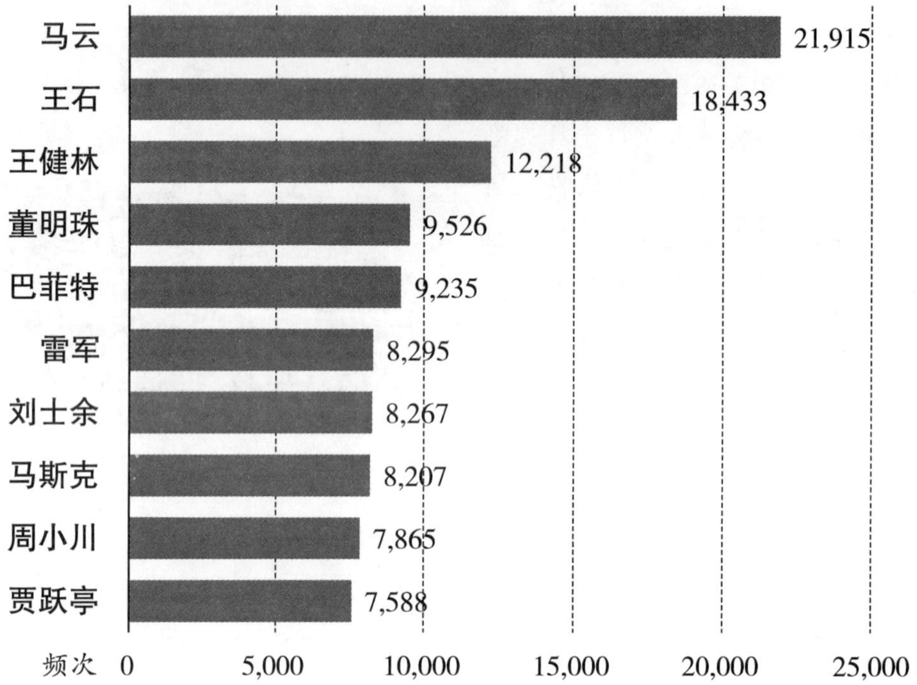

2016年中国媒体关注度最高的十大经济人物是指在2016年的中国媒体上出现次数最多的企业家、投资家、经济学家以及财经官员等经济领域的知名人物。

排名榜单前三位的分别是马云、王石、王健林。2016年马云的一句“我对钱不感兴趣”，王健林的小目标“先挣它一个亿”，让网友直呼“有钱就是任性”。王石深陷万科股权之争，说自己是“最有资格焦虑的人”。与马云同属互联网领域的还有排名第6位的小米之父雷军、第10位的乐视首席执行官贾跃亭。2016年，“小米帝国”悄然成形，而“乐视帝国”风雨飘摇。来自实业界的还有排名第4位的“商业铁娘子”董明珠和第8位的“科技疯子”马斯克。董明珠卸任格力董事长，马斯克则畅想“超级高铁”并进行动力测试。来自金融投资领域的“股神”巴菲特占据榜单第5位，2016年巴菲特在股东大会上的直播引得全球1,700万人关注。此外，两位中国财经官员也榜上有名，他们分别是榜单第7位的证监会“新管家”刘士余和第9位的央行行长周小川。

马云

“有生以来最大的错误就是创建阿里巴巴”

马云，1964年9月10日出生于浙江省杭州市，阿里巴巴集团主要创始人，现担任阿里巴巴集团董事局主席。

2016年6月，马云在第20届圣彼得堡国际经济论坛上说：“我有生以来最大的错误就是创建阿里巴巴。我没料到这会改变我的一生，我本来只是想成立一家小公司，然而它却变成了这么大的企业。”尽管如此，马云依然有一个梦想，那就是搭建“支持全球企业的电子走廊”。

2016年“马云”媒体关注度逐月分布

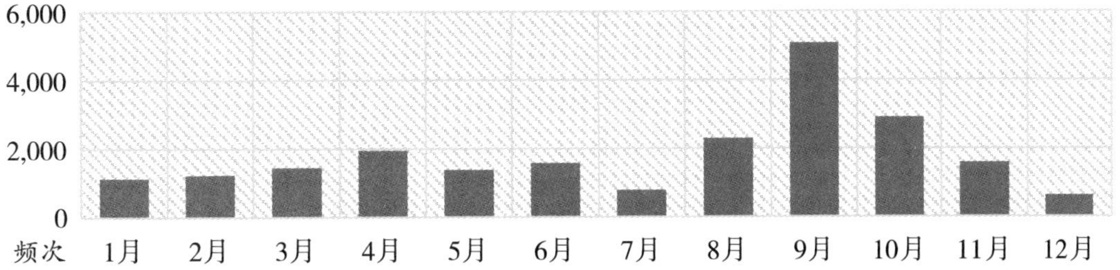

2016年最受媒体关注的“马云”相关新闻

- 8月，《福布斯》公布的全球科技富豪榜中，中国阿里巴巴集团创始人马云以258亿美元的总资产排名第8位。
- 9月，阿里巴巴董事局主席马云出席二十国集团工商峰会(B20)，希望通过建立eWTP，即Electronic World Trade Platform（世界电子商务贸易平台），让80%的中小企业受益。
- 10月，2016年福布斯中国富豪榜公布，马云以282亿美元财富排名第2位。

王石

“我是最有资格焦虑的人”

王石，1951年1月生，祖籍安徽金寨，生于广西柳州，兰州交通大学（原兰州铁道学院）给排水工程专业毕业，万科企业股份有限公司创始人，现任集团董事会主席。

“即将过去的2016年，企业家和创业者都处在不确定的焦虑之中，当然我是最有资格焦虑的人，但你们看我的样子像一个焦虑者吗？”2016年12月18日，王石在一个论坛上向台下听众发问。始于2015年的万科股权之争已经持续了一年半之久，由宝能系发动的控制权之战，最终演化为国有股东华润、地方国资深圳地铁、恒大系、万科管理层等利益相关方的博弈。作为万科领头人的王石深陷旋涡，面临的压力毋庸多言。

2016年“王石”媒体关注度逐月分布

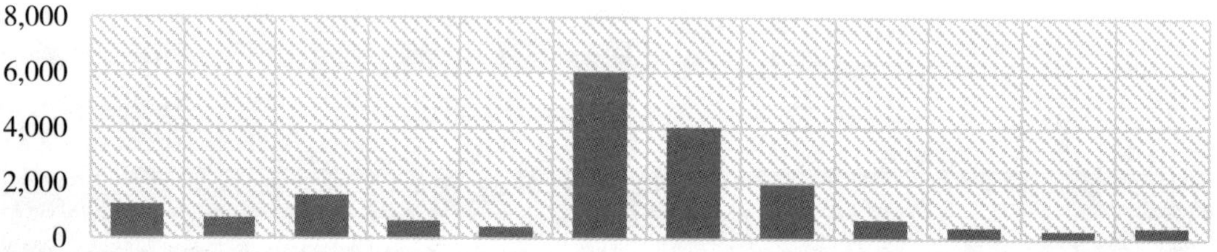

2016年最受媒体关注的“王石”相关新闻

- 6月，宝能认为，王石于2011年至2014年担任董事期间，前往美国、英国游学，长期脱离岗位，却取得现金报酬5,000余万元，没有履行作为董事应尽的责任和义务，不适合继续担任公司董事职务。
- 7月，万科董事长王石独自拜访华润集团总部。

王健林

“定一个小目标，先挣它一个亿”

王健林，1954年10月24日出生于四川省广元市，现任大连万达集团股份有限公司董事长。

2016年10月27日，2016年福布斯中国富豪榜公布，王健林以330亿美元的身家蝉联富豪榜第一。

王健林2016年8月做客《鲁豫有约》时语出惊人，谈及对创业者的建议时他表示，“想做世界首富，这个奋斗的方向是对的。但是最好先定一个能达到的小目标，比如先挣它一个亿”。网友纷纷表示被这个小目标惊到了。

2016年“王健林”媒体关注度逐月分布

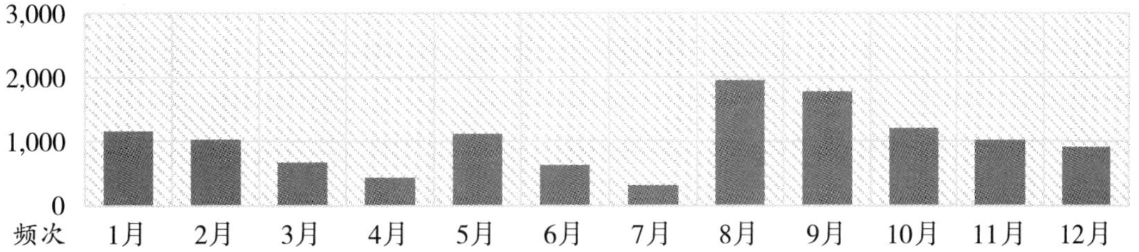

2016年最受媒体关注的“王健林”相关新闻

- 8月，王健林在《鲁豫有约》中，说了一句“先定一个能达到的小目标，比如先挣它一个亿”，深深戳痛了许多网友那颗容易受伤的心。
- 9月，胡润发布的2016年胡润全球富豪榜中，王健林家族以1,700亿财富超过李河君重回中国首富的宝座，并且超过李嘉诚，首次成为华人首富，全球排名第21位，比去年上升12位。
- 10月，2016年福布斯中国富豪榜公布，王健林以330亿美元的身家蝉联富豪榜第一。

巴菲特

“千万人朝拜的‘股神’”

沃伦·巴菲特，1930年生，全球著名投资商，生于美国内布拉斯加州的奥马哈市，从事股票、电子现货、基金行业。2016年12月13日，巴菲特个人财富创历史新高，超过750亿美元，比上年增长150亿美元。2016年，巴菲特在雅虎上通过视频直播伯克希尔股东大会，时间长达5个小时。现场来了4.4万人，观看网络视频直播的人数超过1,700万人，又一次成为地球上参加人数最多的股东大会。

2016年“巴菲特”媒体关注度逐月分布

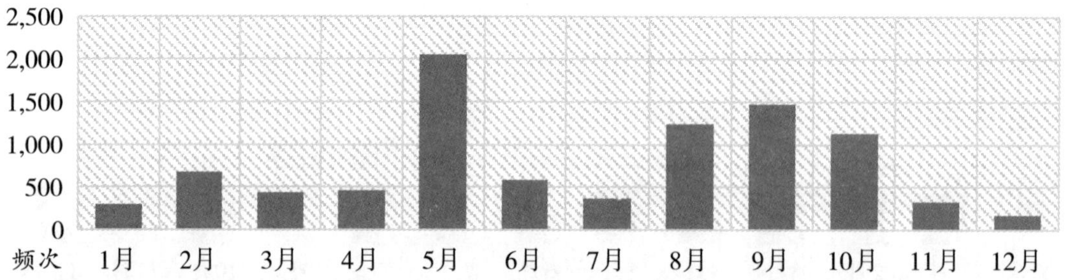

2016年最受媒体关注的“巴菲特”相关新闻

- 5月，2016年巴菲特股东大会在美国内布拉斯加州奥马哈举行。
- 8月，美国投资商巴菲特指责共和党总统候选人亿万富翁唐纳德·特朗普不敢公开个人税务报告。
- 9月，彭博全球50大最具影响力人物排行榜公布，巴菲特排第9位。

雷军

“‘小米帝国’悄然成形”

雷军，1969年12月出生于湖北仙桃，现任小米科技董事长兼CEO，同时兼任金山、YY、猎豹移动等三家上市公司董事长，是中国著名天使投资人。

2016年就小米每月不断推出的新产品而言，雷军带领下的小米确实战绩颇丰。目前的小米已经实现“雷布斯”的目标：“小米是最后一次创业，要做一个百亿美金的公司，拥有上亿级的用户。”

2016年“雷军”媒体关注度逐月分布

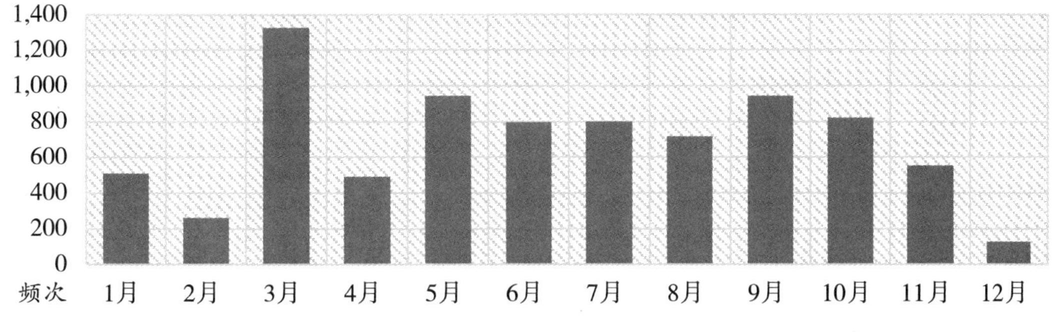

2016年最受媒体关注的“雷军”相关新闻

- 3月，雷军第四次作为全国人大代表在两会上建议修订《公司法》。
- 5月，雷军独自完成了小米史上第一场纯直播：发布小米首款无人机。
- 9月，雷军金融帝国再扩张：小米股权投资平台米筹金服即将上线。

刘士余

“新管家‘临危受命’”

刘士余，1961年11月出生，江苏灌云人，中共党员，清华大学水利工程系水利水电工程专业学士，清华大学经济管理学院管理科学与工程专业硕士、技术经济学博士，研究员。

2016年2月20日，刘士余接替肖钢担任中国证监会主席一职。在上任之初，刘士余就提出了“三个监管”，即“依法监管、从严监管、全面监管”的理念。证监会对新股发行、并购重组、借壳上市、公司债务等进行监管，还全面强化了对上市公司、中介机构、私募基金等诸多市场参与者的监管。

2016年“刘士余”媒体关注度逐月分布

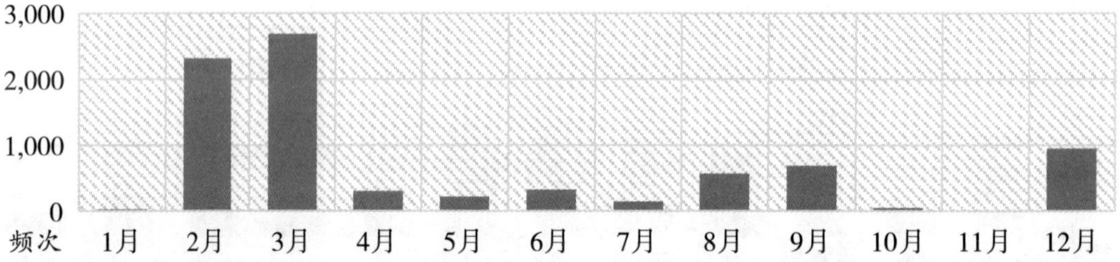

2016年最受媒体关注的“刘士余”相关新闻

- 2月，国务院决定，任命刘士余同志为中国证监会主席，免去肖钢同志的中国证监会主席职务。
- 3月，国务院办公厅发布关于调整中国人民银行货币政策委员会组成人员的通知。根据《中国人民银行货币政策委员会条例》的有关规定，经国务院领导同意：刘士余担任货币政策委员会委员。

马斯克

“像机器一样工作的‘科技狂人’”

埃隆·马斯克，1971年生，美国企业家、工程师、慈善家，太空探索技术公司（Space X）首席执行官兼首席技术官、特斯拉公司（Tesla）首席执行官兼产品架构师、太阳城公司（Solar City）董事会主席。2016年，“超级高铁”动力测试成功，太阳能屋顶成功发布……马斯克就是那个“像机器一样工作”的钢铁侠。

2016年“马斯克”媒体关注度逐月分布

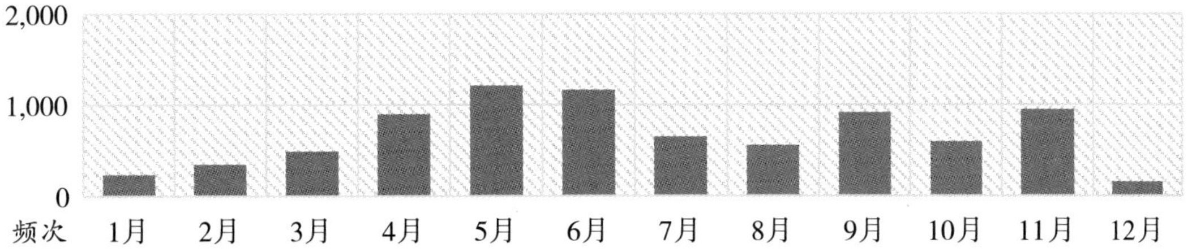

2016年最受媒体关注的“马斯克”相关新闻

- 5月，马斯克参与设计的超级高铁在美国内华达州毗邻赌城拉斯维加斯的一片无人沙漠里，首次公测成功。
- 6月，马斯克宣布特斯拉收购太阳城公司的计划，希望将后者合并到特斯拉的业务中。
- 11月，马斯克和首席技术官斯特罗贝尔在德国宣布对德国工程集团Grohmann Engineering进行收购。

周小川

“投资者的定心丸”

周小川，1948年1月生，江苏宜兴人，清华大学自动化系系统工程专业毕业，研究生学历，工学博士学位，研究员。现任十二届全国政协副主席，中国人民银行行长、党委书记。自2002年执掌中国人民银行以来，周小川历经市场震荡和挑战。他稳定通胀，承托增长，一次次平复市场波动。2016年，周小川被《环球市场》评为全球投资者的“定心丸”。

2016年“周小川”媒体关注度逐月分布

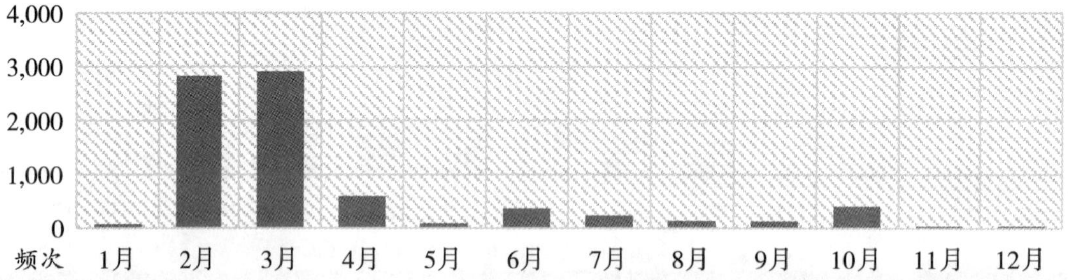

2016年最受媒体关注的“周小川”相关新闻

- 2月，二十国集团(G20)财长和央行行长会议在上海召开，中国人民银行行长周小川表示，中国将继续实施灵活适度的稳健货币政策，并称中国有强烈的愿望，要使股本融资市场有更好的发展。
- 3月，周小川在2016年中国发展高层论坛上表示，希望通过资本市场股本融资降低债务占GDP的比重，进而降低企业债务的比例。

贾跃亭

“‘乐视帝国’风雨飘摇”

贾跃亭，1973年2月6日出生，山西襄汾人，乐视控股集团创始人、董事长、首席执行官。

2016年10月27日，2016年福布斯中国富豪榜公布，贾跃亭排名第37位。

2016年年底，贾跃亭第一次公开反思扩张节奏，引发热议。尽管“下一个德隆”“庞氏骗局”“濒临破产”等说法都已经不是第一次出现，但此次掀起的波澜似乎超过了历史上的任何一次。

2016年“贾跃亭”媒体关注度逐月分布

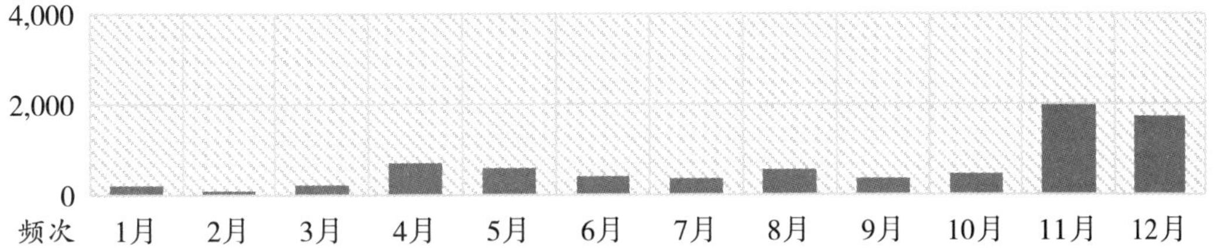

2016年最受媒体关注的“贾跃亭”相关新闻

- 11月，乐视深陷欠款风波，乐视董事长贾跃亭在内部信中反思生态扩张过快，导致组织与资金面临极大挑战。
- 12月，继早间临时停牌后，乐视网12月7日晚间发布公告称，公司就“贾跃亭质押股票跌破平仓线”相关事项进行停牌核查，同时筹划产业资源整合的重大事项。

2016年中国媒体关注度最高的十大文化人物

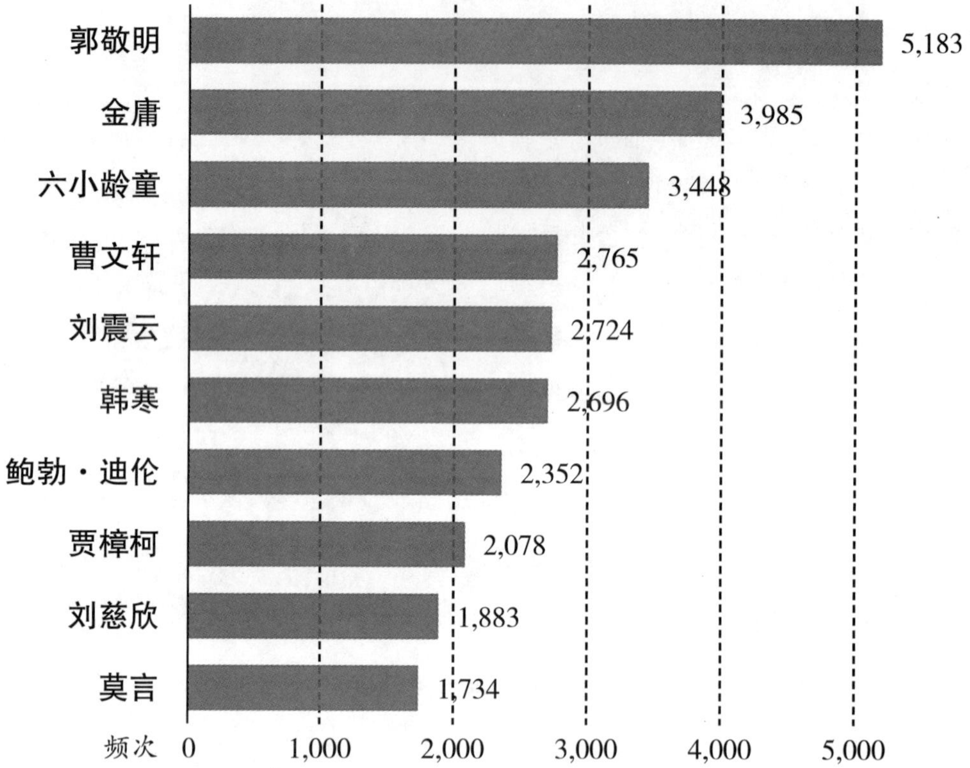

2016年中国媒体关注度最高的十大文化人物是指在2016年的中国媒体上出现次数最多的作家、诗人、新闻工作者等文化领域的人物。

文化需要积累，名气需要传播。翻开这份榜单，上榜人物可以说成名已久，却在2016年重新吸引了媒体的关注。作家郭敬明、韩寒、刘震云，拍电影、当导演、编剧本，将自己的作品搬上银幕；音乐人鲍勃·迪伦拿到了诺贝尔文学奖：跨界俨然已成为一种时尚。这边，美猴王六小龄童上不上猴年春晚让我们纠结；那边，中国作家又获得一个国际大奖让我们欣喜。继莫言、刘慈欣之后，曹文轩凭借着“地球上最美好的童年故事”将国际安徒生奖揽入怀中，中国文学越来越得到世界的认可。金庸迎来92岁寿辰，让我们怀念那笑傲江湖、快意恩仇的武侠世界。电影人贾樟柯以他一贯的表达方式，带我们去体会两代人语言不通所带来的鸿沟。

2016年，我们欣喜于文化人物的厚积薄发，欣喜于文化事业的繁荣发展。

郭敬明

“真性情的文化商人”

郭敬明，1983年6月6日出生于四川自贡，中国作家、导演、编剧。因笔名“第四维”而被粉丝昵称为“小四”。

2016年，郭敬明在《最强大脑》中为选手鸣不平，与魏坤琳产生争执，展现出他真性情的一面。其小说《幻城》被改编为电视剧，由当红明星主演。9月，他执导的中国首部真人CG奇幻影片《爵迹》上映。昔日的“小四”俨然已成为成功的文化商人。

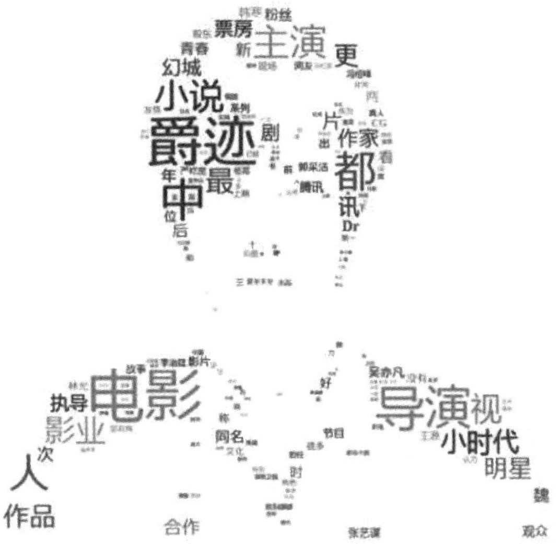

2016年“郭敬明”媒体关注度逐月分布

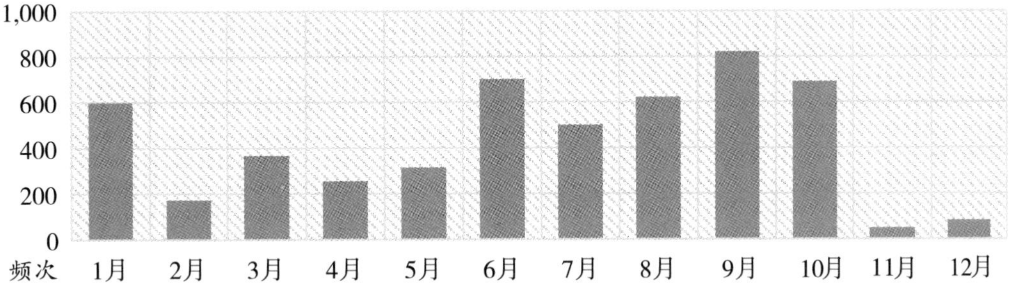

2016年最受媒体关注的“郭敬明”相关新闻

- 1月，在《最强大脑》节目中，魏坤琳遭遇郭敬明“三连炮”质疑，两人产生激烈争执。
- 6月，郭敬明执导的真人CG电影《爵迹》放出首款正式3D预告片；郭敬明电视剧处女作《是！尚先生》开播。
- 9月，郭敬明执导的电影《爵迹》上映。
- 10月，郭敬明执导的电影《爵迹》由于争议较大，市场成绩不及预期。

金庸

“现代武侠小说的集大成者”

金庸，原名查良镛，1924年3月10日出生于浙江省海宁市，作家、新闻学家、企业家、政治评论家、社会活动家。

金庸创作了诸多经典武侠作品，塑造了无数经典武侠形象，其武侠小说影响了几代人，“有华人的地方就有金庸小说”。2016年，金庸迎来92岁寿辰，无数金庸迷以各自的方式为其庆贺。

2016年“金庸”媒体关注度逐月分布

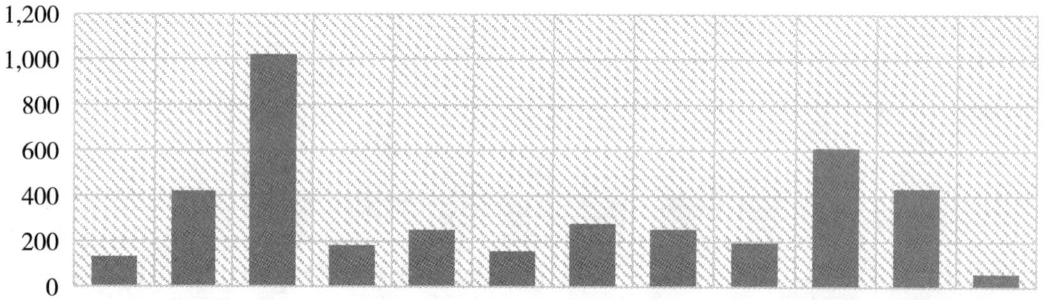

2016年最受媒体关注的“金庸”相关新闻

- 2月，张纪中同阿里巴巴公司等联合发起“不老的金庸——喜庆金庸92岁寿辰”众筹活动，所得款项均用来采购金庸作品，送给山区儿童。
- 3月，金庸92岁寿辰，张纪中赴港祝寿，各路明星纷纷录制祝寿视频。
- 10月，金庸将作家江南告上法庭，起诉江南及北京联合出版公司等三家机构涉嫌著作权侵权。

六小龄童

“深入人心的美猴王”

六小龄童，本名章金莱，1959年4月12日出生于上海，其家族为猴王世家。1982年，六小龄童在电视剧《西游记》中饰演“孙悟空”一角，塑造了难以超越的经典形象。

2016年，六小龄童未能登上央视猴年春晚舞台，引发无数网友吐槽，纷纷在微博呼吁“六小龄童上春晚”，可见“美猴王”影响力之大。

2016年“六小龄童”媒体关注度逐月分布

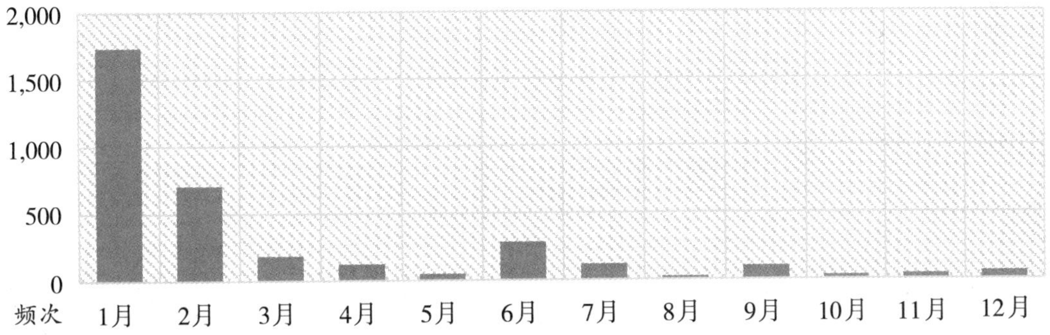

2016年最受媒体关注的“六小龄童”相关新闻

- 1月，六小龄童未接到央视春晚邀约，无缘猴年春晚，引起网友热议。
- 2月，六小龄童携带百名徒弟以“美猴王”孙悟空的形象亮相纽约时代广场。
- 6月，六小龄童首部自传——《行者》出版，书中表示他想要寻找接班人。

曹文轩

“孩子们的造梦师”

曹文轩，1954年1月出生于江苏盐城，中国儿童文学作家、北京大学教授、博士生导师。2016年4月4日，曹文轩摘得世界儿童文学最高奖——国际安徒生奖，成为中国首位获此殊荣的作家。这是中国儿童文学获得国际认可的最新标志，也是继莫言2012年摘得诺贝尔文学奖后，中国文学力量的再次展现。

2016年“曹文轩”媒体关注度逐月分布

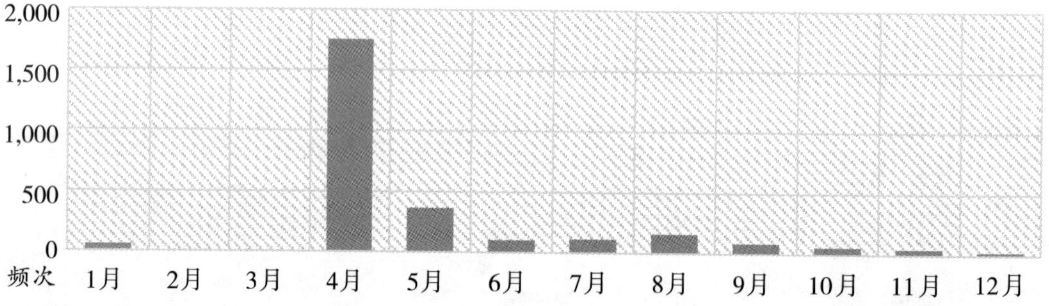

2016年最受媒体关注的“曹文轩”相关新闻

- 4月，曹文轩首摘国际安徒生奖，中国儿童文学获国际认可。
- 5月，北大培文创意研究院举办“祝贺曹文轩教授荣获2016年国际安徒生奖雅谈会”，曹文轩出席。
- 7月，曹文轩携新作《蜻蜓眼》亮相第六届江苏书展。
- 8月，国际安徒生奖颁奖典礼举行，曹文轩前往领奖。

刘震云

“‘打捞’农民情感的乡情作家”

刘震云，1958年出生于河南新乡，作家、中国人民大学教授。2011年8月，其作品《一句顶一万句》获第八届茅盾文学奖。

2016年可以说是刘震云作品影视化的爆发之年。1月，《一句顶一万句》同名电影杀青。该电影由其女儿刘雨霖担任导演，刘震云亲自担任编剧。另一小说《我不是潘金莲》也被冯小刚改编为电影，自开拍以来便备受关注。这两部电影都在11月上映，可以说，2016年的11月成了“刘震云月”。

2016年“刘震云”媒体关注度逐月分布

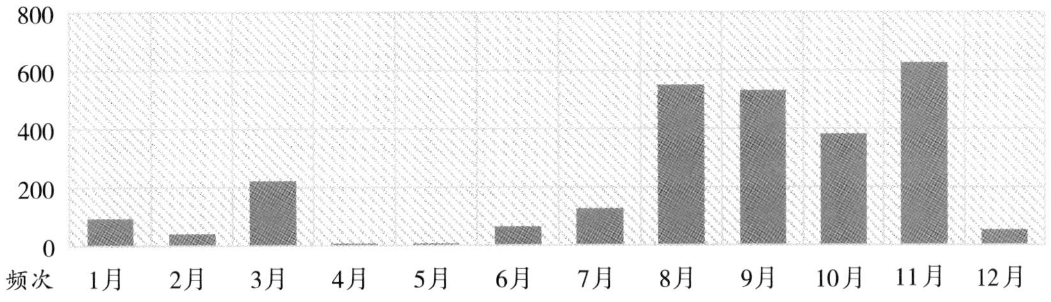

2016年最受媒体关注的“刘震云”相关新闻

- 8月，《我不是潘金莲》入围第64届圣塞巴斯蒂安国际电影节主竞赛单元，并作为唯一一部入围的华语影片角逐电影节最高奖项——金贝壳奖。
- 9月，《一句顶一万句》举行发布会；《我不是潘金莲》荣获金贝壳奖。
- 10月，刘震云为女儿导演的作品《一句顶一万句》做宣传。
- 11月，刘震云小说同名电影《一句顶一万句》《我不是潘金莲》上映。

韩寒

“‘国民岳父’开启忙碌模式”

韩寒，1982年9月23日出生于上海，作家、导演、职业赛车手。2000年出版首部长篇小说《三重门》，开启了作家生涯。2014年推出电影处女作《后会无期》，开始踏入影视圈。

2016年，韩寒先是宣布要将自己的成名作《三重门》搬上大荧幕，同时执导《天空制造》。10月，又公布其第二部电影作品《乘风破浪》已进入拍摄阶段。韩寒这边是执导三部电影的计划，那边是宁波和武汉的餐厅因涉嫌无证经营被先后关停。2016年的“国民岳父”注定十分繁忙。

2016年“韩寒”媒体关注度逐月分布

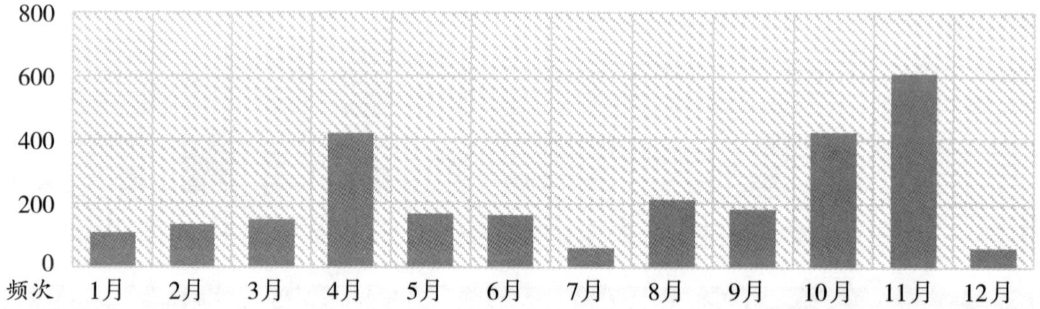

2016年最受媒体关注的“韩寒”相关新闻

- 4月，韩寒宣布将执导两部作品《天空制造》与《三重门》。
- 10月，韩寒拍新片《乘风破浪》，继续讲述小镇青年的故事。
- 11月，韩寒在武汉中南路的“很高兴遇见你”餐厅因为无证经营、鼠患严重，被武汉市食品药品监督管理局关停。

鲍勃·迪伦

“将诗与音乐相结合的传奇人物”

鲍勃·迪伦，1941年5月24日出生于美国，原名罗伯特·艾伦·齐默曼，美国作家，摇滚、民谣艺术家。从1962年发布首张专辑《鲍勃·迪伦》至今，鲍勃·迪伦对美国文化和世界流行音乐产生了极为深刻的影响。

2016年，鲍勃·迪伦被授予诺贝尔文学奖，以表彰他“在伟大的美国歌曲传统中创造了新的诗歌表达”。他也因此成为诺贝尔奖115年历史上首位获得文学奖的音乐人。

2016年“鲍勃·迪伦”媒体关注度逐月分布

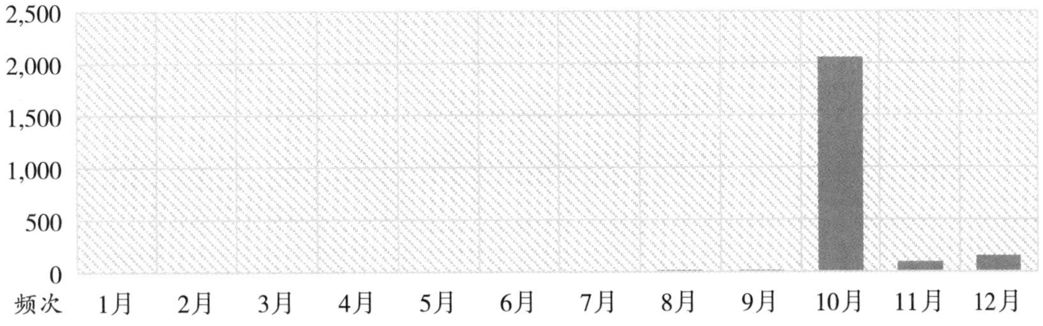

2016年最受媒体关注的“鲍勃·迪伦”相关新闻

- 10月，鲍勃·迪伦获得诺贝尔文学奖，但其迟迟未对获奖作出回应。
- 12月，诺贝尔奖颁奖典礼在瑞典举行，鲍勃·迪伦缺席。

贾樟柯

“记录社会变迁的低调导演”

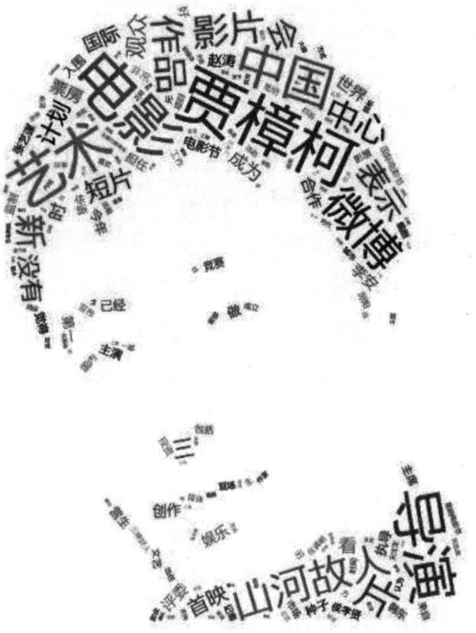

贾樟柯，1970年5月24日出生于山西汾阳，导演、作家。2015年10月，其执导的电影《山河故人》上映，入围第68届戛纳国际电影节的主竞赛单元。2016年，贾樟柯凭借《山河故人》在多个电影节斩获多项大奖。微电影《营生》入围第41届多伦多国际电影节。贾樟柯一直在用独到的眼光与镜头语言描绘社会转型时代普通人所要承受的代价及其命运发生的转变。

2016年“贾樟柯”媒体关注度逐月分布

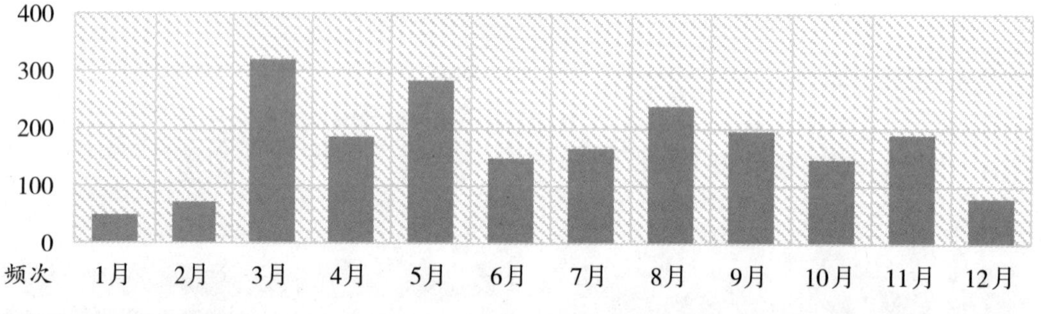

2016年最受媒体关注的“贾樟柯”相关新闻

- 3月，贾樟柯艺术中心在山西汾阳市贾家庄村开始修建。贾樟柯凭借《山河故人》斩获第10届亚洲电影大奖最佳编剧奖。
- 5月，在第23届北京大学生电影节上，贾樟柯凭借《山河故人》摘得最佳导演奖。
- 8月，贾樟柯的微电影《营生》入围第41届多伦多国际电影节。
- 11月，贾樟柯获第38届开罗电影节杰出艺术成就奖。

刘慈欣

“雨果奖光环下的作家”

刘慈欣，1963年6月23日出生于山西阳泉，科幻小说家、山西省作家协会副主席。2015年，刘慈欣凭借科幻小说《三体》首摘雨果奖，这部作品也被认为是中国科幻文学的里程碑。

2016年，刘慈欣的《三体》被改编为电影和舞台剧，他本人也担任了电影《混沌之城》的监制。出席活动、担任评委、成为中国“火星大使”，这位获得雨果奖的科幻作家的一言一行都受到诸多人的关注。

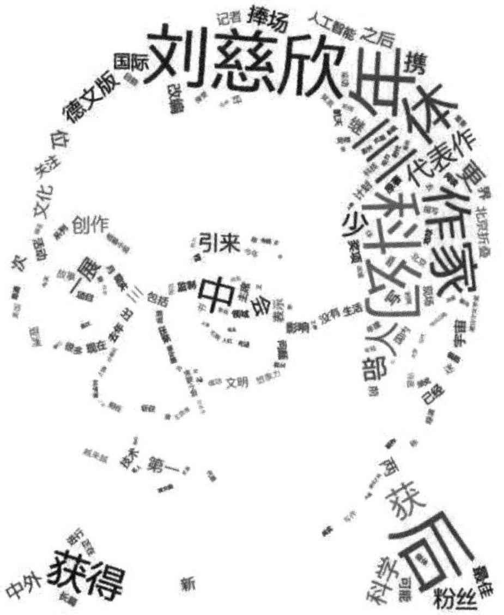

2016年“刘慈欣”媒体关注度逐月分布

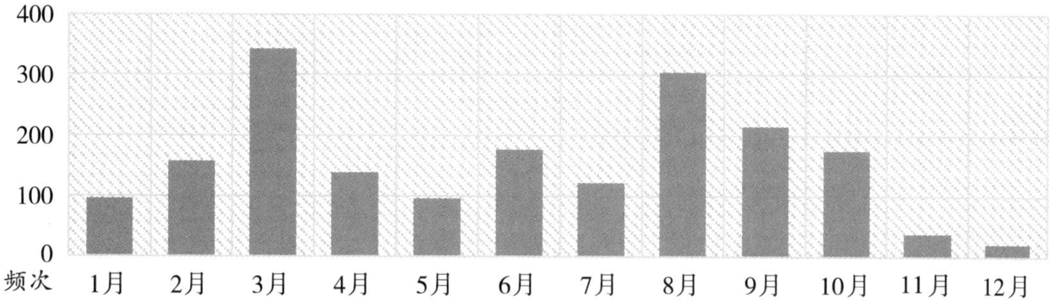

2016年最受媒体关注的“刘慈欣”相关新闻

- 3月，刘慈欣获颁“影响世界华人大奖”。
- 8月，刘慈欣《三体》系列第3部《死神永生》英文版首发，并在上海举行读者见面会。
- 9月，刘慈欣担任星云奖评委，以“光剑”装扮亮相颁奖仪式。
- 10月，刘慈欣成为中国“火星大使”。刘慈欣携《三体》德文版亮相法兰克福书展。

莫言

“关注教育的作家”

莫言，本名管谟业，1955年2月17日出生于山东高密，是第一个获得诺贝尔文学奖的中国籍作家。获诺贝尔奖之后的莫言似乎从没淡出过我们的视线。

2016年，他在两会期间提出的关于中小学学制改革的提案，引起社会各界热议。带有诺贝尔奖光环的他无论走到哪儿，都能成为媒体关注的焦点。

2016年“莫言”媒体关注度逐月分布

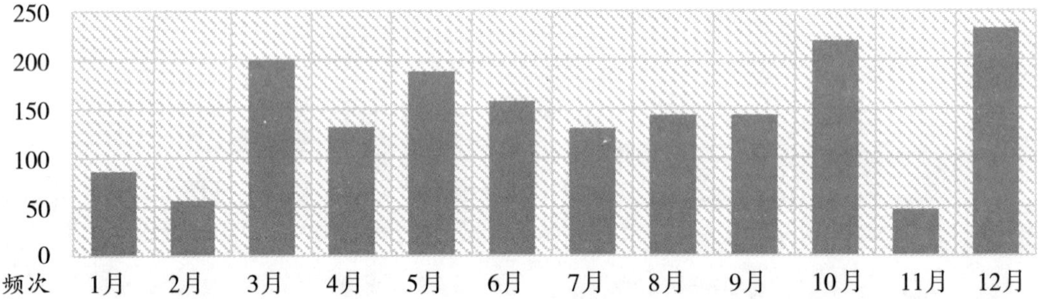

2016年最受媒体关注的“莫言”相关新闻

- 3月，两会期间，莫言提出关于中小学学制改革的提案，引发社会热议。
- 5月，勒克莱齐奥对话莫言：文学会比长城更不朽。
- 6月，莫言接受埃菲社记者采访时称，正在创作反腐小说。
- 10月，莫言作为大型纪录片《百年巨匠》的文学顾问，为其填写歌词。
- 12月，莫言当选中国作家协会第九届全国委员会副主席。

2016年中国媒体关注度最高的十大体育人物

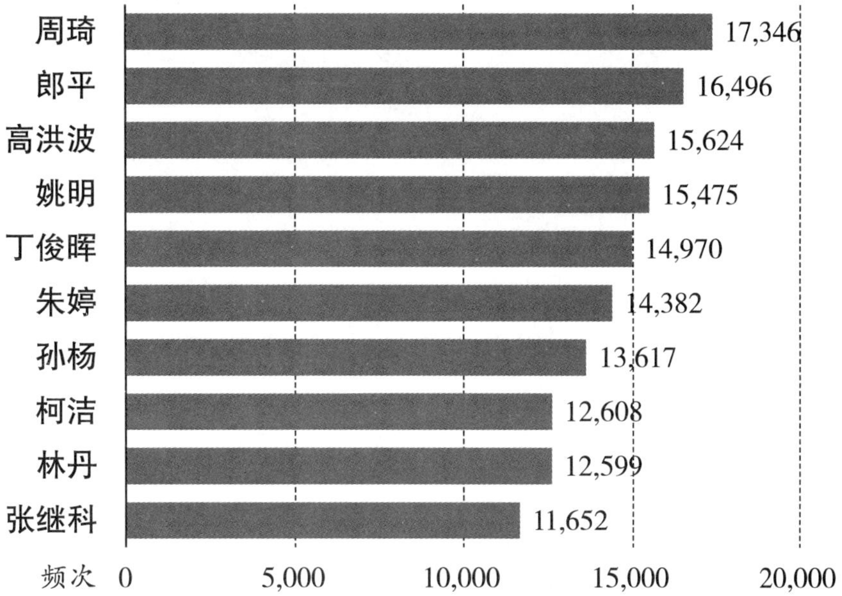

2016年中国媒体关注度最高的十大体育人物是指在2016年的中国媒体上出现次数最多的运动员、教练等体育领域的人物。

每一届奥运会都是巨星闪耀的舞台，他们在挑战极限、不断超越的过程中写下一个又一个传奇。2016年里约奥运会上，中国女排时隔12年再次夺下奥运金牌。除了用兵如神的郎平教练，创造奇迹的关键人物当属中国队的“定海神针”朱婷；孙杨面对外界质疑和蓄意攻击，勇夺200米自由泳金牌，用实力证明自己；“超级丹”林丹对战“千年老二”李宗伟，尽管最终不敌对方，但其双圈大满贯的成绩、奥运会两连冠的辉煌，使他依然无愧于“史上最伟大的羽毛球运动员”称号；睡“蒙圈”的张继科首盘比赛失利，教练的一句“醒醒，这是奥运会！”使其如梦初醒，稳步获胜。

2016年除却里约奥运会，赛场下我国体育界也收获颇丰。“大魔王”周琦继姚明、易建联之后再度踏进NBA；高洪波临危受命担任国足教练；“小巨人”姚明入选NBA名人堂；丁俊晖成功闯入斯诺克世锦赛决赛；90后棋王柯洁大败著名棋手李世石。

比赛场上的中国健儿风光无限，屡获佳绩，为国争光。但“洪荒少女”傅园慧的一句“鬼知道我经历了什么”道出了他们成功背后辛苦的付出。

周琦

“‘大魔王’周琦的成魔之路”

周琦，1996年1月16日出生于河南新乡，中国篮球运动员，现效力于CBA新疆队。

自2011年姚明退役、2012年易建联淡出NBA之后，中国的NBA球迷一直在等待下一位来自本土的球员。

2016年4月15日，周琦正式宣布参加2016年的NBA选秀大会。

2016年6月24日，周琦在第二轮43顺位被火箭队选中。

2016年“周琦”媒体关注度逐月分布

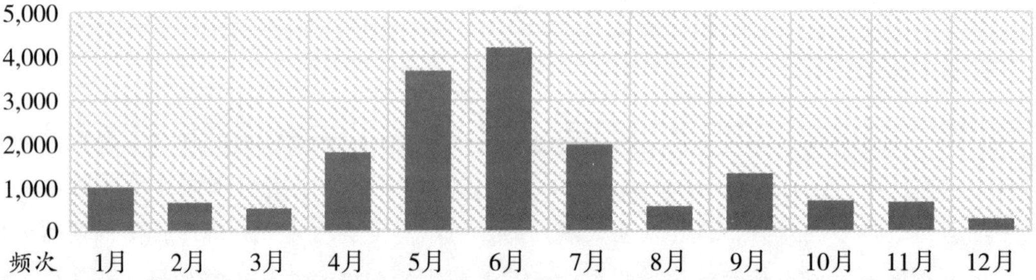

2016年最受媒体关注的“周琦”相关新闻

- 4月，周琦正式宣布将参加新赛季NBA选秀。
- 5月，在身高和臂展两项数据上，周琦胜过了参加联合试训的所有其他新秀。
- 6月，休斯敦火箭队选中来自中国的周琦。
- 7月，中国男篮核心易建联因私回国缺阵，周琦顶替阿联首发，最终中国队57比107不敌美国梦之队。

高洪波

“高洪波与国足的‘虐恋’”

高洪波，1966年生于北京丰台，回族，前中国职业足球运动员、足球教练。

带队征战2011年卡塔尔亚洲杯的主帅高洪波，因未能带小组出线，被身价高、名气大的西班牙大牌教练卡马乔取代。

2016年2月，高洪波临危受命出任中国国家男子足球队主教练。2016年10月，中国男足在客场0比2输给乌兹别克斯坦队，主教练高洪波赛后宣布辞职。

2016年“高洪波”媒体关注度逐月分布

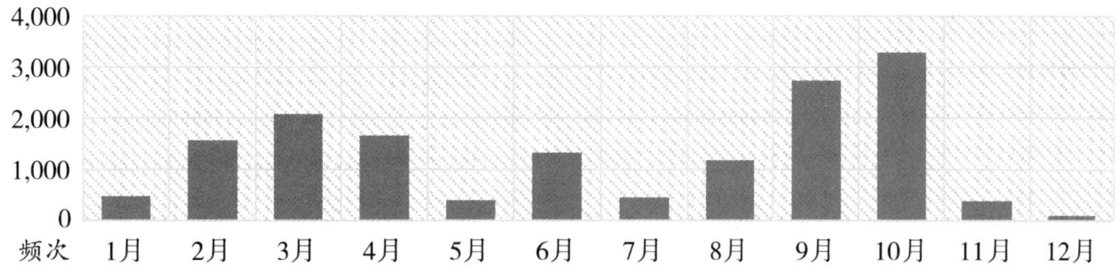

2016年最受媒体关注的“高洪波”相关新闻

- 3月，重回帅位的高洪波为国足带来一场4比0的胜利。
- 9月，在首尔世界杯体育场，高洪波率领的国足以2比3不敌韩国队，12强赛首战未能拿分。
- 10月，中国男足在客场0比2输给乌兹别克斯坦队，主教练高洪波赛后宣布辞职。

姚明

“‘小巨人’圆梦入选名人堂”

姚明，1980年9月12日出生于上海市徐汇区，前中国职业篮球运动员，现任中职联公司董事长兼总经理。

姚明2002年以状元身份被火箭队选中后，在NBA获得了巨大的成功，被喻为中国对美国影响力最大的“出口产品”。

2016年，姚明正式入选美国篮球名人堂，成为美国篮球名人堂亚洲第一人。尽管已经退役，但姚明身上的可贵品质无疑会被继续传承和发扬。

2016年“姚明”媒体关注度逐月分布

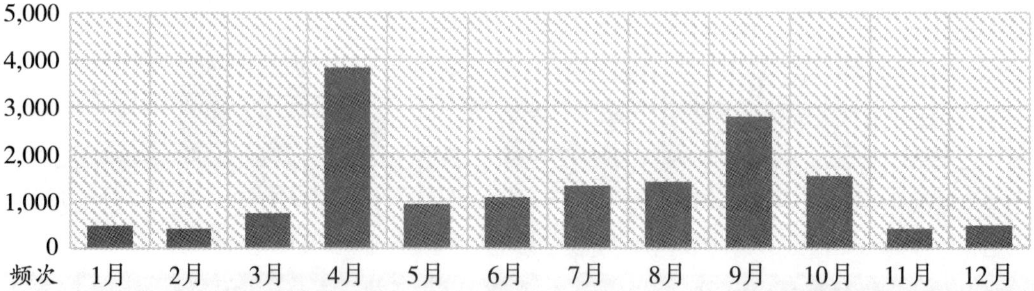

2016年最受媒体关注的“姚明”相关新闻

- 4月，NBA官方正式宣布，包括姚明、沙奎尔·奥尼尔和阿伦·艾弗森在内的多位名宿，将正式入选美国篮球名人堂。
- 9月，姚明正式入选美国篮球名人堂，成为美国篮球名人堂亚洲第一人。

丁俊晖

“‘台球神童’的斯诺克进阶之路”

丁俊晖，1987年4月1日出生于江苏省宜兴市，中国男子台球队运动员、斯诺克球手。

2016年斯诺克世界锦标赛，丁俊晖最终以14比18不敌现世界排名第一的英格兰选手塞尔比，获得亚军。尽管没有夺冠，但丁俊晖还是创造了历史，成为第一位闯入斯诺克世锦赛决赛的亚洲选手。

2016年9月25日，2016年斯诺克上海大师赛上，丁俊晖以10比6战胜塞尔比，成为上海大师赛十年来唯一一位获得两次冠军的球员。

2016年“丁俊晖”媒体关注度逐月分布

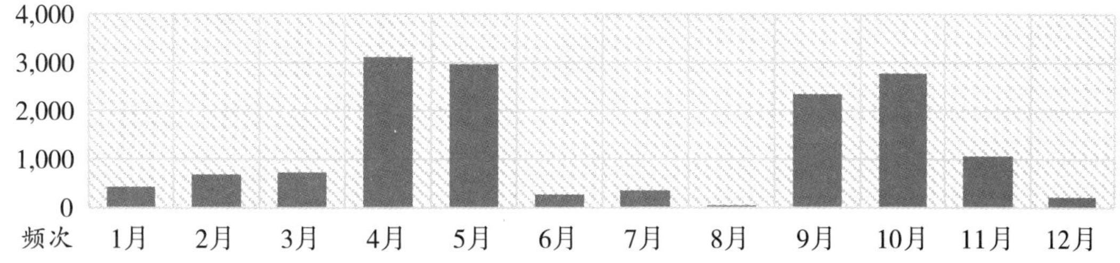

2016年最受媒体关注的“丁俊晖”相关新闻

- 4月，世界斯诺克锦标赛，丁俊晖13比10复仇特鲁姆普，强势挺进八强。
- 5月，丁俊晖获2016年斯诺克世锦赛亚军。
- 9月，2016年斯诺克上海大师赛上，丁俊晖以10比6战胜塞尔比，成为上海大师赛十年来唯一一位获得两次冠军的球员。
- 10月，2016年斯诺克国际锦标赛落幕，塞尔比以10比1横扫丁俊晖，强势夺冠。

朱婷

“‘铁榔头’的接班人”

朱婷，1994年11月29日出生于河南省周口市郸城县，中国著名女子排球运动员。2013年正式入选郎平执教的中国国家女子排球队，现为队中主攻手。郎平评价其为世界三大主攻之一，穿2号球衣。

2016年里约奥运会上，中国女排时隔12年再获奥运冠军，朱婷荣获里约奥运会“女排MVP”（最有价值球员）与“最佳主攻”称号。

2016年“朱婷”媒体关注度逐月分布

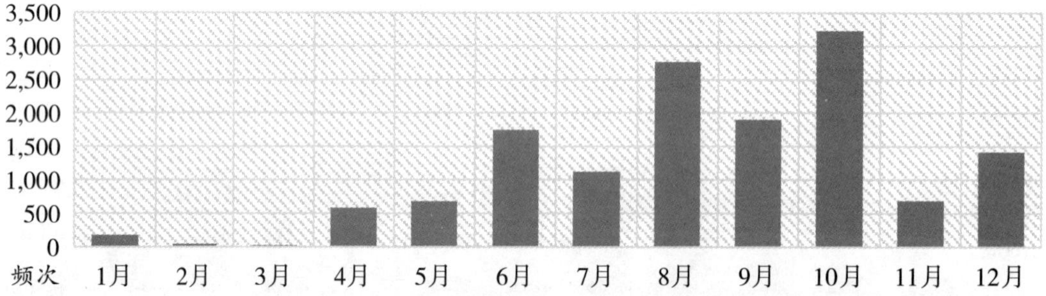

2016年最受媒体关注的“朱婷”相关新闻

- 8月，国际排联官网公布了本届奥运会MVP，中国选手朱婷当选。朱婷也成为继郎平和冯坤之后中国女排奥运历史上的第三位MVP。
- 10月，朱婷首次代表土耳其俱乐部瓦基弗银行出征世界女排俱乐部锦标赛，不仅帮助球队在小组赛中取得“开门红”，还拿下了全场最高的28分。

孙杨

“‘浪里大白杨’强势夺冠”

孙杨，1991年12月1日出生于浙江杭州，中国国家游泳队队长、男子1,500米自由泳世界纪录保持者、男子400米自由泳奥运会纪录保持者。

2016年里约奥运会，孙杨在400米自由泳卫冕失利后，被澳大利亚选手霍顿无礼指斥为“兴奋剂选手”。随后，孙杨在200米自由泳决赛拿下冠军，漂亮地回应了对手的质疑。

2016年“孙杨”媒体关注度逐月分布

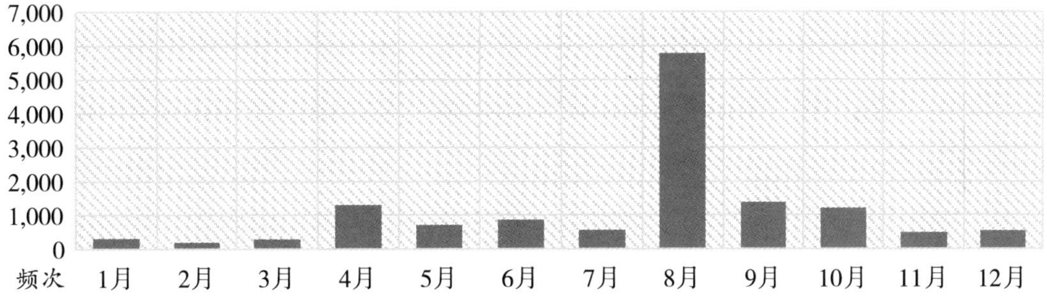

2016年最受媒体关注的“孙杨”相关新闻

- 8月，里约奥运会男子200米自由泳决赛中，孙杨凭借惊人的冲刺能力逆转夺金，收获了中国游泳队在该届奥运会上的首枚金牌。

柯洁

“世界棋坛首位90后三冠王”

柯洁，1997年8月2日出生于浙江省丽水市，中国围棋职业九段棋手。

柯洁2003年开始学棋，2004年首次参加围棋比赛，2008年入段成为职业棋手。2015至2016年，柯洁先后夺得第二届百灵杯世界围棋公开赛冠军、第二届梦百合杯世界围棋公开赛冠军、第20届三星杯世界围棋公开赛冠军，成为世界上最年轻的围棋三冠王。

2016年“柯洁”媒体关注度逐月分布

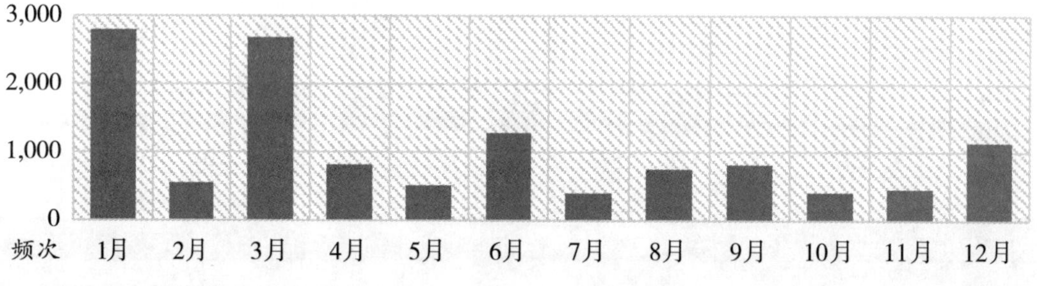

2016年最受媒体关注的“柯洁”相关新闻

- 1月，柯洁在第二届梦百合杯世界围棋公开赛五番棋最后一局中险胜李世石，赢得了个人第三个世界冠军，并因此确定了自己当今世界围棋第一人的身份。
- 3月，柯洁作为主帅，为中国队夺得第17届农心杯世界围棋团体锦标赛冠军。

林丹

“最后一次‘林李大战’”

林丹，1983年10月14日出生于福建省龙岩市。中国羽毛球男子单打运动员，2008年北京奥运会、2012年伦敦奥运会男子单打项目冠军。他是羽毛球运动历史上第一位集奥运会冠军、世锦赛冠军、世界杯冠军、亚运会冠军、亚锦赛冠军、全英赛冠军以及多座世界羽联超级系列赛冠军于一身的全满贯球员。

2016年里约奥运会上，林丹狂救3个赛点，仍未能如2012年伦敦奥运会一般实现大逆转，最终以总比分1比2不敌李宗伟，无缘决赛。

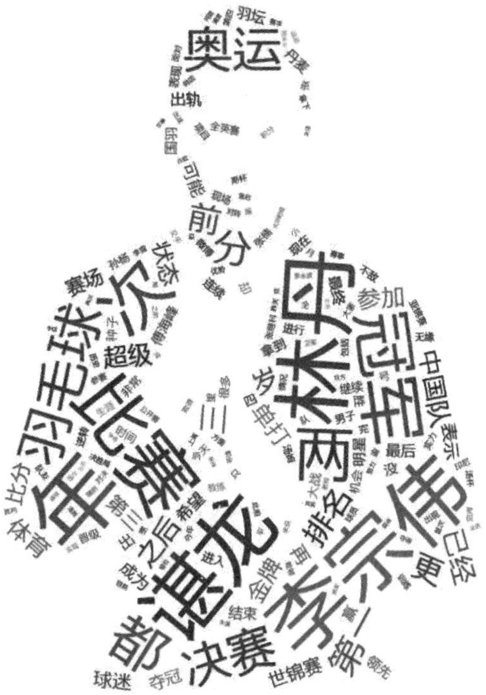

2016年“林丹”媒体关注度逐月分布

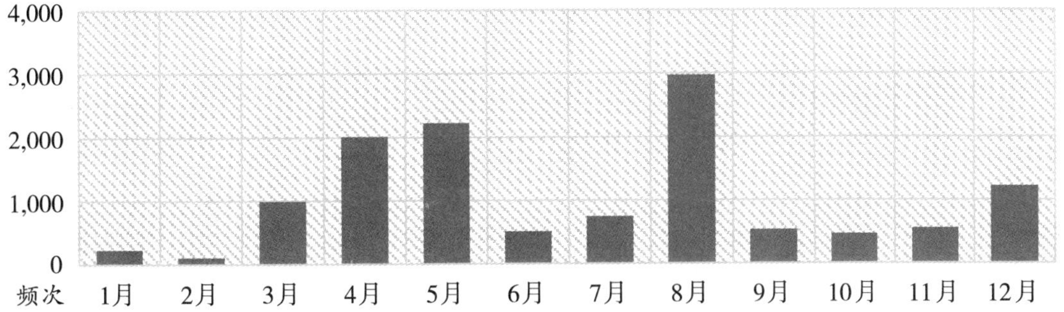

2016年最受媒体关注的“林丹”相关新闻

- 8月，林丹在第37次“林李大战”中以1比2不敌马来西亚名将李宗伟，止步四强。

张继科

“没睡醒的‘大魔王’”

张继科，1988年出生于山东青岛，中国男子乒乓球队运动员，乒坛历史上第7位大满贯选手，用445天实现大满贯，刷新世界纪录，是继刘国梁、孔令辉之后的中国男乒历史上第3位大满贯选手。

2016年里约奥运会上，获得乒乓球男子单打亚军和乒乓球男子团体冠军（主力队员）。当一组张继科以一副“睡眼惺忪”的样子将对手击败的动图在网络上传播后，“网红”张继科的存在感要远远强于“冠军”张继科。

2016年“张继科”媒体关注度逐月分布

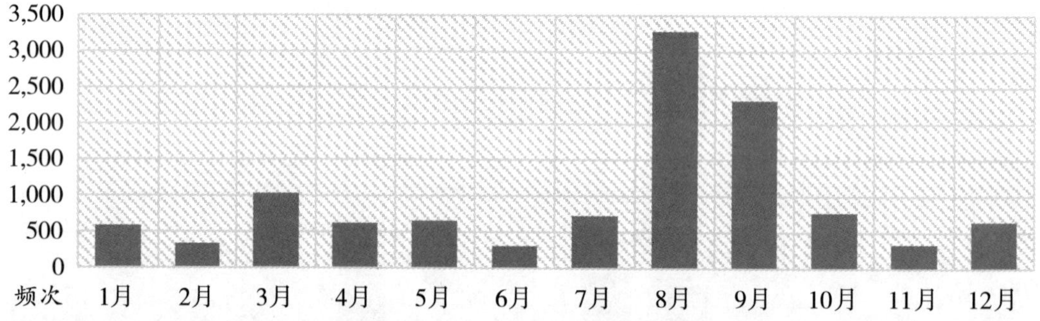

2016年最受媒体关注的“张继科”相关新闻

- 8月，里约奥运会男单决赛，马龙以4比0战胜队友、卫冕冠军张继科，夺得冠军。接下来的乒乓球男团决赛，由马龙、张继科和许昕组成的中国“男子天团”，以3比1击败日本队。

2016年中国媒体关注度最高的十大娱乐人物

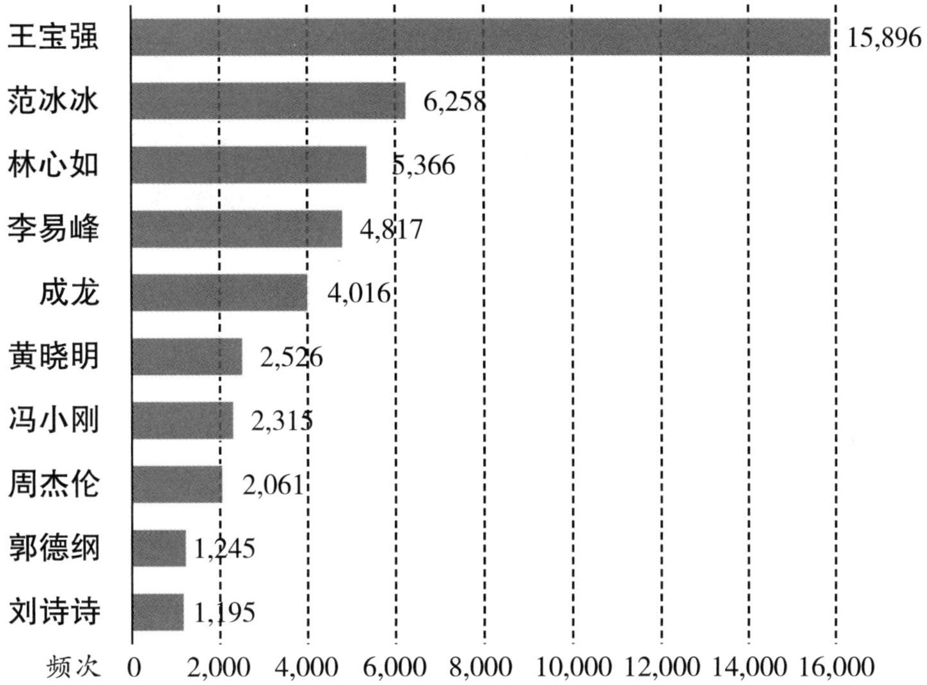

2016年中国媒体关注度最高的十大娱乐人物是指在2016年的中国媒体上出现次数最多的演艺圈人物，包括演员、歌手、导演等。

2016年的演艺圈依旧热闹非凡。“女神”林心如、刘诗诗相继踏入婚姻的殿堂，都在巴厘岛举行了浪漫的婚礼。同样爱情事业双丰收的还有范冰冰，不仅和李晨爱情甜蜜，而且一举摘得第64届圣塞巴斯蒂安国际电影节最佳女演员奖。大婚后的黄晓明宠妻又爱母，同时也圆了与偶像刘德华合作的梦想。李易峰掀起仙侠风，开启“霸屏”模式。已经60多岁的功夫巨星成龙又推出了一系列新作品，他用自己的拼搏与努力获得了奥斯卡终身成就荣誉奖，可谓实至名归。凭借《老炮儿》摘得金马奖最佳男演员奖的冯小刚又以导演的身份推出新作《我不是潘金莲》，摘得了金马奖最佳导演奖。喜当“奶爸”的周杰伦在歌迷的期待下终于发布新专辑，开启了全球巡回演唱会。在演艺圈传来诸多好消息的同时，王宝强妻子出轨的消息令人震惊。郭德纲与徒弟曹云金的“互撕”，真相扑朔迷离，不禁让人感叹。

2016年，媒体对演艺圈的关注不仅停留在事件表面，对事件背后的原因也同样予以关注，切入角度更加多元，也更加客观。

王宝强

“宝宝不哭”

王宝强，1984年5月29日出生于河北邢台，演员、导演。2016年，王宝强首度执导电影《大闹天竺》并担任主演，踏上了导演之路。然而，8月14日凌晨，王宝强在微博上发表离婚声明，直指妻子马蓉出轨自己团队经纪人宋喆。此事引发各路媒体和无数网友的高度关注，占据各媒体的头版头条，更是生生抢了里约奥运会的风头。2016年媒体关注度最高的娱乐人物，王宝强是当之无愧的第一名。

2016年“王宝强”媒体关注度逐月分布

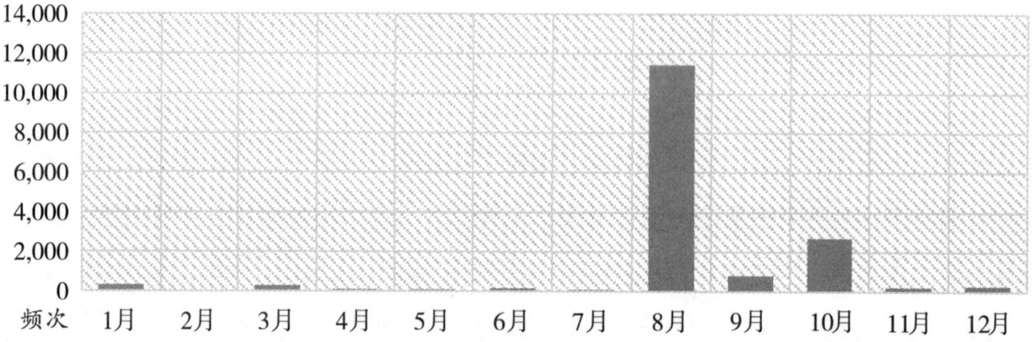

2016年最受媒体关注的“王宝强”相关新闻

- 8月，王宝强深夜发表离婚声明，声称妻子出轨经纪人，并向法院提起离婚诉讼。
- 9月，王宝强离婚事件持续发酵，热度不减。
- 10月，《大闹天竺》举办发布会，王宝强自离婚风波后首度公开亮相。

范冰冰

“事业、爱情双得意的‘范爷’”

范冰冰，1981年9月16日出生于山东青岛，演员。2016年，范冰冰在《我不是潘金莲》中饰演一位村妇，其演技获得观众的一致认可。她本人也凭借此片获得第64届圣塞巴斯蒂安国际电影节最佳女演员奖。范冰冰在《爵迹》中的造型已经让网友惊叹，而在《封神传奇》中的妲己形象更是惊艳四座。2016年，“范爷”不仅事业得意，收获爱情后的她也时常在微博上与李晨隔空示爱，羡煞旁人。

2016年“范冰冰”媒体关注度逐月分布

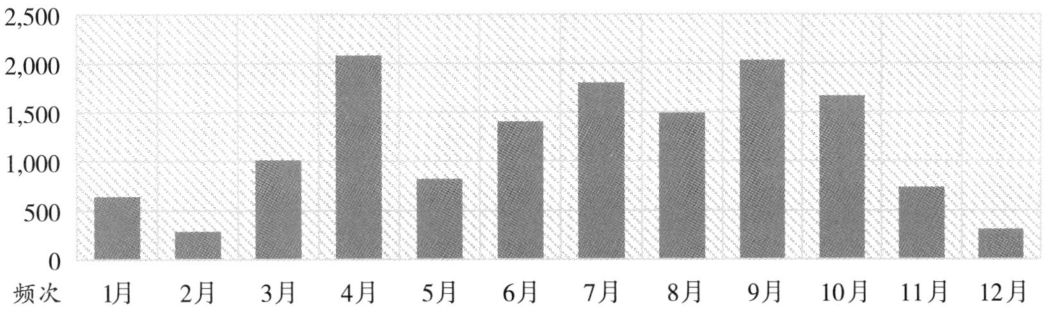

2016年最受媒体关注的“范冰冰”相关新闻

- 4月，唐德影视拟高价收购范冰冰公司。范冰冰征战巴黎时装周，走红毯之前手机直播，吸引几十万网友围观。
- 7月，范冰冰主演的动作喜剧《绝地逃亡》上映，主演的电影《封神传奇》在北京举行发布会。
- 9月，范冰冰凭借《我不是潘金莲》荣获第64届圣塞巴斯蒂安电影节最佳女演员奖。
- 10月，范冰冰在华中师范大学宣传《我不是潘金莲》活动中，被劝离场。

林心如

“‘女神’和‘男神’结婚了”

林心如，1976年1月27日出生于台湾省台北市，演员、歌手、影视制作人。2016年，林心如可谓三喜临门：5月20日刚承认与霍建华的恋情，7月31日便在巴厘岛举行婚礼，9月又公开承认怀孕的事实，“女神”的速度着实让人又惊又喜。同时，林心如筹备了三年，由其担任艺术总监并主演的电视剧《秀丽江山之长歌行》也终于在7月登陆卫视开播。虽然她也有其他影视剧上线，但这一切都不及“女神”与“男神”结婚并即将为人父母的消息更让人欣喜，更引人关注。

2016年“林心如”媒体关注度逐月分布

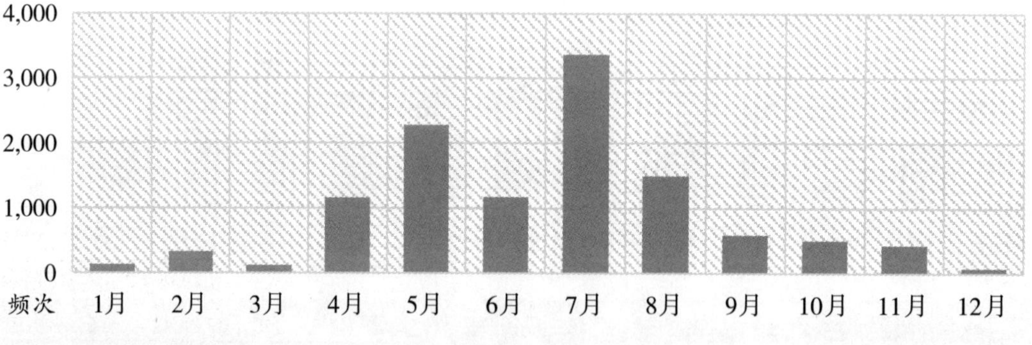

2016年最受媒体关注的“林心如”相关新闻

- 5月，林心如和霍建华在微博上公布恋情。
- 7月，林心如和霍建华在巴厘岛完婚，众多演艺明星到场。
- 8月，林心如婚讯热度不减，众人猜测其是否怀孕；其主演的电视剧《秀丽江山之长歌行》持续热播。

李易峰

“‘霸屏’的‘小鲜肉’”

李易峰，1987年5月4日出生于四川成都，演员、流行歌手。2016年，李易峰可谓称霸荧幕：7月，李易峰主演的IP大剧《青云志》开播，其细腻生动的表演颇受好评，掀起“追峰”热潮；9月，他主演的《麻雀》网络播放量超110亿次，破谍战剧纪录。同时，李易峰在《心理罪》《青云志2》等影视剧中也表现出色，更凭借《老炮儿》获得第38届大众电影百花奖最佳男配角奖。

2016年“李易峰”媒体关注度逐月分布

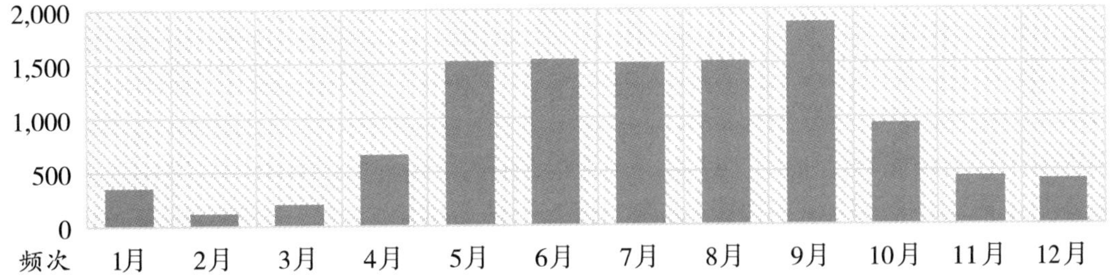

2016年最受媒体关注的“李易峰”相关新闻

- 5月，李易峰深夜驾豪车撞桥墩，交管部门认定车辆临时牌照过期。
- 6月，李易峰驾车事故认定结果公布，属肇事逃逸，被扣24分罚2,000元。
- 7月，《青云志》开播在即，李易峰掀起“最炫仙侠风”。
- 8月，李易峰在《青云志》中表现抢眼。
- 9月，李易峰主演的《麻雀》热播，获得超高收视率；李易峰凭借《老炮儿》获得第38届大众电影百花奖最佳男配角奖。

成龙

“华人首获奥斯卡终身成就荣誉奖”

成龙，1954年4月7日出生于中国香港，演员、导演、动作指导、制作人、编剧、歌手。2016年，成龙主演的电影《绝地逃亡》和《铁道飞虎》陆续上映，都取得了不错的票房成绩。但这位功夫巨星一刻也不肯停歇，又在筹备《功夫瑜伽》和《普通人》等影片。成龙多年的敬业与付出大家有目共睹，奥斯卡终身成就荣誉奖实至名归。他也因此成为首位获得该奖项的华人。

2016年“成龙”媒体关注度逐月分布

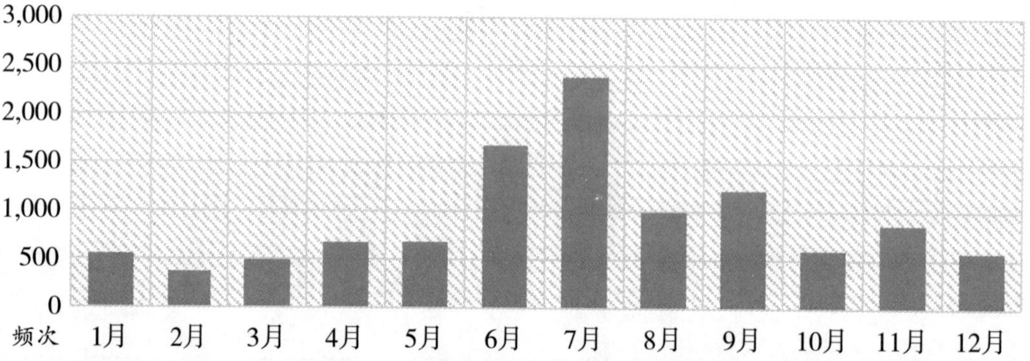

2016年最受媒体关注的“成龙”相关新闻

- 6月，上海电影节开幕，成龙携四部新片亮相电影节。
- 7月，成龙主演的动作喜剧片《绝地逃亡》上映。
- 8月，成龙获得奥斯卡终身成就荣誉奖，成为首位获得该奖项的华人。
- 9月，丝绸之路国际电影节开幕，成龙人气高，不输吴亦凡。

黄晓明

"'黄教主'圆梦"

黄晓明，1977年11月13日出生于山东青岛，演员、歌手、商人。2016年，黄晓明加盟多档综艺节目。在《旋风孝子》中，黄晓明展现了孝顺父母的一面。2016年，黄晓明和刘德华主演喜剧电影《王牌逗王牌》，圆了他和"一生的偶像"合作的梦想。同时，黄晓明也在微博上宣布了妻子怀孕的消息，与粉丝分享了即将当爸爸的喜悦心情。

2016年"黄晓明"媒体关注度逐月分布

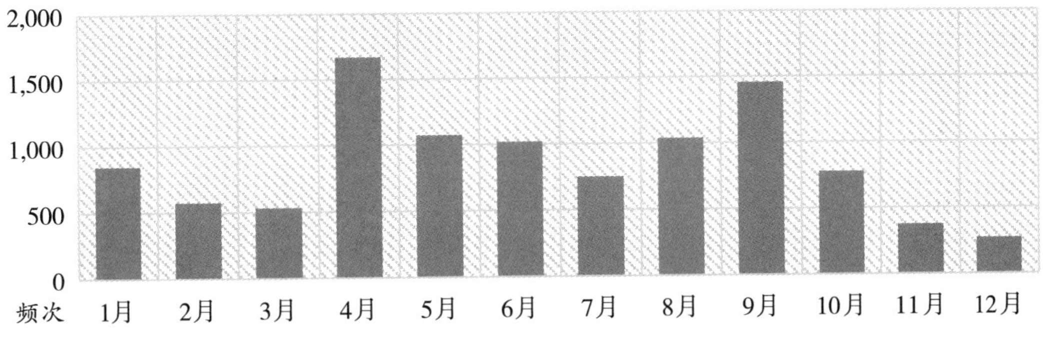

2016年最受媒体关注的"黄晓明"相关新闻

- 4月，黄晓明主演的大型题材电影《大唐玄奘》上映。
- 5月，黄晓明、杨颖结婚一周年，两人晒合影、秀恩爱。
- 8月，黄晓明出任首位"全球熊猫爱心大使"；主演的电影《王牌逗王牌》定档10月。
- 9月，自然纪录片《地球四季》发布配音特辑，黄晓明为该片的中译版配音，并宣布片酬全部捐给自然保护基金。

冯小刚

“‘老炮儿’又添新作”

冯小刚，1958年3月18日出生于北京，导演、编剧、演员。2016年，冯小刚携新作《我不是潘金莲》与观众见面，一举摘得第64届圣塞巴斯蒂安电影节最佳影片奖，其本人也获得第53届台湾电影金马奖最佳导演奖。这位在导演、演员、编剧等各种身份中切换自如的人，每次出场都能给我们带来惊喜。

2016年“冯小刚”媒体关注度逐月分布

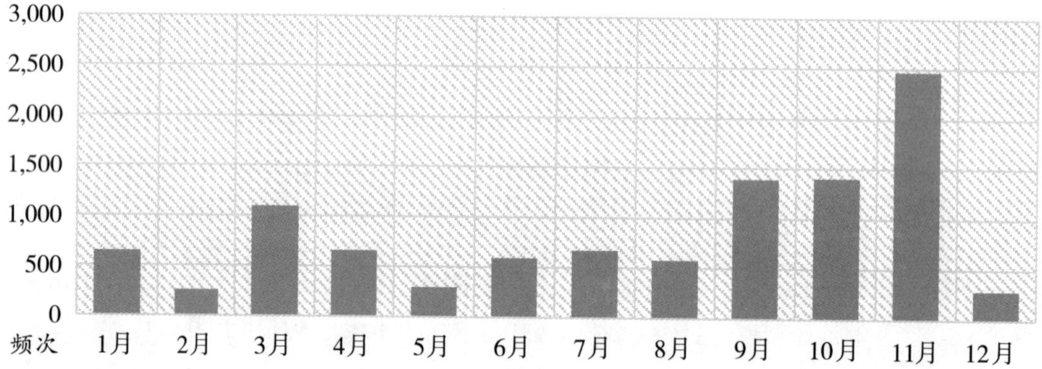

2016年最受媒体关注的“冯小刚”相关新闻

- 9月，冯小刚执导的《我不是潘金莲》获得第64届圣塞巴斯蒂安电影节最佳影片奖。
- 10月，冯小刚参加“2016中国电影投资高峰论坛”，直言中国电影人才匮乏。
- 11月，冯小刚新作《我不是潘金莲》上映。凭借该片，冯小刚获得第53届台湾电影金马奖最佳导演奖。

周杰伦

“‘奶爸’终于出新专辑”

周杰伦，1979年1月18日出生于台湾省新北市，歌手、音乐人、演员、导演、编剧。2016年，成为“奶爸”的周杰伦魅力依旧，6月24日发行了他的第14张专辑《周杰伦的床边故事》，专辑发行两日销量就突破100万张。7月，周杰伦还举行了“地表最强”世界巡回演唱会。专辑加演唱会的“双重福利”让周杰伦的歌迷激动不已。并且，周董在忙于音乐的同时，也不耽误电影的产出，由他参演的《惊天魔盗团2》6月24日在全国上映。

2016年“周杰伦”媒体关注度逐月分布

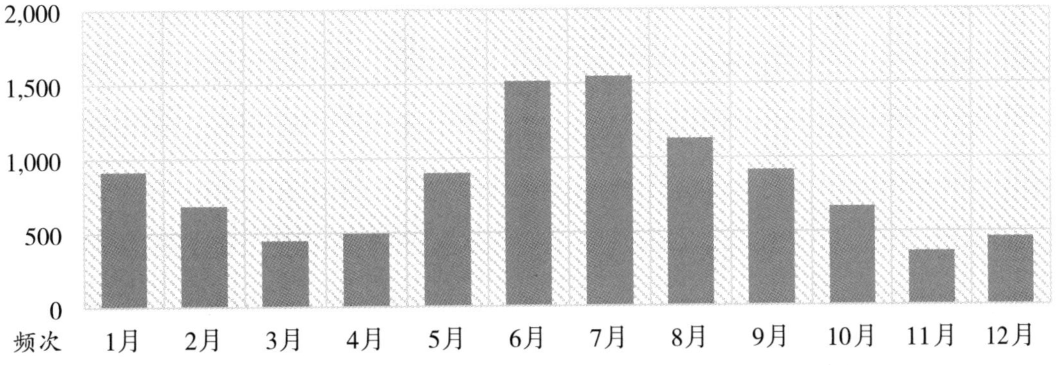

2016年最受媒体关注的“周杰伦”相关新闻

- 6月，周杰伦发行专辑《周杰伦的床边故事》；周杰伦参演的《惊天魔盗团2》上映。
- 7月，周杰伦开启“地表最强”世界巡回演唱会。
- 8月，《中国新歌声》周杰伦战队五强争夺战开战。

郭德纲

“师父和徒弟‘互撕’”

郭德纲，1973年1月18日出生于天津，相声表演艺术家、演员、电视脱口秀主持人。2016年，郭德纲加盟综艺节目《花样男团》，主持《欢乐喜剧人》《喜剧总动员》等多档综艺节目，反响不错。但真正使郭德纲在2016年话题量猛增的是和徒弟曹云金的“互撕”。8月31日，郭德纲置顶微博：“该清的清，该驱的驱”；9月5日，曹云金发文《是时候了，也该做个了结了》，历数郭德纲数宗罪。9月25日，郭德纲在微博上发长文《天涯犹在，不诉薄凉》逐条驳斥曹云金，随后曹云金怒晒学费收据称诈骗。师徒之间互相驳斥，使得真相扑朔迷离。

2016年“郭德纲”媒体关注度逐月分布

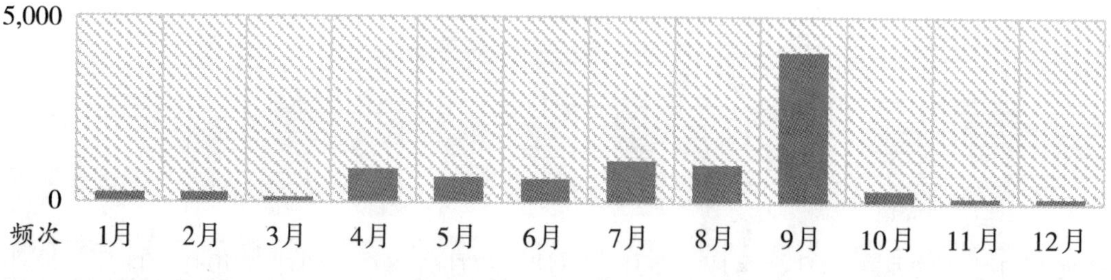

2016年最受媒体关注的“郭德纲”相关新闻

- 7月，《笑傲江湖》第三季开播，郭德纲、冯小刚、宋丹丹继续担当观察员。
- 8月，郭德纲加盟《欢乐总动员》，和吴秀波一起担任队长；郭德纲回归《花样男团》，令网友惊喜。
- 9月，郭德纲和曹云金“互撕”白热化；欧弟加盟德云社；郭德纲清理门户，驱逐两位云字辈弟子。

刘诗诗

“步入婚姻殿堂的‘小花旦’”

刘诗诗，1987年3月10日出生于北京市，演员。2016年，刘诗诗主演的《女医明妃传》以收视率2.007%、市场份额5.118%的成绩完美收官。与郑恺主演的《那年青春我们正好》也引得网友赞叹，称“刘诗诗少女感十足，校园风满满”。但这些都不及她与吴奇隆在巴厘岛举行的婚礼令人瞩目。两人结缘于《步步惊心》，定情于《步步惊情》，最终修成正果。

2016年“刘诗诗”媒体关注度逐月分布

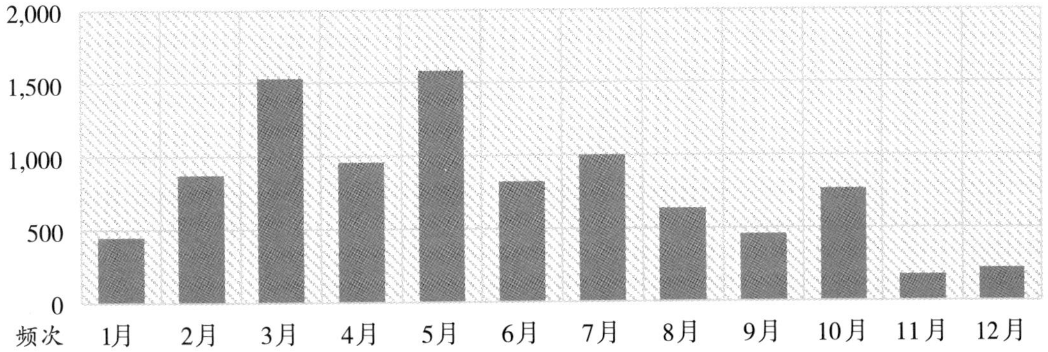

2016年最受媒体关注的“刘诗诗”相关新闻

- 3月，刘诗诗与吴奇隆在巴厘岛举办婚礼。
- 5月，刘诗诗主演的电视剧《那年青春我们正好》点击量破15亿次。
- 7月，暴风集团收购刘诗诗所持股的稻草熊影业股权的方案被证监会并购重组委否决。

2016年《新闻联播》《人民日报》最关注的十大话题

《新闻联播》十大话题

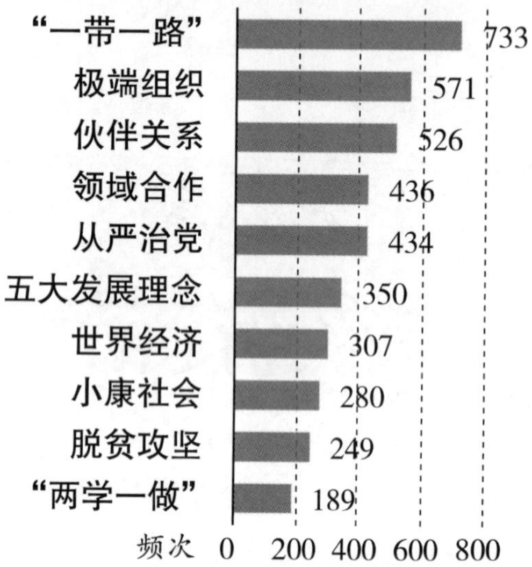

《人民日报》十大话题

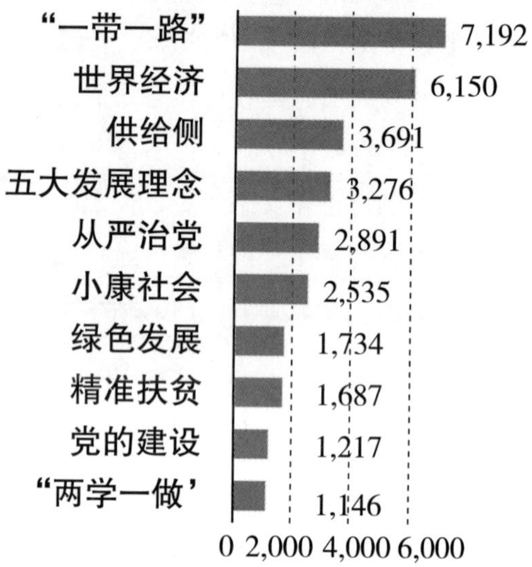

2016年《新闻联播》《人民日报》最关注的十大话题是指在2016年的《新闻联播》和《人民日报》上分别出现次数最多的十个话题。

《新闻联播》和《人民日报》共同关注的话题有“一带一路”“世界经济”“五大发展理念”“从严治党”“两学一做”“小康社会”。除此之外，《新闻联播》更关注“极端组织”“伙伴关系”“领域合作”“脱贫攻坚”，《人民日报》更关注“供给侧”“绿色发展”“党的建设”“精准扶贫”。

2016年，中国的发展可圈可点。在全球，“一带一路”这一中国风席卷世界，沿线各国互联互通，构筑“伙伴关系”，促进了各“领域合作”。中国经济正借此更快地走出去，“世界经济”也在“一带一路”建设中与中国经济实现共赢。在国内，去产能、去库存、去杠杆、降成本和补短板，推进“供给侧”改革成为解决中国经济当下困局的突破之举。要全面建成高质量的“小康社会”，“精准扶贫”，打赢“脱贫攻坚”战是关键。从盼温饱到盼环保，从求生存到求生态，“绿色发展”理念已深入人心，生态文明建设正扎实推进，建设美丽中国指日可待。“两学一做”，新形势下的“党的建设”的“细胞工程”，推动全面“从严治党”在基层落地生根，使党的每一个细胞和组织都健康发展。

2016年，是供给侧结构性改革的启动之年，是落实精准扶贫的奋斗之年，是绿色发展的推进之年，是从严治党落实到基层的关键之年。

“一带一路”

“丝绸之路经济带，21世纪海上丝绸之路”

《新闻联播》中的“一带一路”

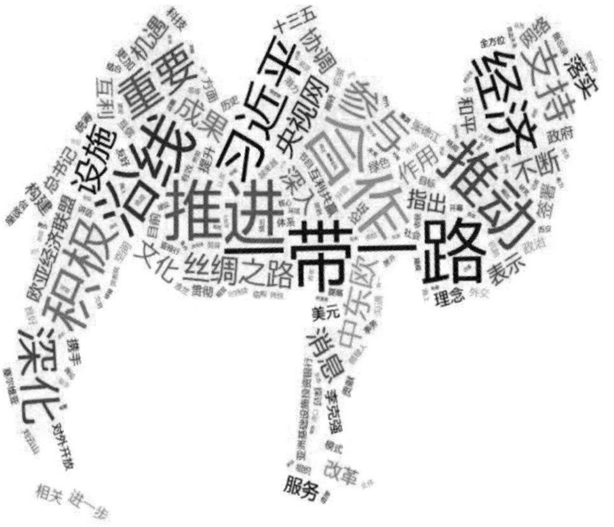

- 积极推动“一带一路”建设同欧亚经济联盟建设有效对接。
- 构建“一带一路”互利合作网络。
- 让“一带一路”建设造福沿线各国人民。
- “一带一路”建设从无到有、由点及面，进度和成果超出预期。

《人民日报》中的“一带一路”

- 健全“一带一路”双边和多边合作机制。
- 使“一带一路”成为和平友谊纽带、共同繁荣之路。
- “一带一路”倡议得到国际上的广泛认同。

世界经济

“构建创新、活力、联动、包容的世界经济”

《新闻联播》中的“世界经济”

- 完善全球经济金融治理，提高世界经济抗风险能力。
- 推动杭州峰会为促进世界经济增长、完善全球治理作出更大贡献。
- 共同推动世界经济实现强劲、可持续、平衡增长。
- 中国经济发展成就举世瞩目，在世界经济中地位和作用十分重要。

《人民日报》中的“世界经济”

- 世界经济复苏乏力，迫切寻求新的增长动力。
- 中国经济是拉动世界经济的动力之源。
- 五大发展理念是针对我国经济发展进入新常态、世界经济复苏低迷开出的“药方”。

五大发展理念

“创新、协调、绿色、开放、共享”

《新闻联播》中的“五大发展理念”

- 牢固树立和坚决贯彻五大发展理念。
- 全面推进和落实创新、协调、绿色、开放、共享五大发展理念。
- 牢固树立创新、协调、绿色、开放、共享五大发展理念，统筹推进经济、政治、文化、社会、生态文明“五位一体”建设。

《人民日报》中的“五大发展理念”

- 五大发展理念是针对我国发展中的突出矛盾和问题提出来的，贯穿着鲜明的问题导向。
- 五大发展理念相互贯通、相互促进，是具有内在联系的集合体，要统一贯彻。
- 牢固树立五大发展理念。
- 自觉践行创新、协调、绿色、开放、共享五大发展理念。

从严治党

“用铁的纪律从严治党”

《新闻联播》中的“从严治党”

- 全面从严治党，推进党风廉政建设和反腐败斗争。
- 坚持党要管党、从严治党，严肃党内政治生活。
- 各级党组织要强化全面从严治党主体责任，推动全面从严治党向基层延伸。
- 坚定推进全面从严治党，坚持思想建党和制度治党紧密结合。

《人民日报》中的“从严治党”

- 坚定不移推进全面从严治党，切实加强和规范党内政治生活，全面落实党内监督责任。
- 全面从严治党，持续开展党风廉政建设和反腐败斗争。
- 严肃党内政治生活是全面从严治党的基础。
- 加强纪律建设是全面从严治党的治本之策。

“两学一做”

“学党章党规、学系列讲话，做合格党员”

《新闻联播》中的“两学一做”

- 扎实开展“两学一做”学习教育，推动全面从严治党向基层延伸，不断增强基层党组织凝聚力和战斗力。
- 各级党组织要结合“两学一做”学习教育，切实履行全面从严治党主体责任。
- 开展“两学一做”学习教育，要把全面从严治党落实到每个支部、每名党员。

《人民日报》中的“两学一做”

- 认真开展“两学一做”学习教育，增强政治意识、大局意识、核心意识、看齐意识。
- “两学一做”学习教育，就是要推动党内教育从“关键少数”向广大党员拓展、从集中性教育向经常性教育延伸，把全面从严治党落实到每个支部、每名党员。
- 大力加强基层党组织建设，认真开展“两学一做”学习教育，充分发挥基层党组织战斗堡垒作用和党员先锋模范作用。

小康社会

“中国式的现代化”

《新闻联播》中的“小康社会”

- 统筹推进经济建设、政治建设、文化建设、社会建设、生态文明建设和党的建设，确保如期全面建成小康社会。
- 2016年是全面建成小康社会决胜阶段的开局之年，也是推进结构性改革的攻坚之年。
- 全面建成小康社会，一个地区、一个民族都不能落下。

《人民日报》中的“小康社会”

- 逐步形成并积极推进全面建成小康社会、全面深化改革、全面依法治国、全面从严治党的战略布局。
- 全力推进全面建成小康社会进程，不断把实现“两个一百年”奋斗目标推向前进。
- 打赢脱贫攻坚战，确保到2020年所有贫困地区和贫困人口一道迈入全面小康社会。

极端组织

"危害国家安全、反社会、反人类、反科学的团体"

《新闻联播》中的"极端组织"

- 伊拉克局势混乱，极端组织趁机坐大，在中东多地乃至欧洲造成恐怖威胁。
- 利比亚、叙利亚、伊拉克政府加大了对极端组织的打击力度，极端组织在这三个国家都接连败退。
- 俄罗斯战机从伊朗起飞打击叙利亚境内极端组织。

伙伴关系

"国家间为寻求共同利益而建立的一种合作关系"

《新闻联播》中的"伙伴关系"

- 不断巩固和发展两国战略伙伴关系。
- 不断增进政治互信，扩大务实合作，推动两国全面战略伙伴关系不断向前发展。
- 双方一致同意将两国关系提升为全面战略伙伴关系。

领域合作

“各领域互相合作，战略伙伴关系深入发展”

《新闻联播》中的“领域合作”

- 在“一带一路”框架下，加强同中方在贸易、投资、基础设施等领域合作。
- 进一步深化双方各领域合作，丰富两国全面战略伙伴关系内涵。
- 深化互利合作，推进工业园区、基础设施建设、农业水利、教育医疗等领域合作。

脱贫攻坚

“齐心协力打赢脱贫攻坚战”

《新闻联播》中的“脱贫攻坚”

- 加快贫困地区脱贫攻坚步伐。
- 全力以赴打赢脱贫攻坚战，确保困难群众同步进入全面小康社会。
- 切实把精准扶贫、精准脱贫落到实处，不断夺取脱贫攻坚战新胜利。
- 坚决打赢脱贫攻坚战，使全体人民更好地分享发展改革成果。

供给侧

"国民经济的平稳发展取决于经济中需求和供给的相对平衡"

《人民日报》中的"供给侧"

- 供给侧结构性改革就是要充分发挥市场在资源配置中的决定性作用。
- 推进供给侧结构性改革，既有明确的理念，也有清晰的思路，还有具体的任务。
- 在适度扩大总需求的同时，要着力加强供给侧结构性改革。

绿色发展

"以效率、和谐、持续为目标的经济增长和社会发展方式"

《人民日报》中的"绿色发展"

- 推动生态文明建设和环境保护，促进绿色发展。
- 践行绿色发展理念，加大生态环境保护力度。
- 加快建设资源节约型、环境友好型社会，推动形成绿色发展方式和生活方式。

精准扶贫

"谁贫困就扶持谁"

《人民日报》中的"精准扶贫"

- 促进帮扶资源与精准扶贫有效对接，提高扶贫实效。
- 坚持精准扶贫、精准脱贫，打好脱贫攻坚战。
- 全面落实精准扶贫、精准脱贫基本方略。

党的建设

"思想建设、组织建设、作风建设、制度建设和反腐倡廉建设"

《人民日报》中的"党的建设"

- 坚持党的领导、加强党的建设，全面从严治党，维护党的纪律、推进党风廉政建设和反腐败工作。
- 全面提高党的建设科学化水平。
- 党的十八大以来，习近平总书记带领全党全军全国各族人民开创了中国特色社会主义伟大事业和党的建设新的伟大工程新局面。

附录一

2016年中国媒体关注度十大榜单发布会嘉宾现场点评

发布时间：2017年1月3日

发布机构：中国传媒大学国家语言资源监测与研究有声媒体中心

现场点评嘉宾：中央人民广播电台、中央电视台特约评论员、资深媒体人张春蔚女士，中央人民广播电台特约评论员、中国传媒大学张政法教授

张春蔚（点评十大新闻热点）：

我们看到这十大新闻热点确实感慨颇多。现在，大家参考的都是互联网指数，但是中国传媒大学比较硬气，他们用的是传统媒体，所以我提醒大家，对于时代的记录，仍然是最准确的。虽然，一方面，我们看到《东方早报》《京华时报》两个传统媒体12月31号停止了纸质印刷，这是一个标志性的事件；但另一方面，我们又会发现还是有人以传统媒体为基础做一些研究。我觉得在昨天晚上可能更多的人关注的是另外一条新闻，就是人工智能。所有的围棋界高手都在关心怎么样下赢一场棋，到最后，我们看到40余位高手悲哀地说了一句话：电脑没有情绪，但是人有情绪。报纸没有情绪，但是数字有情绪。

十大新闻热点就是过去一年当中我们情绪的体现。比如美国大选，人们投的和最后选出来的那个人，以及最后呈现出来的数据，很多人觉得“打脸”了。整个欧洲大选当中，你所看到的跟人们最初设想的出现了不同。到底是哪个地方出了问题？是情绪出了问题，经济出了问题，还是最后的数据出了问题？就是这样的一个不确定、这样一个拐点，让我们看到了十大新闻热点，比如美国大选，比如中国经济的很多改变，再比如G20峰会。但是人工智能在昨天晚上一下子就变成所有人关注的一个热点，我们必须重新寻找对于这个世界格局的判断，因为电脑有格局，而人有情绪，面对格局，面对十大新闻热点，你会重新思考这个世界的格局、经济的格局，以及我们能够做什么。里约奥运会和欧洲杯是关于体育的，是人类对自我的挑战；南海仲裁案是关于中国边界划分的，是基本立场；而“脱欧”又是欧洲的局势；天宫二号，人们最终去哪里？当你戴着口罩的时候，你想不想脱离一个充满雾霾的城市？而我们最终还能走向哪里？

关于“萨德”，面对经济、安全、不确定性以及变革的时代，格局将会最终决定明年的新闻热点。谢谢！

张政法（点评十大精神）：

这是一个十分有意思的榜单。中国自古以来是不缺精神的。我们的价值体系、伦理体系、教育体系，都是围绕着精神来构建的，比如我们提倡的是仁、义、礼、智、信。当下的中国不缺乏活力，比如像中国人赚钱的愿望、工作的节奏、创新的活力、发展的速度等举世瞩目，但是我们却失去了不少应该遵从和坚守的精神，比如诚信、契约精神、规则意识、法制意识等。所以，仅仅经济发展，是远远不够的，因为钱确实能够改善我们的物质生活，但是却不能马上促进我们文化的繁荣、精神的发展、社会的和谐、文明的进步，甚至在这个过程中还会极大地污染、破坏我们的精神世界。当下令人担忧的不仅是今天这样浓重的雾霾，这是自然环境。自然环境的治理是一个长期而艰巨的任务，而精神世界从荒芜衰败到生机盎然需要更长的时间。所以，倡导和学习各种精神，我觉得是“精神治污”的必要举措。

这十大精神大致可以分为三类：一种是历史中存在，还要继续发扬的，像丝路精神、井冈山精神、长征精神；一种是当下被认可，需要学习发扬的，像航天精神、奥运精神、女排精神；一种是现实中急需的，需要发掘和弘扬的，像工匠精神、企业家精神、伙伴精神、钉钉子精神。

需要指出的是，学习这些精神的时候，不仅要记住术语和概念，更要从中离析出具体的精神内涵和实质，领会和发扬这些精神。人活着的确需要一些精神作为支撑和追求，而一个国家和民族，更需要精神作为共同的内在的凝聚力。个人有了精神做支撑，中华民族的伟大复兴才会真正到来。谢谢！

张春蔚（点评十大新经济）：

我们看到这十大新经济排在第一位的是共享经济，人们最认同的是共享。为什么？把你的给我，我的给你，只有在这样的基础上才能完成大海上的浮标的缔结。其实就十大新经济本质而言，我们没有方向，我们只是试图给它做一个界定，试图去说这个地方是A点，这个地方是B点。所以，共享、循环、数字、网红、粉丝都是相对而言的。在过去的这一年，我们所看到的十大新经济，其实核心就是如何交换自己已有的东西。我们并没有创造出更新的东西，它们只是加了一点互联网的东西，加了一点有特色的东西，大家就会说我加了一个“新”。其实如果它们为我们所确认，前面不需要加“新”。正是由于我们没有方向，以及我们的内涵和外延不够清晰，所以才试图给它们加以定义。

准确地说，过去一年我们都在寻找方向，在一个不确定的模型面前，每个人都试图寻找某种确定。经济学家不能决定经济，政治家不能决定经济，只有你的钱袋子才能告诉你过去的一年拥有什么样的经济生活。谢谢！

张政法（点评十大亮科技）：

这十大亮科技有对自然世界的重大发现，像引力波，会让我们进一步洞悉宏观世界的奥妙。有新材料的重大突破，像石墨烯，作为已知的最薄和强度最高的物质，我觉得必将掀起物质生产领域革命性的发展。还有生物学上的奇迹，基因编辑让我们可以实现对DNA的消除和加入，很难想象这样一种技术会在伦理学上产生多大的论争。还有人工智能领域的新进展，阿尔法围棋，在预示人工智能前景的同时，也令人心生畏惧。还有深度学习，它模拟的是人脑的机制，对计算机的视觉、语言识别和自然语言处理有重大的意义。无人驾驶技术在解放人力的同时，是否有助于规范驾驶，有助于缓解拥堵，值得我们期待。网络的新应用——区块链，是一种分布式的账本技术，这种技术在让我们变得更加安全的同时，也会深度改变互联网现有的技术标准和业态。视觉艺术领域的新技术，像虚拟技术、120帧/4K/3D这些全新的视觉体验将极大地更新和拓展人们的感知，让人感慨电子技术的发展真的很迅猛。其中科技含量最低的是摩拜单车，北京街头已经可以随处看到了。在解决最后几公里短途出行问题的时候，摩拜单车给我们提供了很多的便利，同时也显示出，有时候所谓的创新只不过需要一个好的目的、动机和一个合理的创意，就足够了。

我们正处于第三次工业革命的历史时期，新技术呈井喷式涌现。新技术一定会产生新的设备、新的事物、新的服务，催生新的经济业态，引领社会的升级。我觉得在第三次工业革命的过程中，马克思的经典理论再一次被论证了，生产力的极大发展一定需要生产关系作出与之相应的适应和协调。我们现在每个人都感受到了生产力急速发展带来的便利性和不适应，而且那些滞后的社会管理方式也需要随之作出适应和协调，人类的价值系统和伦理系统我觉得也需要进一步作出拓展和调整。

一句话：新技术带给我们的便利和压力、惊喜和惊惧，有时候可能是一样多的。

谢谢大家！

张春蔚（点评十大“网事”）：

十大网事中没有微信。大家可能会想，怎么没有微信呢？微信的注册用户已经超过9亿了，活跃用户是8亿，这意味着不仅仅是中国人在用，因为中国网民2016年的数据是7.1亿。这个数据充分说明，微信是一个国际性的产品：第一，有人有几个微信号；第二，还有很多能够使用汉语或者使用这个工具的其他国家的人也在用。但是你会发现，如果它是电，你看不到它；如果它是空气，一般情况下你也看不到它。微信你看不到它，在十大网事中你也看不到它。

网约车，我想最大的欣喜在于它获得了认可，但是大家有没有发现打车不方便了，福利没有了。网约车明明是奔着共享经济来的，但是它开始掉链子、甩尾巴了，让人觉得不那么符合互联网经济了。所以，越是冲突、越是对比、越是PK，你越能看到它的存在。而网贷，准确地说，我们这里面很多人不会碰到它，但是，互联网的原住民——那帮孩子会用它，因为他们觉得网贷很容易，裸贷很容易，借钱也很容易，没有边界、没有约束的东西都很容易。于是你会发现，网贷是属于互联网原住民的，并不属于所有的互联网用户。那么网红呢？它和网贷其实比较类似，因为网红毁掉了两个词，就是跟我们中国传媒大学的专业相关的几个比较重要的词：一个是主持人，或叫主播，还有一个是直播。有的时候我们都不好意思说我们在做直播，也不好意思说自己是一个主播，因为网红把这两个词都毁了。所有人拿一个摄像头，站在那个地方，他们就比你吸引眼球，他们获得的点击量就比你多，就有打赏。这时候你就会发现，原本是我们最优秀的学生毕业出去了，才可以做直播，才可以成为一个优秀的主播，现在怎么满大街都是网红了？怎么满大街都在直播，都是主播了？这就是这个时代的表达方式和媒体样式发生的变化。

当互联网的技术快速发展的时候，你会发现它最缺的是内容。过去的几十年我们看到科技界的变革主要集中在视频领域，从标清到高清。每一轮技术的变革都意味着需要内容。网红、电商、网络诈骗、网络直播、网剧和网络的大电影，骨子里面都是为了填补一个快速增长的技术空间。如果我们做专业内容的人没有跟上这股潮流，大量的外行会涌进来，大量拥有工具的人会涌进来，于是你会发现，怎么是他们在占山为王？怎么是他们在号令天下？怎么是他们在代表着一群人进行表达？是这个世界的表达样式发生改变了吗？没有，是我们忽略了工具对于内容的大量需求，所以你只有去使用这个工具，才会发现，网约车在靠近你；你才会发现，网红是你的学生们；你才会发现，网络诈骗可能就是你的一个邻居。所以，从更大意义上而言，你只有善用工具，这十大网事才能真正走近你。如果你不善用这些工具，你就会觉得它和我没有那么大的关系，但是网约车你如果不用的话，你可能就是马路边的那个“千手观音”：伸着手，打不到车，很悲伤。

这就是2016年的十大网事。谢谢！

张政法（点评十大潮语）：

看到这个榜单的时候略微感到有点吃力，像我们这个年龄都有点过时了，所以每天看到这些全新的潮语的时候，我们难免会发出感慨：在言语的浪潮里面永远是后浪推前浪，把前浪拍在沙滩上。像我们这些上点年纪的“吃瓜群众”永远跟不上，也感慨在互联网的年代里，人们在语言方面的创造力真是大爆发。

潮语往往是由某一个事件中的某一个表达，或者是某一个场景中的某一句用语产生的，虽然是特定的、个别的，但是因为或者能够传递普遍的感受，或者特别适合表达某一类事物的现象，于是就迅速传播和流行开来。

潮语的特点是直白、生动，有时候还略微带一些喜感。比如榜单中的“撩”，表示某种挑逗而不够认真负责的行为，现在常常被用来戏谑，像“撩妹”什么的。“老司机”大家都知道出处，反正大家都是老司机，逗来逗去的，有意思。“蓝瘦香菇”通过谐音表达各种难受以至于想要哭的处境、遭遇、情绪，其中带有黑色幽默的味道，冲淡了词语本身强烈的情感色彩，因此现在被广泛使用。“迷妹”，在座的估计有一部分都是属于“迷妹”。“迷妹”是新媒体的拥趸，是当前“小鲜肉”流行的一个很重要的推力。据说现在“迷妹们”也很厉害了，她们已经活动化了，有组织，有分工。你去迎“小鲜肉”，她去给人家铺床，负责递花等，已经产业化了。“迷妹们”被利用起来，成为企业和明星的赚钱工具，自己在这里面我想也会渐渐找到经济的点。所以，自己开心还能造福明星和企业，皆大欢喜。

“洪荒之力”完全是靠傅园慧一人的“洪荒之力”流行起来的。她让玄幻小说中的术语有了夸张和率真的色彩。据说傅园慧的表情包现在已经流行到了欧美，很厉害。

潮语有时候还带着一种深刻，特别有面对真相的力量。比如“套路”，如果大家去查一查，啥都是套路。其实套路有的时候可以说是俗套、圈套，但是有的时候，套路也是成功的模式，优化的路径，不能一概而论。像我们每年发布榜单也是套路，但是是很好的套路。

“小目标”与其说是讽刺，我觉得还不如说是自嘲，人家一亿元的小目标是我们一辈子都实现不了的梦。

“一言不合就××”，我觉得它反映的是情绪化的表现。指有大反转，当然也带有草率的色彩。潮语有时候代表的东西还是现象级的，比如这里面的“友谊的小船说翻就翻”，人们套用这样的语模，我不知道对不对。但是这种句式抒发了各种工作的不易，也反映了当代社会这种过快的工作节奏和超高的生活压力。大家可能都套用过吧？当老师的套用过，做研究的套用过，记者也套用过，反正友谊的小船说翻就翻，就是因为你没有时间跟大家联络感情。

“吃瓜群众”放在最后，是因为“吃瓜群众”反映了互联网的常态。围观就是互联网时代的一种常态，同时也是中国自古以来看客的一种表现。当然，不要小看“吃瓜群众”，他有存在感，有力量。但我还是建议“吃瓜群众”要好好地嗑瓜子，要学会好好地看热闹。

潮语具有生动的记录功能，记录这个时代人们特定的集体心理，也记录人们话语表达的方式。我相信未来的某一时刻，我们社会语言学的研究一定会从这些潮语中读出这个时代的基本表现和基本走向。

谢谢大家！

张春蔚（点评十大围观事件）：

我们看到这十大围观，就是典型的“吃瓜群众”心态。因为无论是Note7爆炸还是魏则西、王宝强、乔任梁，还是郭德纲、曹云金、哈尔滨天价鱼，这些围观事件当中，绝大多数都是普通人说我要发言、我要站队、我要表达我的立场。但是更重要的一点是，我们看到这里面虽然有名人效应，比如王宝强、乔任梁、郭德纲、曹云金，但是他们骨子里面都是传统的民间价值观的一个折射。比如Note7爆炸案当中，最传统的一句话是什么？面对市场，所有的大公司都是小公司，于是你就会看到，一个在我们心目当中可能是接近于技术神话的企业破灭了，它的品牌打折了，它的价值没有了。所以很多时候你会重新思考，创造一个品牌不容易，而毁灭掉一个品牌却很容易，往往是自己的不小心，是自己的疏忽，或是自己的不够专业。

魏则西事件让我们看到的是什么？是我们的搜索引擎所带来的那些“恶”的东西。我们的价值尺度出现了哪些偏差？我们为什么会把这些他不需要的东西推给他，为什么会把他买命的钱白白地消耗掉？而王宝强的离婚更是让所有人的价值观出现了改变，我们审判的是什么？是他的家庭、他的选择，还是一个普通的我身边的一个人的改变？王宝强离婚，我去年做了一个微信公众号，我们的一条视频3天时间点击量是6,700万，全网点播加在一起3天就是4个亿，这就是这个时代。当你身边的老太太不谈股票，不谈买房子，谈的是王宝强的家事儿的时候，他显然就是一个真正意义上的围观者。因为这时候没有人把王宝强当明星，想的就是“哎哟，我那傻儿子，好不容易挣点钱，被媳妇给祸害了”。所以这时候他不是一个明星，而是我们身边可能就有这样一个宝强，可能就有这样一个家庭。

那么乔任梁呢，这还是属于高知阶层的一个话题，忧郁症的话题。当我们自我关注的时候，你才会意识到，原来我们要回家，原来我们要把心放下，原来我们要把自己的包袱放下，原来我们要知道的不仅仅是身体健康、家庭收入，更重要的是心理健康。这时候你会发现人就是动物，如果你不关注自己的动物属性，只关注如何把手里的橡皮球扔得高高的，就会忽略我们的生命、我们的感情，我们家里面的这些亲情、友谊。这些东西是我们的一个水晶球，我们经常会说每个人手里拿着两个球，我们特别努力地把橡皮球扔得高高的，真的以为那就代表我们的全部，但是对不起，你手里小心翼翼地握着的水晶球才是你自己的内心，是你那些与生俱来却不能改变的东西。所以，乔任梁让我们重新思考，那个人为什么不正常，那个人为什么不一样？

裸条事件，大家会说这些姑娘怎么了？她们为什么觉得打一个裸条这个钱就来得容易了？这个时候你会发现，十大围观的背后是一个价值观的问题。郭德纲、曹云金是传统的师徒关系，天地君亲师，怎么能够去“撕”老师呢？还有哈尔滨天价鱼，那是专门对异乡人的歧视。为什么？乡里乡亲的大家不打劫，因为在中国传统的邻里关系当中，大家还注意着一些规则，但是如果你的车在我这个地方翻车了，对不起，东西我拿走，因为你是外乡人，我们欺负的是外乡人。

面对和颐酒店女生遇袭，很多人的愤怒来自哪里？因为那个女生可能是我的女儿，可能是我的亲戚。其实这样的事并不鲜见，以前也发生过，但是这种潜规则被放大以后，人人关心的是他如果是我身边的人会怎么样。

多数情况下，你会发现，十大围观的实质，就是跟我们传统价值观相抵触。即使它从互联网发源，也会在传统的社会当中产生很多的改变。

万宝之争让我们看到，一家优秀的企业如果认为自己优秀就够了，而没有忧患意识，最终这场战争就会出现在自己面前。

八达岭老虎伤人事件的真相并不像段子手所调侃的那样，其实那只老虎就在每个人的身边。

谢谢！

张政法（点评十大永别）：

我还是做一个分类，2016年的确有不少的名人和明星辞世，能进入十大永别这样的榜单也挺不容易的。这里面有政治人物，菲德尔·卡斯特罗是古巴乃至拉美世界的斗士和传奇，用普京的话来说，他是世界现代史当中一个时代的象征。这位死后让欧美世界缄默不语，让拉美世界哭泣的伟人，他留给古巴最后的遗产是促使古巴立法机关通过了这么一项决议——禁止对他搞个人崇拜。

泰国的老国王普密蓬在位70年，从网上来看，他是目前全世界在任时间最长的国家元首。他在泰国的政治生活中具有无可比拟的影响力。在他辞世后，泰国王室能不能继续成为泰国政治的压舱石，被世界所关注。

这个十大榜单里面还有作家——杨绛先生。这位被她先生称为“最贤的妻、最才的女”的了不起的人，活了105岁。她在102岁的时候还出版了一本文集，我们希望她最好能够继续存活下去，来佐证中国知识分子的才情与淡泊，来延续中国知识分子的良知、操守与品格。

陈忠实的《白鹿原》，用史诗般的笔触描写了一段动荡的岁月，也折射出作家本人对于基层社会结构的理想和想象。陈忠实在小说的题记中用了巴尔扎克的一句话：“小说被认为是一个民族的秘史。”《白鹿原》让这句话成为了现实。

榜单里面有军人：申亮亮是舍己救人、身殒异国的维和战士；余旭是长空善舞的八一飞行表演队的女飞行员。

这里面还有艺术家和演员：梅葆玖大家都知道，是梅派京剧的代表人物；阎肃是人们熟知的词作家和电视文艺工作者；葛存壮则塑造了很多经典的反面戏剧形象；而乔任梁刚才各位老师已经点评了，他因为抑郁而过早地结束了自己的一生，令人扼腕叹息。

这十大永别给我们的启发是什么呢？首先，这个世界谁都是唯一的，但谁又都不是唯一的，你走了世界还在继续。第二，没有人是完人，但是因为生前的所作所为，死后能够被人纪念和哀悼，我觉得就是有意义的人生。即便在当下这个被解构的文化和历史时期，来自他人的评价仍然是衡量一个人人生价值的重要指标。第三，我觉得死亡对所有人都是平等的，无论你是伟人、名人还是普通人，无论你是上年纪的人还是年轻人。所以我觉得，我们要向所有曾经演绎了精彩或不精彩的同类致敬，同时要更加珍惜当下的生活！

谢谢大家！

张春蔚（点评十大女性人物）：

因为是最后一个发布的榜单，我就评得复杂一点。

这里面有五位是去年上榜的，比如希拉里、默克尔、郎平、朴槿惠和董明珠，这五位去年就入选了十大女性人物。我觉得今年的榜单和前几年有一个最大的不同，就是前几年我们能够看到80后的，而这一次的十大女性人物，她们从71岁到56岁，最年轻的是郎平，60年的。也就是说，这十大女性代表着40年代、50年代生人的女性，在这十几年当中，让我们看到的是什么？互联网时代未必就是年轻人的天下，也可能是长者的机会。长者的优势是什么？见过很多的好东西，也见过很多的坏东西，他们更知道在充满不确定的时代，怎样重新寻找定位和方向。

我们看到，这里面年纪最大的是昂山素季，属鸡、双子座、71岁，是牛津大学毕业的。耶伦是狮子座、属狗的、70岁、经济学博士。她是唯一一个美联储百年历史上的女性掌门人，你可以去研究一下，她不仅是一个掌门人，还是一个“看门狗”。排第三的是希拉里，她是1947年的、属猪、天蝎座，完全符合大家对于天蝎座所有的想象，她是法学博士。这里面蔡英文也是法学博士，她是处女座、属猴的。按照时间顺序来排就是昂山素季、耶伦、希拉里、罗塞夫、洪秀柱、朴槿惠、默克尔、董明珠，然后是蔡英文，最后是郎平。这里面绝大多数都是40年代、50年代生人，只有郎平一个人是60年代生人。

她们的学历是特别有意思的话题。希拉里是法学博士、默克尔是物理学博士、蔡英文是法学博士、耶伦是经济学博士……这说明什么？女博士不是第三种人，女博士是这个世界的掌门人，因为她们让我们看到这个世界必须要有格局。我相信，她们的格局和视野很大程度上最终决定着世界的走向。

所以，我们看到的这些给人做母亲、做女儿、做妻子的人，她们给这个世界带来的不仅仅是女性的特点，还有她们学习的经验以及执着。她们给这个世界带来的不仅仅是政治上的表现、经济上的表现以及体育上的表现，她们还告诉我们所有人：只要你愿意，你就可以走出自己独一无二的成功之路。

谢谢大家！

张政法（点评十大文化人物）：

我觉得这是一个特别有趣的榜单，与其说它是文化人物的榜单，不如说它是大众文化人物的榜单。

为什么这样说呢?

这其中跟演艺有关的人物，像六小龄童，是大家都知道的演员。贾樟柯，著名的导演。这里面不怎么写作、靠曝光率维持影响的郭敬明、韩寒也是混演艺圈的，或者更像文化商人。

作家里面获得2016年诺贝尔文学奖的鲍勃·迪伦对很多中国人来说比较陌生，为什么呢？一是因为他不是传统意义上的文学作家，而是一个民谣艺术家，写歌词，自己也唱民谣。他的获奖扩大了传统文学的领域，至少扩大了诺贝尔文学奖关注的领域。二是因为他对待诺贝尔文学奖的淡然态度，在一定程度上也冷却了中国人对诺奖的过度推崇。莫言的入榜大家心里有数，不是他写了什么新作品，而是他关于文艺座谈会上领导讲话的体会，引发了人们对于艺术和政治之间永恒话题的又一次讨论。

曹文轩是儿童文学作家，他在2016年获得国际安徒生奖，这是儿童文学领域里面最大的奖。刘慈欣，年轻人应该都知道，他的《三体》在科幻小说领域至今仍炙手可热。刘震云小说写得不错，同时他也是把文学和电影结合得最好的当代作家之一。今年他的《我不是潘金莲》和《一句顶一万句》电影上映，导演一个是他的老搭档，一个是他的亲女儿。所以说，2016年刘震云也算是赚足了眼球。金庸的入榜可能和他起诉江南多年前的网络小说《此间的少年》侵权有关。

最后我把三个人的三段话放在一起来谈一谈对文化人的看法。郭敬明2016年执导了一部电影叫《爵迹》，稍微年轻一点的朋友可能都知道这个事，可以说票房比较惨淡，差评不断。他在接受媒体采访的时候这么说："是不是因为我叫郭敬明，所以做什么都是错的?是不是只有我死了，你们才不会骂《爵迹》？"这是郭敬明的话。还有网络名嘴罗振宇，咱们的校友罗胖子，在2016年跨年演讲中认为，未来的运营要帮助用户把时间浪费在美好的事物上。咱们榜单里面的曹文轩，他是这样说的，今天这个时代，是一个读书丰富，甚至丰富到泛滥的时代，但是值得我们用宝贵的生命、用我们宝贵的时间去看的书只是微乎其微。

其实名人我觉得在一定程度上也是被大众阅读的对象或者说就是文本，别让大众满怀期待地打开你这本书，最后却浪费了本就不太多的宝贵的时间。您得够宝贵，才配得上被大家关注。

谢谢大家!

附录二

2015年中国媒体关注度十大榜单

1.十大新闻热点

“一带一路”、“互联网+”、大阅兵、专车、难民、伊斯兰国、亚投行、恐袭、创新创业、四个全面

2.十大新举措

新《环保法》、全面二孩、新《预算法》、三证合一、疏解非首都功能、提速降费、新《食品安全法》、出租车改革、足球改革、农村土地制度改革

3.十大“网事”

P2P、O2O、网贷、移动支付、海淘、农村电商、网约车、网签、网剧、网络订餐

4.十大“痛点”

拥堵、吸毒、雾霾、贪腐、留守儿童、股灾、电信诈骗、强拆、虐童、奇葩证明

5.十大“习”语

新常态、中国梦、政治规矩、精准扶贫、获得感、美丽中国、蛮拼的、关键少数、厕所革命、腾笼换鸟

6.十大潮语

任性、颜值、小鲜肉、网红、脑洞大开、买买买、萌萌哒、也是醉了、约吗、主要看气质

7.十大情感

担心、紧张、幸福、满意、快乐、轻松、高兴、遗憾、开心、痛苦

8.十大电影

《捉妖记》《大圣归来》《速度与激情7》《狼图腾》《刺客聂隐娘》《战狼》《道士下山》《港囧》《老炮儿》《寻龙诀》

9.十大电视剧

《平凡的世界》《何以笙箫默》《芈月传》《琅琊榜》《花千骨》《武媚娘传奇》《虎妈猫爸》《伪装者》《北平无战事》《活色生香》

10.十大真人秀

《爸爸去哪儿》《奔跑吧兄弟》《极限挑战》《花儿与少年》《偶像来了》《真正男子汉》《花样姐姐》《我们相爱吧》《爸爸回来了》《真心英雄》

11.十大“首虎”

福建“首虎”徐钢、证监会“首虎”张育军、体育“首虎”肖天、吉林“首虎”谷春立、两会后“首虎”仇和、环保“首虎”张力军、甘肃“首虎”陆武成、上海“首虎”艾宝俊、新疆“首虎”栗智、北京“首虎”吕锡文

12.十大女性人物

李娜、希拉里、默克尔、郎平、朴槿惠、屠呦呦、董明珠、姚贝娜、彭帅、余秀华

13.十大国际人物

奥巴马、普京、莫迪、安倍晋三、卡梅伦、李光耀、奥朗德、齐普拉斯、克里、金正恩

14.十大经济人物

马云、王健林、李嘉诚、巴菲特、楼继伟、雷军、徐翔、周小川、马化腾、李彦宏

15.十大文化人物

郭敬明、崔永元、莫言、单霁翔、刘慈欣、路遥、白岩松、汪国真、韩寒、琼瑶

16.十大体育人物

刘翔、佩兰、马布里、林丹、梅西、孙杨、布拉特、宁泽涛、苏炳添、科比

17.十大娱乐人物

范冰冰、赵薇、黄晓明、成龙、张艺谋、周杰伦、冯小刚、李晨、杨幂、邓超

18.《新闻联播》《人民日报》使用最多的十大成语

《新闻联播》：坚定不移、长治久安、与时俱进、来之不易、因地制宜、前所未有、绿水青山、实事求是、奋发有为、一如既往

《人民日报》：坚定不移、前所未有、与时俱进、因地制宜、实事求是、绿水青山、长治久安、不可或缺、来之不易、丰富多彩

19.《新闻联播》《人民日报》使用最多的十大常用语

《新闻联播》：伙伴关系、经济发展、务实合作、重要讲话、全面战略、全面深化改革、和平发展、建成小康社会、发展战略、贯彻落实

《人民日报》：持续发展、中国特色社会主义、全面深化改革、社会主义核心价值观、伙伴关系、小康社会、发展战略、走出去、伟大复兴、贯彻落实

20.《新闻联播》《人民日报》关注度最高的十大话题

《新闻联播》：极端组织、“一带一路”、领域合作、大众创业 万众创新、中国经济、气候变化、抗日战争、从严治党、基础设施建设、体制改革

《人民日报》：“一带一路”、中国经济、抗日战争、生态环境、大众创业 万众创新、世界经济、传统文化、体制改革、依法治国、从严治党

图书在版编目(CIP)数据

中国媒体关注度报告.2017 / 国家语言资源监测与研究有声媒体中心 组编.
—北京:中国传媒大学出版社,2018.1
ISBN 978-7-5657-2189-2

Ⅰ.①中… Ⅱ.①国… Ⅲ.①媒体(新闻)—新闻事业—研究报告—中国—2017
Ⅳ.①G219.2

中国版本图书馆 CIP 数据核字（2017）第 323943 号

中国媒体关注度报告 2017
ZHONGGUO MEITI GUANZHUDU BAOGAO 2017

组　　编	国家语言资源监测与研究有声媒体中心
策划编辑	赵　欣
责任编辑	蔡开松　张　笛　赵　欣
特约编辑	高卓毓
责任印制	曹　辉
封面设计	创意源文化艺术
出版发行	中国传媒大学出版社
社　　址	北京市朝阳区定福庄东街 1 号　邮编:100024
电　　话	86-10-65450528　65450532　传真:65779405
网　　址	http://www.cucp.com.cn
经　　销	全国新华书店
印　　刷	三河市东方印刷有限公司
开　　本	787mm×1092mm　1/16
印　　张	15
字　　数	318 千字
版　　次	2018 年 1 月第 1 版　2018 年 1 月第 1 次印刷
书　　号	ISBN 978-7-5657-2189-2/G·2189　**定　价**　69.00 元